数字化学习：
“互联网+”时代学习科学与思维

刘和海　宋灵青◎编著

安徽师范大学出版社
·芜湖·

图书在版编目(CIP)数据

数字化学习:"互联网+"时代学习科学与思维 /刘和海,宋灵青编著.—芜湖:安徽师范大学出版社,2019.4

ISBN 978-7-5676-3938-6

Ⅰ.①数… Ⅱ.①刘… ②宋… Ⅲ.①计算机辅助教学-研究 Ⅳ.①G434

中国版本图书馆CIP数据核字(2019)第020645号

数字化学习:"互联网+"时代学习科学与思维

SHUZIHUA XUEXI HULIANWANG+ SHIDAI XUEXI KEXUE YU SIWEI

刘和海　宋灵青◎编著

责任编辑:李　玲

装帧设计:张　玲

出版发行:安徽师范大学出版社

芜湖市九华南路189号安徽师范大学花津校区

网　　址:http://www.ahnupress.com/

发 行 部:0553-3883578　5910327　5910310(传真)

印　　刷:江苏凤凰数码印务有限公司

版　　次:2019年4月第1版

印　　次:2019年4月第1次印刷

规　　格:700 mm ×1000 mm　1/16

印　　张:13.25

字　　数:255千字

书　　号:ISBN 978-7-5676-3938-6

定　　价:46.00元

名家推荐

“互联网+”使人的学习过程、思维方式与行为习惯产生静悄悄的变化。如何主动适应并积极利用这种变化，以提高学习效率、增强思维能力？这本书对此提供了系统的认识和有益的启迪。

——北京师范大学心理学部教授、博士生导师　刘儒德

在教育视域中，互联网将世界图景推送到每个人面前，人们的认识活动如果仅仅靠日常经验和直觉，已无法适应时代发展的要求。“教育”与“互联网”相遇，自然生成人文属性与技术理性之间的矛盾范畴。我们理应观照“互联网+”时代的特征，顺势而为，主动调和二者之间的对立关系，在方法与问题、虚拟与现实、人性与文明的对立中寻找平衡点。与此同时，人的一生都在不断地学习中提高，当“终身学习”成为21世纪的生存概念，成为人们的信仰和生活方式，我们不禁发问:“互联网+”时代，究竟该如何学习？互联网作为这个时代最具有革命力量的技术工具，必然会对学习产生显性或隐性、正向或负向、暂时或持久的影响。

《数字化学习:“互联网+”时代学习科学与思维》针对“学习的本质”“技术如何支持学习”以及“如何学习更有效”等核心问题展开系统性的阐述，以其高起点、大视野，让我们在新时代重新审视学习观、学习思维、学习的本质和规律，重构了学习方式及其与世界的关系，有机地将个体学习与时代发展统一起来，为满足不断增长的学习者的需求提供了有益的参考。

——北京师范大学教育学部教授、博士生导师　李芒

“互联网+”为现代学习环境的构建和新型学习方式的实现提供了技术支持，学习时空由学校物理空间拓展到网络空间，混合学习、联通学习、泛在学习、定制化学习越来越受到重视，评价方式趋于多样化，这些变化迫切需要人们重新审视学习的本质和规律。“互联网+”无论作为理念还是作为技术，都必然影响着我们的学习，推动着学习理念向个性化学习、持续性学习转变。《数字化学习：“互联网+”时代学习科学与思维》能及时洞察“互联网+”时代学习科学与思维的变迁，让我们看到了在互联网支持下人与人的互动关系，认清了学习的本质，看到了跨越时空、学科、文化的学习新规律和新形态，让我们对学习有了新的视野和愿景，回应了学习者在新时代的学习诉求。本书同时将互联网思维特征融入对学习的思考之中，突破了传统的知识观、学习观、学习思维，深化了对新时代学习本质和规律的认知，能够实现真正有意义的学习，是对学习者“我需要学什么、怎么学”时代呼声的回应。

——首都师范大学教育技术系教授、博士生导师　王陆

序

信息时代的学习科学与思维——变革中的思考尝试

当今时代，在数字化力量的影响下，教育的变革正逐渐发生并深化，引发了许多问题，需要我们认真考察，比如“数字化学习”问题。

技术发展影响下的人类文化变革史可为镜鉴。从表象上看，每一次重大的技术发明或科技革命诞生之后，都会催生出新的信息传播技术与信息传播方式，推动着人类社会的传播活动，包括教育活动，不断重新建构。从本质上看，每一次重大的科学技术革新都会引起社会文化的变革，而教育也必然不断受到冲击和重塑，教育的文化品质也在全方位变革之中。可以从若干层面看教育的全方位变革：从背景上看，不同的文化背景呼唤着不同的教育诉求，导致教育目标、教育任务、教育内容发生变化；从内容及其组织形式上看，多样性、丰富性、碎片化、随手可得以及一定程度的无序，成为学习对象主要的存在或呈现形式；从学习主体和学习过程上看，每个学习者都可以通过网络与学习对象自由互动，还可以通过社交媒体与他人互动，随时随地学习和自主学习。

需要思考的问题是，在如此数字化时代里，我们是否需要对“学习问题”进行再一次审视？作者认为，学习方式发生了变化，学习者“数字化学习”状态下的发展也或许有了内在的本质上的变化，于是有了这本书。该书在认真讨论了技术变革教育思想的基础上，重点对学习科学与学习思维进行深入考察，显现出作者独具匠心的思考。

说起作者刘和海老师，我们是多年的朋友，且前几年我们在南京师范大学有过一段深入沟通的经历，他给我留下了深刻的印象。其特点是功底扎实，勤于思考并乐于思考，有非常强烈的开启未知、追求真理的愿望。我们经常就一个问题多次深入交流，穷极自己的智慧，也力求穷极所有可能，且乐此不疲。近几年，他在安徽师范大学承担《学习科学与技术》课程的教学，既在我意料之外又意料之中的是，他竟在教学中不断追问，不断反思，完成了这样一本著作，对数字化学习背景下的学习科学问题给出了自己的回答。

通读这本书，你会发现有这样几个要素可圈可点，是书中的亮点：

一是凸显热点问题，为如何学习而写。本书重点谈到了当前教育信息化过程中的"学习观""脑科学""创客""学习分析"等热词。但本书果断转身，立足于"学"展开论述，对热点问题进一步思考，阐释"学"的内涵与价值，并深化"学"的意义。

二是强调思维意识，为提升学习而作。本书重点阐释了"互联网思维""大数据思维"，详细论述了这些思维方式对教育教学的影响与促进作用，从而提升学习的有效性。

三是注重技术与教育的融合，为变革学习方式而写。本书立足于技术，从技术角度思考教育问题，强调技术支持下的学习方式，从而促进教育变革，学会学习，实现泛在学习与终身学习。

总之，在现代社会，学习已经成为一种认识社会和提升修养的手段，我们要不断追问学习的本质，不断反思学习问题，向那个关于学习问题的真理不断逼近。本书提出的观点，必然不会是"绝对真理"，但毫无疑问是我们在逼近真理的过程中的积极尝试。本书的出版，有助于人们了解与正确把握学习，深入理解学习科学与技术，从而形成正确的学习观，以提高学习效果。关于学习科学与学习思维，书中既有理论层次的深度演绎，又注重对实践的高屋建瓴指导，贯通学校教育、社会教育与终身教育，体现出比较广泛的实践创新应用及策略与方法，在理论建构与实践检验之间尽力找到平衡点，致力于推动学习科学与思维走向成熟。

李　艺
南京师范大学教育科学学院教授、博士生导师
2018年12月

目　录

绪　论 ……………………………………………………1

第一章　学习心理与有意义学习 ……………………………5

一、学习与学习观 ………………………………………5
二、脑科学与学习心理 …………………………………15
三、知识与知识观 ………………………………………23
四、网络学习环境下的学习演进 ………………………35
五、有意义学习建构 ……………………………………41

第二章　教育技术与学习方式 ……………………………49

一、教育媒体的应用与兴起 ……………………………49
二、技术与教育的关系 …………………………………56
三、“互联网+”时代学习方式变革 ……………………63

第三章　知识可视化学习技术与技巧 ……………………72

一、起源与发展：知识可视化的内涵概述 ……………72
二、知识表征的概念辨析 ………………………………76
三、知识地图与知识表征 ………………………………78

四、思维导图与学习 ……88

第四章　基于社交媒体的学习新思维 ……104

一、媒体、媒介与媒介素养 ……104
二、社交媒体的内涵 ……113
三、泛在环境下的混合学习 ……117
四、社交媒体支持下的学习 ……121

第五章　互联网思维与创造性学习 ……131

一、互联网思维启示 ……131
二、创造力与创造性思维 ……142
三、智慧教育：教育走向新征程 ……158
四、创客、创客理念与创客教育 ……165

第六章　学习评价理论与技术 ……176

一、学习评价理论 ……176
二、大数据思维与学习分析 ……182
三、刻画学习：学习分析技术 ……190
四、技术环境下的评价方式 ……193

后　记 ……200

绪　论

学习是人和动物在生活过程中，通过获得经验而产生的行为或行为潜能的相对持久的适应性变化。“互联网+”时代是数字化学习时代。学习是一个与世界互动的过程，而不是知识的简单获取过程，即知识的意义不是通过直接教学强加给学习者的，而是学习者通过学习活动主动构建的。所以，以“学会学习”和“终身学习”为主的学习能力是一项最基本的生存能力，其中数字化学习能力是当下衡量学习者是否“学会学习”的重要因素，也是人类生存与发展所需的一项基本学习能力。

从互联网时代的信息化到物联网时代的智能化，数字化媒体的发展让学习存在于交互与交往中。正如社交媒体兼有“社会的”和“社交的”两层含义，是建立在web2.0基础之上，通过无处不在的交流工具进行社会交往，彼此之间用来分享意见、见解、经验和观点的工具和平台，数字化媒体从“内容为王”“媒介为王”走向“满足需求”“跨界融合”；从社交媒体技术驱动走向伴随生活的人体延伸。一方面，数字化媒体不再只是单一地局限为即时交往，而是融合多种媒介形式的教育应用，得到了普遍认可与重视，也具有了“人体”的伴随性，“跨界”和“开放”成为其主要特征；另一方面，各数字化媒体平台实现了开放与协作，集语音同步、视频同步等方式于一体，实现着“与你同在”的即时信息交流，以移动互联的方式走向人体延伸。

数字化时代的到来，推动了信息技术与学科教学的融合，互联网络及新媒体已越来越多地应用于教育教学，信息技术已成为各学科教学模式中必不可少的要素之一。基于互联网络及数字资源的交互式教学和学生的网络自主学习，顺应了数字化时代新生代学习者的生活方式及学习方式的转变，将以教室和书本为主要载体的被动学习方式转变为物理和数字环境融合、由学习者自主建构的交互网络环境，极大地拓展了立体化的教学空间，将传统课堂融合在网络虚拟课堂中，促使教师由课堂讲述者变成学习的引领者、人生的引路人。

当然，数字化学习发展也面临着前所未有的机遇与挑战。一方面，知识失去原先的完整性，逐渐变得碎片化、孤立化，人的学习时间也被切分成很短的碎片，这样的知识和时间形态是不利于学习者对知识的深入学习与掌握的；另一方面，在学校教育信息化建设过程中，数字化校园、智慧校园等建设方面仍处于基于问题导向式、缝补式、跟风、完成任务式的建设，很难从根本上促进数字化学习或深度学习的发生。即如何把握信息化的核心环节，使信息化真正能促进和改善教学，在大连接时代、互联网空间中，建立起智慧校园、智慧教室，实现现实校园在时间和空间上的扩展与延伸，改善课堂教学绩效，真正实现"学习信息化"，形成"永不下课的课堂"。

数字化媒体重构了课堂。在知识与学习已经发生了根本改变的时代，信息与知识呈爆炸性增长，知识的更新速度大大加快，很多知识已经过时，传统的知识传授结构发生了重大变化。与此同时，知识也被切割成碎片，学科和专业被不断重组、融合，知识不再是静态的层级和结构，而是动态的网络与生成，即知识像河流或管道中的石油在网络中流动。此时，新媒体、新技术使得移动终端形式越来越多样化，学生学习的形式也不再受到限制，信息化课堂教学已成趋势。即数字化媒体以其特有的价值属性不断地影响着课堂，使得传统课堂的要素不断发生改变以至重构。

麦克卢汉曾提出人类活动是循着"部落化—非部落化—重新部落化"的过程发展的。新媒体打破了物理空间隔离的部落化，在虚拟空间中形成以共同兴趣、爱好、价值观念为基础的"虚拟部落"，践行着由"部落化到非部落化再到部落化"的衍变，如此形成的部落化学习将有利于人们走向"自由、平等、独立、个性"的数字化学习。同时，数字媒体重塑了当代社会结构，知识习得问题直接影响着人的健康成长。

习总书记强调，因应信息技术的发展，推动教育变革和创新，构建网络化、数字化、个性化、终身化的教育体系，建设"人人皆学、处处能学、时时可学"的学习型社会，培养大批创新人才，是人类共同面临的重大课题。可见，这必然离不开在数字媒体场域中的学习。帮助大学生学会学习、学会思考、主动建构与积极反思是学习科学研究的重要内容，即教育的目的就是促进学习者个体有意义地学习。在"百度一下，你就知道"的时代，基于数字媒体的学习往往陷入浅层次的学习中，导致浮躁、功利与快餐化，使数字化学习成为"滋生浅层学习的温床"。所以，资源建设是数字化学习的基础与关键。以知识深度表征为前提，开发利于"众传共推"的可视化学习资源，从资源供给侧方面促进理解的深度学习，是"互联网+"时代数字化学习的主要形式。

“互联网+”时代，学习方式发生了变化，其“新”意味着学习是连接一切、跨界参与、个性化定制以及创新驱动的，体现了学习碎片化与集成化的冲突、课堂授课与线上线下的混合、从跨界与定制走向共建共享。与此同时，学习者对海量链接式资源的需求、教学时空界限的突破、推送式知识配置以及实践创新的学习诉求，形成“以学生为中心”的学习理念，即“学习者需要学什么、怎么学”成为时代的呼声。在此背景下，我们数字化学习团队经过多次讨论与交流、深入学习与研究，撰写了《数字化学习：“互联网+”时代学习科学与思维》这本书。

本书共分为六个章节：

第一章　学习心理与有意义学习：重点论述学习与学习观、脑科学与学习心理、知识与知识观等相关概念的内涵以及网络学习环境下的学习演进与有意义学习建构等内容。

第二章　教育技术与学习方式：简述了教育媒体与应用的兴起，论述了技术与教育的关系，阐释了“互联网+”时代学习方式的变革和“互联网+”时代教与学的过程性反思。

第三章　知识可视化学习技术与技巧：重点论述了知识可视化的由来与内涵，阐释了知识如何表征，以及概念图与思维导图的应用与能力的提升等。

第四章　基于社交媒体的学习新思维：重点论述了社交媒体在教育教学中的应用、如何由支持教转向支持学，以及在社交媒体支持下的混合学习理论建构。

第五章　互联网思维与创造性学习：主要阐述了“互联网+”时代的教育互联网思维，重点分别论述了创造力与创造性思维、智慧教育及创客、创客理念与创客教育等当前教育的热点问题。

第六章　学习评价理论与技术：主要以学力观视角论述了学习评价及其应用问题，以及大数据思维下的学习评价与学习分析，尤其探讨了网络技术环境下的评价方式转向问题。

本书在研究主题上，学习科学与思维研究致力于围绕学习的本质、技术如何支持学习和应该如何学习更有效等三大核心问题展开讨论，以期为学习科学的发展提供一定的理论基础；在研究方法上，学习科学与思维体现出三个方面的跨界融合特征，分别是研究领域的跨文化融合、研究技术的跨范式融合和研究内容的跨学科融合；在研究应用上，学习科学与思维既体现出理论层次的深度演绎，又注重实践中的高层次指导，也体现出贯通学校教育、社会教育与终身教育的全人教育理念，还体现出广泛的实践创新应用及策略与方法。所以，"互联网+"时代为我们的学习带来新的挑战与机遇，未来学习科学与思维将朝着深度融合与创新的方向发展。我们将继续坚持理论层面的蹒跚学步和实践中的砥砺前行，在理论建构与实践检验之间尽力找到平衡点，继而推动学习科学与思维走向成熟。

第一章　学习心理与有意义学习

在寻求真理的长河中，唯有学习，不断地学习，勤奋地学习，有创造性地学习，才能越重山跨峻岭。

——华罗庚

未来的文盲不再是不识字的人，而是没有学会学习的人。

——阿尔文·托夫勒

学，繁体是“學”。什么叫“学”？有学者认为，从学的繁体字形结构上看，上面是一群人手拉着手围在一起交流思想，这是“互相学”，“三人行必有我师”；下面是以“子”为中心，呵护“子”的成长，即以“生”为本。

习，繁体是“習”。什么叫“习”？有学者认为，从习的繁体字形结构上看，上面一个羽毛的“羽”，下面一个“白”字，加起来就是白色的羽毛。“微风习习”，就像刚出生的小鸟在学飞翔的时候，扑棱扑棱的翅膀扇起的小风。所以，“习”字的原意，是小鸟在练习飞翔。飞翔是小鸟的生命本能活动，小鸟练习飞翔，一是成长，二是实践。所以，习的本意是成长的练习与实践。

一、学习与学习观

关于学习，不同的专家给出了不同的定义：

——学习是刺激—反应之间联结的强化。

——学习是认知结构的改变。

——学习是自我概念的变化。

——学习是一种过程，有机体通过学习获得经验改变行为（李昕，2005）。

——学习是指学习者因经验而引起的行为、能力和心理倾向的比较持久的变化。

对学生而言，学习就是在教师的指导和帮助下，系统地接受知识的过程，即一种求知的过程。真正的学习是通过教师和书本，与渗透在知识中的前人的思想进行深刻交流的过程。学习是一种求知过程，也必然伴随着创造，它使创造从稚嫩走向成熟，而最终还要体现在创造能力的发展上。学习就是发展自己，或者说，学习的目的在于使自己得以发展（董奇，1996）。神经科学家将学习看作脑加工的过程，是脑对刺激产生的反应。它包括脑对信息的感知、处理和整合。教育学家则认为学习是主动获取知识的过程，导致行为出现持续的、可测量的、特异性的改变。科学家Koizumi将学习定义为：大脑对刺激做出反应，建立神经联结，以形成信息加工网络和信息储存装置的过程。

如图1-1-1，学生的学习观是指学生个体对知识、学习经验所持有的直觉认识，也有人把它看成是学生个体对知识和学习的一套认识论信念系统，它涉及对知识性质、学习性质、学习过程与学习条件等维度的直觉认识。

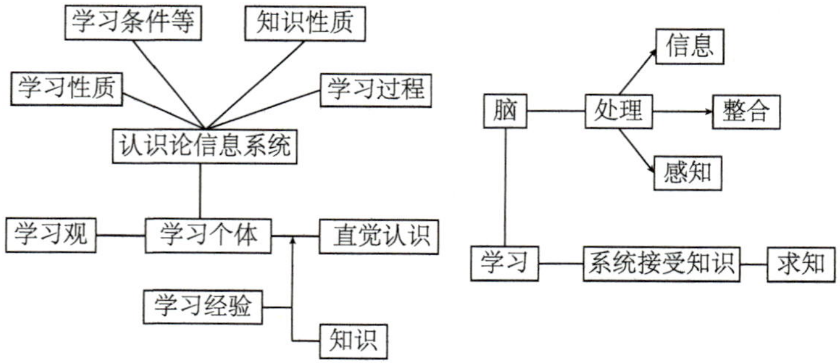

图1-1-1　学生的学习观

（一）建构主义学习观：有意义学习存在于活动中

学习就其实质来说，是一种个体与环境相互作用而获得经验的活动。建构主义理论从心理学角度剖析了学习的内在机制，回答了学习者的知识是如何生成的，强调学习是指有机体在后天生活中获得个体经验的过程。与此同时，心理学界依然没有停止对学习理论的研究和争论，始终坚持对学习本质问题的探讨是心理学研究的核心问题之一。在经历过以桑代克、华生、斯金纳等为代表的联结学习理论之后，到以格式塔、托尔曼、布鲁纳等为代表的各派认知学习理论，再到以加涅等人为代表的企图融合各派理论而形成的折中主义学习理论，正是由于各学派对学习的具体问题所进行的大量研究，才使得人们对学习的实质问题，即学习获得的机制问题的研究与理解有了更进一步的发展，如建构主义理论是学习理论由行为主义发展到认知主义以后的理论。行为主义观认为，学习就是通过强化建立刺激与反应之间的联结，教育者的目标在于传递客观世界的知识，学习者的目标是在这种传递过程中达到与教育者完全相同的理解。认知主义观较行为主义观的进步之处在于，它确认了学习者内部的认知过程，认为教学的目标在于帮助学习者习得这些事物及其特征，使外界客观事物内化为其内部的认知结构；而建构主义观更进一步认为，世界是客观存在的，但是对于世界的理解和赋予的意义却是由每个人自我构建所决定的。学习者是以自己的经验为基础来建构现实或者至少说是在解释现实，学习者个人的世界是用他们自己的头脑创建的（沈亚强等，1998）。建构主义的学习观据此认为，学习是学习者主动地建构内部心理表征的过程，学习者并不是把知识从外界搬到记忆中，而是以已有的经验为基础通过与外界的相互作用来建构新的理解。

建构主义观认为（樊彩霞等，2010）：

第一，学习者以自己的方式建构自己的理解。一方面，学习是一个积极主动的建构过程，学习者不是被动地接受外在信息，而是主动地对外部信息进行选择和加工，这种建构不可能由其他人代替；另一方面，由于作为学习活动主体的学习者本身的特点不同，因此建构活动的方式也不同，所获得的对于意义的理解也不同，从而使这种建构活动带有主体特点的烙印，其所构建的“知识”也因人而异。

第二，新的学习依靠原有的经验。学习者原有的经验是新知识学习的基础。知识或意义是学习者经过新旧知识经验间反复的、双向的相互作用过程而建构成的。外部信息的输入如果没有主体已有的经验作为基础，则这种信息对于学习主体而言将是毫无意义的，是机械的记忆。每个学习者都在以自己原有的经验系统为基础，对新的信息进行编码，建构自己的理解，而且原有知识又因为新经验的进入而发生调整或丰富，所以学习并不是信息的简单积累，而是由于新旧知识经验之间的冲突而引发的认知结构的丰富或重组，是个人经验在质上的变化。

第三，社会性的互动可促进学习。建构主义观主张知识不仅是在个体与物理环境的相互作用中建构的，社会性交往的作用同样重要。在现实情境中，应重视教师与学生以及学生与学生之间的社会性交往。在建构主义学习观看来，每个人都以自身的经验为起点建构对环境和人的理解，因此个人的

"知识"只能理解到事物的不同方面，不存在对事物唯一正确的理解。要使学生超越自己地认识到那些与自己不同的理解和看到事物另外的侧面，必须通过广泛的交流和讨论使理解更加丰富和全面。

第四，有意义学习发生于真实的学习任务之中。首先，这种教学应使学习在与现实情境相类似的情境中发生，以解决学生在现实生活中遇到的问题为目标，学习的内容要选择真实性任务，不能对其做过于简单化的处理，使其远离现实的问题情境；其次，教学过程与学生的问题解决过程相类似，教师在课堂上并不是提前将已准备好的内容教给学生，而是让学生经历与专家解决问题相类似的探索过程。问题的真实性易于激发学生的内部动机，也利于培养学生的探索精神。

建构主义学习理论较为科学地揭示了学习的本质，该理论不是适应某些条件的一种具体的教学策略，而是认为学习过程是一种人们自己探索、认识、发现世界的方式。传统教学中，教师对于知识基本上采用的是言传口授的方式，忽视了学生的学习兴趣和需求，无视学生学习知识的特点，从而使学生在头脑中记忆了大量支离破碎的"知识"，而不能对其意义进行深度建构和理解。建构主义学习理论则重视学习活动中学生的主体性作用，重视学生面对具体情境进行意义的建构，其理论核心是强调以学生为中心，强调学生对知识的主动探求、主动发现和主动建构。

个体的心理形成、变化与发展过程，本质上就是一种学习过程（刘辉，2009）。某种程度上来说，学习过程就是活动过程，或者说活动过程也是学生的学习过程。这种"活动—建构观"主张在学生主体活动中完成知识的意义建构。即通过个体与客体的相互作用和活动来实现知识经验的增长。在此过程中，学习者以现有的知识经验为基础，通过自身的活动与现实的客体直接接触、动手操作等从中获得关于客体的直观信息，同时在头脑中不断分析、综合等抽离出理性认识从而建构起关于客体及其活动的知识经验。一方面，这种学习符合学习者的内在学习需要，易引起学习者对于学习本身的兴趣和关注，体现学习者学习的积极主动性和创造性。另一方面，这种学习是在学习者对学习对象的主动操作、探索、加工、体验、变革的自主活动过程中实现和完成的，易于建构对知识深刻的、丰富的理解。由于活动具有双重转换性，外在的客观学习材料可以经由学习者的活动内化为主观经验，主体的主观经验也可同时外化为活动态度、动作方式、技能等，影响和改变活动对象，进而影响和改变自己。因此，教师可以通过活动了解学生，也可以通过控制活动对象、变换活动方式等影响他们的学习经验。其对象性和鲜活性使教师易于把握活动进程，知识产生过程的重演、再现不仅利于学生进行高水平的思维活动，有效建构起对抽象概念、定理的理解，更重要的是学生可以探索和占有镌刻于知识中的人类智慧即人的价值观、活动方法和认识能力等（杨莉娟，2002）。

（二）移动时代学习观：去中心化的分布式认知

学习观是个体对学习活动本质的认识，教师的学习观决定了教师的教学模式与教学方法，学生的学习观则决定了学生的学习方式与学习态度，因此，可以说学习观在很大程度上影响着教学的成果与人才的培养。长期以来，人们对学习本质的理解与认识一直在不断深化，从孤立地看待个体习得情境化的知识，到个体在学习中通过“同化”与“顺应”来实现知识建构并内化，再到分布式个体间的互动以及学习者与环境等相互作用的观点和理念，人们更加关注个体与他人在学习环境中进行交互性学习的意义。在这一过程中有两个重要的变革，一是行为主义、认知主义到建构主义的跃迁，它刷新了人们对知识获取的经典认识；二是建构主义到分布式认知、情境式认知、社会建构的跃迁，它让人们开始关注个体所在环境与社会对个体认知所造成的影响，让人们对移动式学习有了焕然一新的认识。

移动学习是宽带移动多媒体通信技术在教育中的具体应用，其最具独到之处就是其移动性，学习者能在自己所需的任何时间、任意地点，通过手持式移动设备和无线通信网络获取自己所需的学习资源，与他人进行交流。这一特性推动了人们探讨一种对人与人之间以及人与技术工具之间通过有意义交互和远程协作反应灵敏的框架，他们需要分布式认知理论的观点以理解如何利用这些新技术。分布式认知理论认为，知识并非存在于特定场合，而是存在于各个不同的场所，广泛分布于人脑与外部环境中，特别存在于各类社会及各具特色的文化结构和历史中，学习活动应当“去中心化”，学习更多的是通过独立个体间的交互，以及他们与所有人工制品之间的交互来进行，因此强调对交互活动的支持（张伟等，2010）。

如图1-1-2，分布式认知理论强调的是认知现象在认知主体和环境间分布的本质，认知工作不仅仅依赖于认知主体，还涉及其他认知个体、认知对象、认知工具及认知情境，认为要在由个体与其他个体、人工制品所组成的功能系统的层次上来解释认知现象（张伟等，2010）。

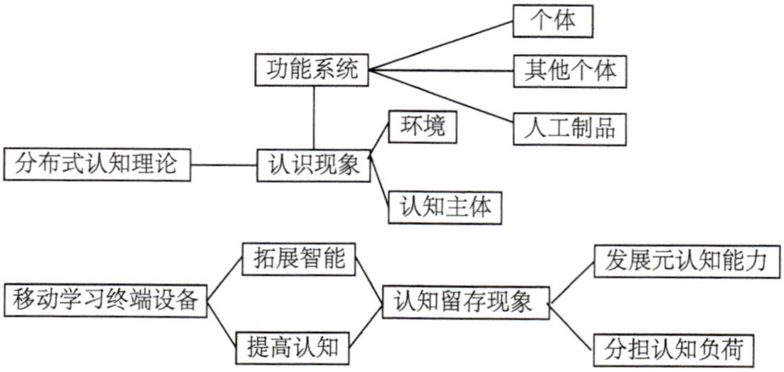

图1-1-2 分布式认知理论与移动学习终端设备

重要的是，分布式认知理论强调个体、技术工具相互之间为了执行某个活动而发生的交互（周国梅等，2002）。移动学习终端设备是人的延伸，提高了人的认知能力，它能使人的工作与学习变得更迅捷、更高效。同时，学习者在使用设备的过程中，也会产生认知留存现象，这能很好地促进使用者元认知能力的发展，更好地分担学习者的认知负荷。

学习观从接受认知范式到建构认知范式再到分布式情境认知范式的改变，为开展移动学习提供了可能性：智力与认知并非个体思维的专有属性（张伟等，2010）。认知是分布存在的，它广泛存在于参与建构的各个成员中，分布于有关的工具、知识表征模式以及其他人工制品中，M-Learning（移动学习）时代的学习不只是一个知识传递或个体知识建构的过程，也是一个社会对话、认知网络连接与共享的过程。

（三）关联主义学习观：学习即网络形成

2004年，加拿大学者西蒙斯提出了关联主义，并将此理论定位为网络时代的学习理论。他始终强调，网络技术的发展是触动他提出关联主义的直接原因。他认为，网络技术与各种网络连接的建立必然要将学习理论引入网络时代，以往的行为主义、建构主义、认知主义这三大传统学习理论均产生于网络技术并不发达的时代，互联网技术的快速发展已然深刻并显著地改变了人们传统的学习方式，网络化学习将是未来主要的学习形态（刘菊，2014）。

近些年迅速发展起来的移动网络技术让我们已然身处网络时代，在很大程度上改变了人们的生活方式及信息获取方式。西蒙斯在讨论关联主义的九大学习原则时认为，保持知识的时代性（或现时性，指准确的、最新的知识）是所有关联主义学习活动的目的。在网络不发达的阶段，知识的传播范围不广、效果不好、效率不高，个体获取知识的手段极其有限，保持知识的现时性是不可能达成的愿景。而现在有了高速、便捷的移动网络，知识已变得可以随时随地被获取，借助网络时代的互联网平台与技术，关联主义所倡导的学习活动的最终目的也是可以达成的。

关联主义学习观最为简明的表达，如图1-1-3“学习即网络形成”所示。在这幅表述关联主义学习观的经典图示里，西蒙斯并未为其中的节点标注所指，而是在图下做了比较详尽的阐述，着重说明：网络中的节点可以是人、组织，形成外部人际网络；可以是图书馆、网站、书、杂志、数据库或任何其他信息源，形成外部知识网络；最终，在不断连通和建立理解模型的过程中，学习网络又会被内化为存在于我们心智之中的内部知识网络。

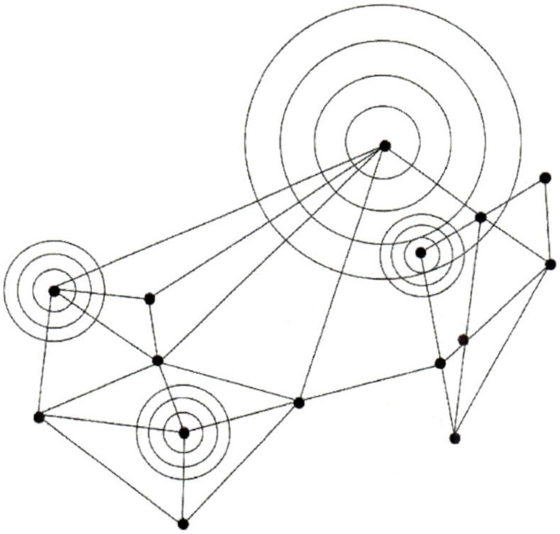

图1-1-3　学习即网络形成

学习网络内的所有节点都会持续地保持相互关联。作为一个智能网络，人们的心智网络不断重塑、调整以更好地纳入新信息，反映新环境，失去价值的节点逐渐以失去与其他节点连接的方式被弱化（刘菊，2014）。无论是知识网络还是人际网络，每个节点的“现时性”趋向都使得网络整体表现出现时性优化。这一通过增删、强化、弱化节点的方式进行网络不断调整、重塑、优化的过程，是一种动态的自组织与他组织的平衡，当限定于知识网络时，在一定程度上与皮亚杰对于建构主义中图式的动态平衡过程的描述相近，但又有所区别。建构主义的研究重点在于：当个体面对外部新的信息时，同化抑或顺应哪一种机制分别在什么情况下会起作用，具体是怎样的运作机制，最终图式（或知识结构）是怎样形成的。关联主义与建构主义虽然同样研究知识（网络或结构）的运作机制，但出发点与侧重点是不同的。

关联主义的新颖与独到之处在于其首次将人与人之间的关联与互动、人际网络等纳入知识的话题语境探讨中来，其对于人际网络重要性的强调是逐步加深的（刘菊，2014）。上面提到，保持知识的现时性是一切关联主义学习活动的目的，当个体处于特定情境，需要特定知识时，知道在哪里获取知识就显得十分重要。可表述为：现如今，"知道在哪里"和"知道谁"比"知道什么"和"知道怎样"更重要。这也与关联主义的经典知识观名言——管道比管道中的内容更重要相互印证。身处（知识/人际/互联网）网络，连接能促使我们获得更多，这比我们目前知道什么更为紧要。这一观点的明确提出，极大地推动了关联主义的发展与进步。

（四）生态学习观："第三只眼睛"看学习

不管是学习的行为主义、认知主义还是社会文化等理论都有其现实的合理性，区别仅在于它们的聚焦点不同，分别从人类学习的不同侧面、不同层次进行阐述。如行为主义关注的是行为的训练，通过有效的刺激与反应的联结，以培养学习者的熟练技能和动作，使其能够有效地完成如规则记忆、基本事实的关联、匹配区分等简单的学习任务。因此，对于诸如概念、基本技能的掌握等，采用行为主义学习方法是较为妥当的（郑葳等，2006）。

认知主义理论更加注重观念性知识的习得，鼓励在理念和概念之间关系的基础上进行建构。它对学习者的信息加工能力有较高的要求，适合那些需要进行较高认知加工水平的任务，如归类、规则的推导、程序的建立等。这类任务的完成能够使学习者掌握一些学习策略，如语义组织、精细加工等。而建构主义则追求人的高级学习能力，如问题解决能力、批判性思维等的培养，它适合一些结构不良领域的复杂知识的学习和掌握，对于认知和元认知能力的养成尤为适用。此外，社会建构、情境学习等理论则注重社会性交往、现实情境对个体学习的重要性（郑葳等，2006）。

美国教育心理学家格里诺等人对以上几种理论进行了分析并指出，行为主义原则倾向于从技能的获得来看学习，认知主义原则倾向于从概念理解与思维的一般策略的增长来看学习，情境主义原则倾向于从更有效地参与探究及对话的实践活动来看学习，这些实践包括概念意义的建构和技能的使用。

在这一分析工作的基础上，格里诺等人试图进行学习理论的融合："行为主义的技能取向和认知主义的理解取向的观点，都给予教育实践的发展以重要的启示。但在研究文献中，它们经常被描述成相反的两极，符合一个观点的学习排斥符合另一个观点的学习。在这里，行为主义和认知主义实践的主要优点和价值，可以包括在以情境原则为基础的实践中。”格里诺试图用情境学习来整合行为主义和认知主义理论的思路，启发了我们用一种更具整合性、生态性的视角审视人类以往对学习的研究。

若我们始终坚持以“第三只眼睛”——一种超越二元悖论的、寻求整体的生态意识为首要研究原则的话，肯定会期待能有一个更为开放的、整体性的框架，它能够尽力涵盖相互竞争的范式和理论，尽量揭示人类学习的不同方面和不同层次。因为一项复杂任务的学习，必定包含了人类的多种学习方式，需要对事实、技能和策略等多种知识综合地加以掌握，不能只拿一种学习理论来推演所有的学习形式（郑葳等，2006）。

如上所述，如果能用“第三只眼睛”来直击人类的学习现象，那么无论是行为主义、认知主义还是建构主义理论，都各有其适用范围，也各有其限定条件。面对学习现象本身所具有的复杂性以及由此产生的学习理论的多样性，不可能说哪一种理论是“最正确的”“最好的”，因为每一种理论只是各自在不同层面、以不同的视角来研究和讨论人类的学习现象。这里倡导以生态的视角看待学习现象，目的就是期望能够反映学习的复杂性以及各种学习理论趋于整合的必然性（郑葳等，2006）。

人们提出一种新的学习理论，譬如“生态学习论”，是从另一个视角进行论述，即一个观察人类学习活动的新视角——一个追求整合的、适应性的视角。因此，很难对何谓“生态学习观”加以界定，但是可以从它与其他学习理论的不同之处来窥见一斑。

与行为主义学习观不同，生态学习观认为学习不是消极地受制于其环境中的物理刺激，而是有意地与其学习环境交互作用。与认知主义的信息加工理论不同，生态学习观没有将学习者视为汲取、存贮和再现信息的熟练的信息加工“机器”，而是携着一定的生命印记的、“有情有意”的知识意义的积极建构者。与社会文化理论不同，生态学习观强调个体与共同体在学习过程中的相互贡献、相互形塑。可以说，对人类认知与学习的研究，如果不同时加入社会文化理论及个体认识论的合理要素，将不会得到完整的表达。

学习者通过主动的活动和有目的的实践反思，对其情境（物质及社会环境）所能提供的给养进行调适。也就是说，在某一情境中，学习者的意图、活动、反思构成了一个交互作用的“环”，所有有意义的学习都是通过这样一个互动过程得以实现的。因此，将学习者、学习活动与学习的情境脉络分离开的做法是不明智的，也是难以做到的。学习者处于含有真实任务的学习情境之中，在工具、其他学习者或教育者的支持或直接教导下，借助反思去积极探索并解决这些任务。在这一过程中，他（或她）不仅建构和理解了知识的意义，而且也逐渐形塑了自己在群体中的身份，逐步养成了健康的主体性。这种从统整的、生态的框架来理解人类的学习，将重构人们对学习完整图景的认识。

可以从生态学习观本身的三个原则来把握此概念。首先，整体性原则是指学习活动被视为一个完整的生态系统。生态首先意味着系统是有生命的，而生命的首要特征就是自组织。生态性的学习就是一个自组织的学习活动系统，在绝大多数自然的学习系统中，人们都在自然而然地学习着，这说明学习是具有自组织特性的。这种自组织特性表现为学习者具有调节和监控自身行为的能力，能够让自身与其学习环境进行交互（郑葳等，2006）。更为重要的是，在自然的学习系统中，人们有时是以群体组织的形式进行学习的。他们建立起一定的"制度"：自己协商分配角色，相互帮助，相互教授，从而借助集体的力量实时地应付系统内外的各种变化，使学习活动系统从混沌状态走向有序。因为学习是一个极其复杂的、充满混沌的活动，若忽略系统内外哪怕一个最微小的部分，都可能会对学习理解的最终结果产生很大的影响。此外，整体性原则还意味着学习系统是由多种元素构成的，如人的要素，包括个体及群体；物的要素，包括各种工具、语言、规则、方法、环境等。这些要素之间相互作用，形成了一个完整的实体（阎松，2016）。这就意味着为了产生良好的学习效果，务须所有要素参与。

其次，适应性原则是指生态意味着适应，即系统要在生命体与其环境的给予和限定的条件之间积极地调适。生态心理学的创始人吉布森将环境对有机体行为的影响称为"给予"，提出有机体与其环境是一种"相互作用的互惠关系"。这种双向关系就决定了"既非个体亦非情境，而是二者间的交互构成了分析的单元"。因此，适应性原则对于学习观的启示主要包括如下两层含义：一方面，学习者的实践决不能脱离特定的学习情境。学习者在学习系统中与其他人、与环境中的人工制品进行着交往互动，并自然地、不断地试图搞清这些交往的含义。这里基本的认识论革命在于拒斥心理和行为分裂的二元论信仰，身与心、感知与行动是完全整合的。我们不能以完全抽象的、去情境的方式来理解事物，不能将有关某一领域的知识与交往活动相剥离，更不能使知识的获得游离于知识建构的情境之外。另一方面，一个设计良好的学习环境应该能够做出富有弹性的变化以适应每一个处于发展中的学习者的特征差异。例如，提供多种表征形式以适应不同学生的认知风格，提供多样的、不同层次的活动设计以应付不同水平的学生的学习，呈现真实的情境以鼓励学习者应用其所学，等等。也就是说，这样的学习环境应该是一种适应性而非选择性（适者生存）的模式。

再次，多样性原则，即生态学习观的一个比较显著的特征是物种的丰富性与多样性，即“多元共生”。“多元共生”是最具现代价值观念的合作关系和生存方式。以此来观照人类的学习，就是指多元的、异质的学习者能够民主、平等地生活在同一个共同体中，并能够通过活动对话而相互关联。也就是说，意义的形成很少是由个人独自完成的，而是借助语言或者其他工具等中介协商与合作来实现的。由于认识不仅根植于物质环境中，同时也分布于人们所存在的文化和历史中，因此，该群体中的每一个人都掌握和占有了整个系统的文化或记忆中的一部分。共同体的每一个构成要素，包括个人、群体、个体间的话语、社会关系、任务目标、人工制品及理论方法等，都为共同体的文化保存与延续做出了自己的一份贡献。如加德纳等人的多元智能理论告诉我们，每个人都有他自己的能力倾向，每个人都可能成为专家。生态学习系统强调话语权利共同体的建立，尊重每一个学习活动参与者的“专家”身份，通过鼓励其对话、交谈而促进意义的生成。在这一过程中，共同体的知识和专长的获得与个体的知识和专长的获得是休戚相关、共荣共生的关系（郑葳等，2006）。

总之，学习者、学习活动、工具中介系统、物质及社会环境等构成了一个整体的分析单元（郑葳等，2006）。学习不仅是针对物质世界的认知活动，同时也是一种社会性的交往实践，而为了顺利达成上述两种实践活动，学习者还必须坚持与自我的不断对话，即进行实践的反思。在这三种实践中，学习者不仅建构了对世界的意义，同时也形塑了融个体性与社会性于一体的“自我”。

二、脑科学与学习心理

（一）脑是思维之所

脑是思维之所，发挥着多种重要功能，影响人体的心率、体温、呼吸，并执行所谓的“高级”功能，如语言、推理及意识。脑是由大量神经元和神经胶质细胞组成的，它们构成了脑的基本功能单位。脑是一个高度分化的结构，不同脑区承载不同的信息加工任务——这就是功能定位的原理（经济合作与发展组织，2014）。脑的效率增加了，结合经验的作用，脑就能发展出最佳的结构，脑结构的改变是学习发展的基础。

当今，许多专家正在从不同角度辛勤地探索着大脑的奥秘。脑科学是研究人的科学，而人具有生物性和社会性，脑科学研究也需要自然科学家和人文社会科学家的密切合作，因此脑科学就成为自然科学与社会科学相互渗透、相互促进的重要领域。脑科学每前进一步，都将为哲学、教育学、人工智能科学、语言学、仿生学提供科学依据，又为数学、物理学、化学、技术科学提供重要的研究内容，也必然促进医学、心理学、思维认知科学的发展。

1. 当下脑科学给教育的启示

随着科学技术的发展，人们认识和改造世界的能力也不断提高。但长期以来，人们对于脑是如何工作的，它究竟在做什么，感到神秘莫测。可喜的是，当下脑科学的研究不断为我们揭开了人脑的层层面纱，人们在惊叹大脑复杂的结构和功能的同时，越来越深刻地认识到大脑的重要性。因为脑科学的研究成果揭示了复杂的大脑正是学习和创造的生理基础。教育要培养人的创造能力，提高人的智慧，在某种程度上就是要开发大脑的潜能。

由于受"大脑两半球分工说"的影响，人们越来越倾向于将人的各种不同的能力与大脑的具体区域对号入座，于是出现了区别开发"左脑""右脑"的主张。在传统的应试教育中，学生只顾机械背诵，缺乏创造能力。因此一些人就认为，传统教育只注重开发左脑，现在要推行素质教育，培养学生的创造力，就必须开发右脑，于是强迫儿童用左手、左脚，殊不知，这样不仅会打乱儿童正常发育的进程，而且可能会造成某些儿童口吃，严重者会导致儿童性精神分裂症。

2. 脑发育的关键期与教育的适时性

英国学者戴维·林伯尔等人通过实验发现，将刚出生的猫或猴的眼睛遮起来，长时间以后再打开眼罩，其视知觉能力很难正常发展起来。正如关于狼孩语言能力的个案报道，狼孩自幼失去语言发展环境，多年以后即使复得语言环境，其语言能力仍不能达到正常人水平（张旺等，2000）。因此，教育必须根据大脑不同功能发展的关键期适时进行，使脑的不同功能及时得到发展。现代生态理论认为，脑的发育就是在遗传基因和环境相互作用中逐渐完成脑功能模块的构建过程的，其关键期就是各种功能的构建期，也是细胞功能效率提高的时期。如脑科学的研究表明，0—5 岁是儿童大脑发育的关键时期，因此，教育要重视儿童的早期智力开发。

3. 脑结构与功能和教育的可行性、必要性

与脑发育关键期密切相关的是脑的神经系统结构和功能的可塑性，即脑可以被环境或经验所修饰，具有在外界环境和经验的作用下不断塑造其结构

和功能的能力（杨广军，2006）。脑科学研究发现，多姿多彩的环境刺激对早期大脑发展具有显著的影响。大脑的生理变化是经验的结果，而大脑功能的水平在很大程度上取决于其学习和工作时所处的环境状态，服从“用进废退”的原则，故不能缺乏足够的刺激。人并不是生来就拥有一个功能完备、高效运转的大脑，大脑的成熟是遗传与环境交互作用的结果。这说明，教育不仅是可能的，而且是十分必要的。遗传素质为人的发展提供了可能性，但人的智力主要靠后天的环境培养。

4.情绪的脑机制与情感教育

情绪是脑的机能。现代情绪生理学研究表明，下丘脑被认为是支配愤怒和恐惧的中枢，边缘系统中的杏仁核在调节情绪行为中起着重要的作用，而一切情绪反应必须有大脑皮质参与。同时，情感在人类学习中起着不可低估的作用，情感与认识并不是对立的两个过程，而应当理解为两个并行的过程，它们应以特殊的方式联系在一起，都是脑神经整体功能的体现（钟启泉，2000）。美国哈佛大学的萨洛瓦、科尔曼与新罕布什尔大学的梅耶尔等人对经典的智力概念提出了挑战，他们认为，人有两种不同形式的智力：理性的和情感的。人生成功与否，不仅取决于智商（IQ），还取决于情商。长期以来，教育更多的是注重开发培养学生的智力，追求高分数、升学率是教育最直接的目的，却忽视了对学生进行情感培养和陶冶，以致产生很多情绪问题，学生的心理承受能力低。其实，情感在一个人的学习中具有举足轻重的作用，一个人的情绪状态直接影响司职情绪的大脑相关组织激素蛋白质的分泌，进而影响人的学习和生活。积极健康的情感能有效激发学习的热情，消极的情感会阻碍学习的进行。因此，教育在发展学生智力的同时，必须培养学生健康、积极的情感，发展学生的情感智力。故在教育过程中，首先，要创造一个健康的情感氛围。大量研究表明，要培养一个人的健康情感，需要民主的、开放的、宽容的、温暖的情感氛围。其次，要通过一定的手段和知识使学生掌握一定的情感知识，提高认识、控制、疏导、协调情感的能力，要指导学生正确处理情感危机。再次，引导学生通过一定的艺术形象塑造自己，提高情感品位，树立良好的自我形象（张旺等，2000）。

5.脑电波与最佳学习状态

英国生理学家理查德·卡顿从兔脑和猴脑中记录到微弱的电流，随后，德国精神病学家汉斯·贝格尔首先做了尝试，记录了人脑的电流。心理学家早已发现，当人们处在中等清醒状态时，最能有效地完成任务。当人脑获得适宜的挑战时，它能以最优的方式学习。但是当觉察到威胁时，大脑则会变得功能低下。当大脑处于α波状态时，能促进灵感，加快资料收集，增强记忆。在这种状态下，人们可以进入潜意识获得非凡的记忆力、高度专注力和不同寻常的创造力。因此，教育者必须努力在学生中创造一种放松的警觉状态，给学生提供一种低威胁、高挑战的学习氛围（郭进等，2007）。科学的发展是无止境的，对于神秘的大脑的研究更是如此，随着研究水平与技术手段的不断提高，我们会越来越增进对大脑的了解。脑科学对教育的现实意义是：教育活动的开展必须与脑科学相结合，用科学的教育方法和手段开发大脑的潜能。为此，有必要在广大教育工作者中大力普及有关脑科学的知识，根据脑科学理论切实推行因材施教与个性化学习。

从脑科学与教育研究的角度出发，学习与教育是包括从出生到死亡的一生的概念。通过实验发现，人从一诞生到死亡，能够从自然环境中学习，通过视觉认知空间，通过接触感受爱，通过音乐熟悉音程和节奏，通过语言懂得音素和生成语法的规律等。

（二）脑科学与记忆力

记忆与学习的关系是密切相连的，记忆总需要学习，而学习又意味着记忆信息。20世纪初，比奈、西蒙就开始研究儿童的智能，1905年比奈量表揭示了人类智能的可测度性，并把记忆作为衡量人类智能的重要内容，同时也是学习的基本能力。影响记忆过程的因素很多，但大致可分为内部因素和外部因素两大类。有机体和环境变量动态的影响、记忆者的唤醒水平、智力和动机及情绪状态、主观努力等是影响记忆的内部因素，而教学方法、环境刺激、干扰效果等是外部因素。因此，在教学活动中，教师要树立正确的记忆观：学生的记忆潜能是无限的，只要运用科学合理的记忆方法，每个人都会有很好的记忆能力（吕萍，2005）。

方法是成功记忆的关键。脑科学的研究表明，人脑有140亿个神经元、9000万个辅助细胞，能储存1000万亿信息单位，说明人的记忆潜能是无限的。但记忆潜能的发挥并不是自然生长的过程，需要进行有意识的挖掘和培养，而挖掘的关键则在于运用科学方法。科学的记忆方法是使记忆的过程成为一种积极的思维过程，成为大脑的一种开创性的劳动，从而达到记忆效果的最优化。机械记忆是大脑的低效使用，在学习中过分强调死记硬背会阻碍学生理解能力的发展，并且可能阻止脑功能的有效发挥。科学的记忆方法必须建立在理解的基础之上，只有理解了的内容才可能学得快、记得快、记得牢。因此，在教学中，教师不但要注意让学生理解教授的学习内容，而且在学生的记忆方法、技巧上也要给予必要的教导。教师应根据内隐记忆和外显记忆的特点，对学生进行适当的教学和指导，教授或指导学生进行意义记忆、联想记忆、对比记忆。学会记忆的方法和技巧，以提高学生的记忆效能，是使学生学会学习的一项必要内容。

1. 激发兴趣和集中注意是增强记忆力的先决条件和关键

兴趣是学习的最好老师，注意是学习的重要条件。记忆力因学习者的思想准备和好奇心而不同，也就是说兴趣和注意的不同，导致记忆力的不同。只有激发起兴趣，才会促进脑神经细胞敏锐灵活，从而形成大脑皮层的优势兴奋中心。惟有注意，才会在一定时间内使所有的感知器官都有意无意地朝向你所指向的事物，而避免和抑制那些一时无意义的信息闯入大脑。因此，教师在教学中，要注重诱发学生学习的兴趣，“兴趣是学习之门”，有了兴趣，他们自然就会注意，而且会毫不费力地掌握知识。从外显记忆和内隐记忆的特点来看，记忆的最初阶段是一种显性记忆的形成，越是生动、形象的方式，便越容易引起学生的“注意”，而这种“注意”会增加脑内神经细胞的活动强度，从而促进记忆形成。但如果教师持续不断地将新奇、强烈的刺激作用于学生，以引起学生的高度注意，时间长了学生大脑易产生保护性抑制，容易产生疲劳，使学生丧失进一步学习的信心与乐趣。因此，教师要根据教学情境的变化对学生的兴趣和注意力进行有效控制和正确引导，适当地调节课堂气氛，给予学生活跃、放松的机会（吕萍，2005）。

著名心理学家库特·莱米恩认为，人处于适度的紧张或焦虑中，有利于任务的完成。因此，在适当控制条件的情况下，让学生处于紧张状态，使大脑的神经细胞间迅速建立联系，对增强记忆效能有一定的促进作用。一般认为大脑是不会疲倦的，往往是身体的某些部位有疲惫现象。但是在较短的时间里记大量信息，大脑会出现暂时的“不合作”现象。因此，为了进一步提高记忆效能，一般采取间隔学习的方法。已有研究表明，间隔学习的效果优于集中学习，特别是复杂的智力、技能的学习更是如此。因为间隔给大脑一定的时间来加工输入的信息，从而使记忆的效果比集中学习的效果要好。集中学习的方法被心理学家们称为“最初是记忆意念”，一般不会收到良好的记忆效果。但在记忆比较少的内容或是为了近期的任务如考试时，集中学习也能收到良好的效果。教师在创设使学生处于“紧张状态”的教学情境时，一定要保持“度”，防止信息负担过重，使学生过于疲劳。单位时间内信息量过大，超过了学习者的接受能力，反而会降低学习效果（吕萍，2005）。

2. 调动起学生的各种感觉器官，有利于记忆

以背诵为例，教师应提倡让学生出声背，同时也指导学生一边背一边写，手脑并用，"手是脑的天使""好记性不如烂笔头"，这样不仅记忆效果好，而且对于长时记忆有很大的帮助。我们不提倡死记硬背，要求学生在理解的基础上进行记忆，但并不是全盘否定机械记忆，甚至一些机械记忆是理解新知识与学习新信息的基础与先决条件。一般认为，背诵是在学校期间所使用的一个基本记忆方法，是在较长时间内成功发挥记忆能力的秘诀。在学习的过程中，记笔记对记忆也是有好处的，但笔记不是机械记录，它是发挥记忆、促进思维的一个非常有效的工具，教师最好能够对学生的课堂笔记进行指导，引导学生分析、综合、比较、提炼、概括所学知识，充分发挥笔记应起的作用，使记笔记成为对所学内容的补充，帮助回答提出的新问题、找出新信息与学过知识之间的联系、增加已知的例证和补充某些细节，进而使学生的学习更容易。现代教学一般都要求用现代化的教学手段，如投影、幻灯片、电视、电脑、实验室等，这不仅为教师的教学提供了方便，也遵循了学生学习、记忆的特点，为学生记忆打开了各种有效途径（吕萍，2005）。

3. 及时有效的复习是增强记忆效能的核心

复习指的是通过读、写、练所学的材料使信息在记忆中保持的一种学习方式。复习的目的在于巩固和加深所学的知识与信息。教师要善于组织学生进行复习，复习不是对内容的简单重复，而是一种承上启下、再创造的过程。复习就是让学生把新知识与已有知识形成网络，使信息保持的时间长久，即使信息储存到长时记忆中。"复习是学习之母"，说明记忆需要复习，但一定要注意及时复习。著名的艾宾浩斯遗忘曲线表明：保持和遗忘是时间的函数，遗忘在学习之后马上开始，而且遗忘的过程最初进行得很快，以后逐渐缓慢。因此，及时有效的复习是降低遗忘速度、增强记忆效果的一个必不可少的环节。复习的最好方法是在理解的基础上进行复述、背诵。进行复习，"温故而知新"，是使学生遗忘无关的东西，使大脑中的信息条理清晰的一个过程。一般认为，对成功记忆有较大帮助的是"遗忘"。西塞罗曾大声疾呼"教给我遗忘的艺术"。只有消除不必要的信息，才能防止无关信息的干扰，使大脑记忆更多、更有价值的信息。遗忘也说明了必须进行有选择的记忆，进行有目的的遗忘，而复习就是达到这一点的关键一环。

（三）学习心理与学习

桑代克在《成人的学习》中指出，成人仍有学习能力，成人学习能力的高峰期约在25岁左右，其后每年递减百分之一，直至45岁为止。当今心理学的研究又延伸了这个域限。尽管成人的记忆力、反应力等有所降低，但就个体的整体心理状态而言，成人的学习动机指向较为明确，后天的教育和训练使他们有了较强的自我控制能力和调整评价能力，加之成人丰富的社会生活经验，因此，成人的学习能力并没有减弱，从终身学习的角度来看，这种学习其实贯穿了人的一生。

1.成熟性学习心理

成人在身心发展上比儿童或青少年成熟。所谓"成熟"，在生理层面上，是指已经成长到完全的大小与强壮的程度（吕萍，2005）；在心理层面上，是指心理的稳定与情绪的稳固；就社会层面而言，是指开始扮演成人角色并尽到成人应尽的责任与义务。成熟的概念是多维度的，它包括生理、心理、情绪、社会行为等。成熟的人可以对自己的行为负责，可以担负起自己的责任与义务，也能够自己做出选择、做出决定并为之负责。一个成熟的个体，在学习方面，可以自己确定学习的目标，自己进行学习所需的选择，主体意识发挥的意愿更为强烈，并自主选定学习的方法进行学习（杨成德，2010）。成熟的个体，自尊心较强，需要别人把他当作独立的人看待，希望得到尊重和重视。这一点在教学上具有重大的意义，教师应避免伤害到成人学习者的自尊心。同时，成人已经完全社会化，对人情世故相当了解，因此，会对教师表现出尊重，对教师的教学有所响应，能使教师感受到教学是一项有乐趣的工作。

2.经验性学习心理

成人与儿童另一个重大区别在于经验。成人具有丰富而多样化的经验；儿童不是没有经验，就是只有很少的经验。成人由于生活的历练，已经累积了相当程度且彼此互异的经验。经验在成人教育上有特殊的意义，成人的经验既可能成为教学的助力，又可能变成教学的阻力。因此，教师在教学时应注意：第一，要满足成人表达经验的需求。有经验的人，喜好发表经验；有经验的人，没有发表经验的机会，将会产生不满。作为成人教育工作者，应了解成人的这种心理需求，采取适当的策略与方法进行积极的引导。第二，要引导成人互学。成人具有丰富而互异的经验，通过不同个体间经验的交流与分享，可使双方学习相当多的新知识。因此，成人之间相互学习，是成人教育的重要方法。第三，要善于运用让成人发表经验的教学方法，如发表意见或看法、提出问题、进行集体讨论、策划角色扮演及模拟等。经验有时也可能成为学习的阻碍力量，由于经验的累积与固化，成人可能会有一些不良的习惯、偏见或先入为主的观念，而不愿意接受新观念或用另一种新方式的思考。教师应协助成人检视自己已有的习惯与观点，打破原有的偏见，这样才能转变已有的观念，接受新的事物（杨成德，2010）。

3. 角色性学习心理

如图1-2-1，成人往往具有多重角色，而这些角色也并非恒定的，往往处在持续变化之中。

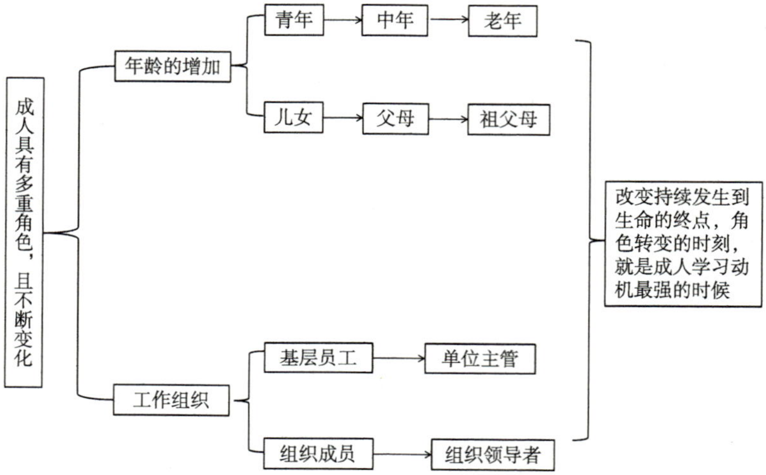

图1-2-1　成人学习心理

随着年龄的增长、家庭成员的变化、职业的改变或职位的升迁，成人所扮演的角色也在不断地变化。由青年、中年到老年，由儿女、父母到祖父母，由基层员工到单位主管，由组织成员到组织领导者，这种角色的改变不间断地发生并一直持续到生命的终点。这一点反映在教育上，就是成人在不同的阶段具有不同的教育需求。当角色改变时，为适应新的角色需要，人就会产生新的学习动机，追求新的知识和能力。据此而言，既然成人角色的改变是终身的，那么成人教育就是终身的教育，成人学习就是终身的学习，永远不会有完结的一刻。因此，角色转变的时刻，就是成人学习动机最强的时刻，也是最可教的契机。成人教育者应配合成人角色转变时机，规划学习的内容，使成人在角色转变中，进行有用、有效的角色性学习（杨成德，2010）。

4. 时间性学习心理

对成人而言，时间也是影响成人教育与学习或行为表现的重要因素。成人与儿童或青少年在对时间的认识上是不同的。对儿童或青少年来说，时间是模糊而无限的；对成人而言，时间是实在而有限的。在对时间的认识上，儿童或青少年对时间的看法是从生命的起始点开始，这是一种累积的观点；而成人往往从生命的终点向前推移，思虑自己还有多少时间。这种对于时间观念的转变，对成人教育具有极其重大的意义，使成人更为追求有可见成效的学习活动，对于延宕应用的学习活动不感兴趣。这一观念反映在成人教育上，就是成人对于学习效果有明确的要求，每一时间的付出都要求有相应的可见回报，每一堂课的学习都要求获得新的知识，每一活动的参与都希望能获得可见收益。因此，成人教育工作者在进行成人活动时，应力求慎重，要有详尽的活动计划，以达到使成人获得实际效用的效果。成人教师在进行课堂教学活动时，每一节课都应有充分的准备，争取每一节课都能达到课前设定的教学目标，最大限度地用好成人的学习时间（杨成德，2010）。

学习适应是指主体根据环境及学习的需要，调整自我以达到与学习环境平衡的行为过程。而社会适应是指个人和群体调整自己的行为以适应社会环境的过程。目前，社会适应观念已经逐渐渗透到大学生学习心理的研究中。现在很多研究者都认识到，面对知识经济的挑战，21世纪大学生的学习必须突破传统的学习模式，树立一种崭新的学习观念，新学习观的内容应包括学会做人、学会学习、学会生存三方面（苏炫等，2007）。

三、知识与知识观

哲学家第欧根尼曾说，知识是青年人的最佳的荣誉，老年人最大的慰藉，穷人最宝贵的财产，富人最珍贵的装饰品。托尔斯泰也指出，知识，只有当它靠积极的思维得来而不是凭记忆得来的时候，才是真正的知识。

知识不仅是认知的媒介，更传达着精神态度，是伦理价值的载体，它传导着人类千百年来对世界的认知，也承载着人类在探究知识的过程中所表现出来的精、气、神，同时包含了人类的审美情怀和价值追求。即使知识的认知价值已然十分显而易见，但在社会的不断发展历程中，人们在探寻科学知识的过程中所表现出来的追求真、善、美的精神，所展现的超越人的本质的力量，更能够让人受到心灵的震撼和精神的激励。至于本就能够直接与之进行心灵交流、精神沟通的人文知识，对于陶冶人的情感，完备人的心灵，形成完整、独立的人格更是具有独特的作用，其价值远远不只在认知方面（辛继湘，2005）。

知识观是关于知识的观念（如图1-3-1所示）。它是人们对知识的基本看法、见解和信息，是人们对知识本质、来源、范围、标准等的种种假设，是人们关于知识问题的总体认识和基本观点。

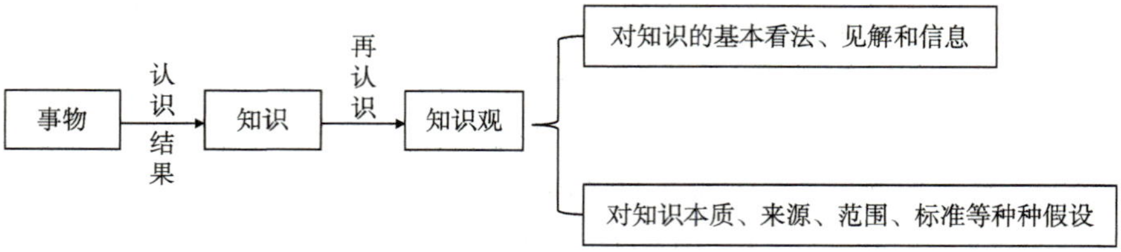

图1-3-1　知识与知识观

英文中的"观念"(idea)一词在词源上与希腊文"vision"(视、视觉形象)有关，意指"可见的形象"。"idea"常指思想，有时亦指客观事物的表象在人脑里留下的概括性形象，中文可译为观念、理念或形式。《现代汉语词典》(第7版)对"观念"的解释是：思想意识，客观事物在人脑里留下的概括的形象(有时指表象)。如果说知识是个体、群体和人类的认识及其结果，那么知识观念则是对认识及其成果的再认识，它不是某一具体的知识，而是对知识的一般观念与看法。正如世界观即是对世界的一般观念与看法，知识观即是对知识的一般观念与看法。知识观不是知识本身，它是关于知识的知识，是伴随着知识的积累、丰富与增长，人们对知识所做的一种意识与反思。知识观与知识的关系犹如元认识与认知的关系、历史学与历史的关系。知识观是关于知识的观点，这种看法和观点隐含着对知识的假设与信念，也表达着对知识的理想与诉求(潘洪建，2005)。传统的知识观认为，知识应该表征一个现存的、孤立的、独立于认识者的真实世界，而且只有当这种知识正确反映那种独立世界时才被认为是真实的(郑太年，2006)。

知识观也具有其他观念的一般特征，以若干单个观念相互联系的形式存在，并且这种联系是内在的、有机的，而不是若干单个观念的简单累加。这些单个观念纵横交错、有机联系、相互作用，便形成了系统的知识观网络架构。那些纵向联系的观念具有上位与下位、一般与特殊的区别，它们处于同一平面并往往呈现出并列的关系。

关于知识，现代知识观认为(佚名，2017)：

知识是关于外部世界的正确观念或认识，即真理性和确定性；

知识是我们对外部世界的规律性、齐一性的认识，是对必然性的认识；

知识是一个体系，它可以通过一定的方法，构成一个前后一致的系统；

知识的系统是完备的，即可以找到一个正确的、最基本的原理，并以此为出发点，构成完整的知识大厦；

新知识主要通过实验和分析而获得；

知识就是力量，它不仅能使我们征服自然，成为自然的主人，而且能够导致政治、经济和社会的进步，最终带来了人的自由。

后现代知识观实际上是一种对“现代主义”或“现代性”的反思，是一种推崇多元性和差异性的思维方式。后现代知识观认为，科学并不是一种客观性的知识，而是一种具有主观性和相对性的知识。后现代知识观的主要特征是：知识的可理解性，从绝对知识观到相对知识观；知识的情景性，从普遍知识观到境域知识观；知识的创造性，从既定知识观到流动知识观；知识的多样性，从精英知识观到大众知识观（杜静，2013）。

（一）知识观转变视野下的课程重构

知识观对课程与教学的改革具有重要的、直接的影响。某种程度上来说，传统教学所暴露出来的种种弊端与传统知识观有着非常深刻的内在关联性，可以说，知识观不转变，课程改革、教育改革是不可能取得根本性突破的。“教学大纲”向“课程标准”的转变是基础教育课程改革中最引人注目的变化之一，这种形式的转变背后所显示的实质内容，就是知识目标从结果性目标到过程性目标的转变。结果性目标是传统知识观的体现，是传统知识观在教育中的反映；而三维目标的提出，将关注的焦点放到知识获取的过程和方法上，强调知识的价值，正是当代知识观在课程目标中的彰显。

课程目标的转换：从知识传授到对人的关怀。怀特海认为，在传统的教学中，一个人可以理解所有关于太阳的知识、所有关于空气的知识和所有关于地球旋转的知识，却“看不到日落的光辉”。其原因就在于，现代知识观下的课程目标，先是使学生实现对知识的掌握与占有，目的性日益凸显的同时却忽略了人的体验与情感，在这种情境下的人不能作为完整的人存在。在后现代知识观下，人的存在性受到了正视，知识的绝对性、永恒性受到了质疑，因此其权威性也遭到了削弱。教学的过程不再是占有与被占有的过程，课程的意义变成了知识情境的创设，在这一情境中学生的主体性得到了较之以往更为充分的发展与解放，学习者不再扮演知识的俘虏与奴隶的角色，而成为知识的主人与应用者，真正将人从知识的权威中解放出来，从而在对知识的理解和创造中寻求人的“自由精神”，寻找人生的真正意义和价值，使每位学生得到发展。新课程改革的精髓就是以“人的发展”为基准（万伟，2003），它不仅突出反映了后现代知识观对知识权威的消解，也在极大程度上体现了对人的关怀。

课程内容的转型：从单一到多元。知识数字化社会中的知识已然成为任何人终其一生也无法学完的存在，并且知识也不再具有普遍适用性。要让学习者完全掌握这样的存在是不可能的，因此课程必须是多元的，要根据需求的变化做出适当的调整，课程内容的设计也应当具有多样性，最大可能地满足不同人的不同需求。个人作为社会的组成单元，从长远来看，其需求必定是与整个社会的发展相协调的。网络教育会促使国家由大众学校教育的潜在垄断提供者，变为通过市场使消费者有权选择教育，从而构建一种允许多样选择、自由消费的制度理性（王玉琼，2001）。对于基础教育而言，向学生传授的知识应具有基础性和全面性，这些知识应与他们的生活经验密切相关并能够激发起学生学习的兴趣，也能为他们将来的深入学习打下良好的基础。

课程结构的重新建构：从互相分离到有机整合。首先，课程内容由分科向综合化方向转变。后现代知识观中知识的互动性、生成性等特点削弱了分科教学的基础，为综合课程提供了理论依据。综合课程中学科内容的综合化、学习活动方式的综合化与教学目标的综合化使学生的学习不再仅仅是一种"颈部以上的活动"。其次，课程内容由体系化向结构化方向转变。后现代知识观的特点使得教学内容从静态的、封闭的、固定不变的知识转向动态的、开放的、适时变更的知识，从注重量的积累转向更多地注重知识的质。再次，课程内容的结构化具有两层含义：一方面，课程内容应适应不同阶段学生的心理特点，表现出阶段性特征；另一方面，知识是客观与主观相互作用、相互建构的过程，在课堂教学中，课程内容应以一种对话、开放的方式呈现。为此，教师应结合学生个体的实际，有选择地重组教学内容，使教学内容面向现实，面向生活，面向学生，促进学生个体的全面成长与发展（陈妙娥，2004）。

课程实施的变化：从静态预设到动态生成。后现代知识观中知识的不确定性、建构性、动态性的观点，体现了学生在学习过程中的主体性，学生不仅接受已有的知识，也并非只是知识的"旁观者"，而是主动的建构者和创生者。课程目标已不再能够事先预设，也无法自上而下实施，而是由教师与学生在教学过程中共同制订、在教学活动中动态生成的。

课程评价的变革：从统一标准到兼容并包。后现代知识观对精英知识观的挑战、对知识多样性的倡导，增强了我们认识差异的敏锐性，强化了我们接受差异的能力。每个学生从遗传素质到生活环境都是不同的，因此，教育需求有差异也是理所应当的，况且人类的心智能力本就是多元的，在这样的前提下，如再用"一把尺子"来对所有学生进行评价，其本身就缺乏科学性。每个生命都具有独一无二的特质，对个体的尊重、对生命差异性的尊重本是天经地义的。由于受各种情况限制，在实际操作中人们往往忽视了这一点。我们急需建立一种多元的、开放的评价机制，课程的评价指标应是有广度的、有层次的，而非统一的、一刀切的。更为重要的是，每一个教育工作者都有必要从根本上转变自己的陈旧观念，真正做到兼容并包，善待差异（刘合荣，2007）。

（二）“互联网+”时代知识观的转变：从共建共享到众传共推

“人生观”是人们对待人生所秉持的一种态度和看法，同理，“知识观”也是我们对知识的看法或观念（如图1-3-2所示）。古希腊著名哲学家苏格拉底认为，知识不是将现成的结论强行地灌输或强加于对方，而是在交流与互动中讨论、诱导并探索而得到的正确结论。笛卡尔认为，知识是在消除怀疑中建构出来的，分析与综合是形成知识的前提，从而提出“我思故我在”。而培根则认为，知识来源于对自然事物的感觉经验，知识是理念与自然的统一。杜威则强调，知识是与实际生活紧密联系的，是在经验的基础之上经过系统的改造与升级，具有明显个体属性的客观真理。从这些观点中可以看出，知识在某种程度上来说具有一定的实践性，是可以描述与传递的，可以通过媒介进行传承、接受、消化与创新。在互联网兴起之前，人们在很长一段时间内是通过书籍来获取知识的，自然而然地，知识就带有了书籍这种媒介的属性。麦克卢汉曾指出，媒介是身体的延伸。在今天以互联网为生活支撑点的时代中，我们需要脱离书籍这个媒介来重新审视知识以及知识的传承（刘和海等，2016）。

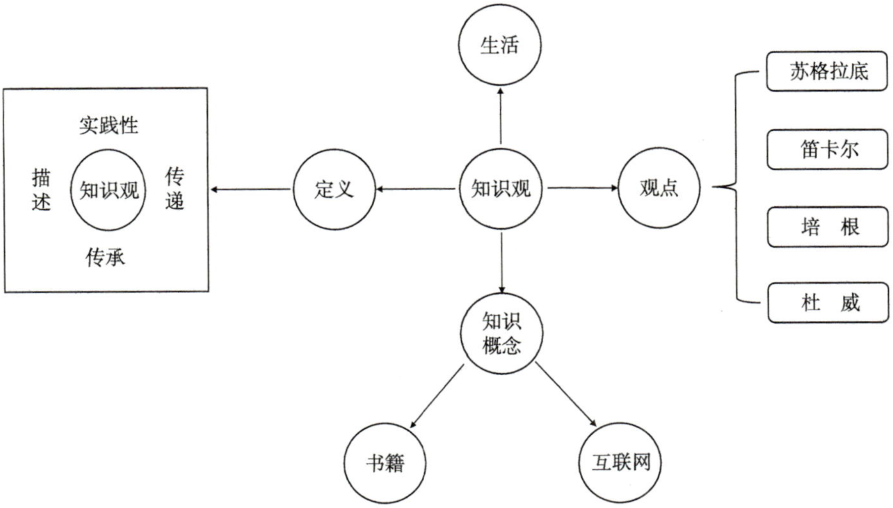

图1-3-2　“互联网+”时代知识观的转变

1.知识从书籍筛选走向网络泛在

信息超载被视为一种文化环境。知识金字塔理论表明，我们从数据中获得信息，再从信息中获得知识，最后形成个人的智慧（如图1–3–3所示）。一般来说，数据本身只是数字、词语与符号，而信息就是对现实事实与事件的描述，这两者都是客观的，没有主观情感的事实与对象。而知识与智慧却是经过主体加工的，具有主体性与个体性，是对数据与信息的反应。也就是说，数据与信息只是告诉人们是什么，而知识是探究为什么或能解决什么问题，能否解决问题等，至于解决问题的程度就上升到人的智慧了。

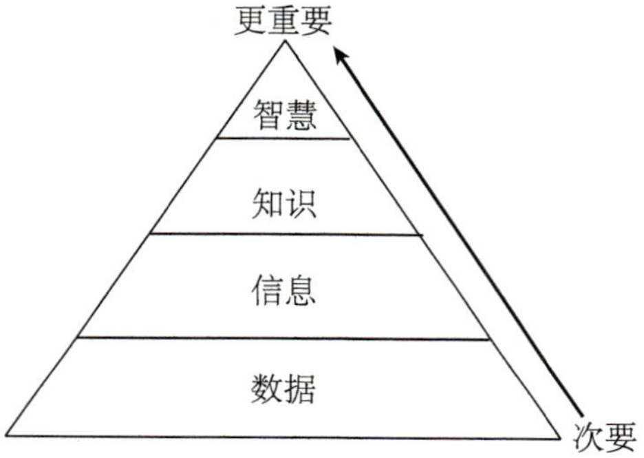

图1–3–3　知识金字塔理论图

传统的知识多数存在于书本中，限于纸张的容量，我们所获得的信息是有限的，而且传承下来的信息是经过筛选的，这些信息是为了其所证明的特定的"知识"而存在的，它对证明书本所要表达的知识是必要的，却不是充分的。事实上，许多与该书所要传达的知识相悖的信息并没有被收录在书本内。鉴于书籍的属性或者说是局限性，书里每一页的信息是排列好的，是不变的，是能够让书本的知识"自圆其说"的。而在"互联网+"时代，我们不再受限于书本纸张之内的信息，书籍变得不再具有以前对知识解释的权威性。这种现象使得我们很难再去乐观地相信我们对于知识的看法还具有统一性。因为在"互联网+"时代，信息本身就成为一种问题：我们如何从众多的信息中提炼出有价值的东西，如何证明它是知识？网络中信息的数量多到无法计算，所以经过筛选而获得知识的传统方式已经不再适用于互联网中知识的获取。与此同时，因为任何知识在互联网中都能找到否定其正确性的信息，故有人认同"互联网中不存在知识"的假象。形成这一假象的原因是传统的知识的生产方式并不适用于互联网环境，因为在"互联网+"时代，知识已不是金字塔的形式了，而是形成了一个网络，即知识网络化。网络有别于金字塔的递进关系，它是扁平、无中心的形状，所以网络化的知识也不同于金字塔的筛选模式，它是广泛存在的，一个信息与另一个信息的连接即可形成一个“知识”。

知识网络化给知识添加了一个网络属性。这个属性却给知识造成了一个危机：传统的知识经过了严格的信息筛选，是严谨的“知识”，而互联网却是一个未经把守的信息集合，里面充斥的信息是庞杂的。一方面，这些庞杂的信息所呈现出的知识不能像传统知识一样被证明是可信的；另一方面，因为知识具有网络属性，我们扩大了知识的体系，现在的知识不仅存在于书籍和大脑中，而且存在于网络中，所以知识的网络化改变了知识的形态和性质。

2.“互联网+”时代下知识新特性

“互联网+”时代知识的新属性是基于互联网本质特征显现出来的（刘和海等，2016）。链接化使得信息数量呈爆发式增长，且获取信息的方便性是纸质媒介无法达到的，形成了一种网状交互的共建与分享；去中心化使得专家对于知识的绝对统治权受到威胁；而社群化则又促成了一个新的知识交流与学习模式。可以看出，在“互联网+”时代，知识的属性在上述三方面发生了新的改变。

（1）链接化：知识论证从长形式到网形式。

根据戴维·温伯格的观点，一直以来我们人类认识世界、获取知识的一种标准模板是一个长形式论证模式。比如，图1-3-4就是一个基本的三段论结构。

图1-3-4　长形式三段论结构示例

这个最基本的逻辑三段论就是一种长形式论证模式（刘和海等，2016）。长形式论证模式是建立一个思想序列，由一个想法通向另一个想法。一直以来我们获取知识的媒介——书籍，正是这种长形式论证模式的最好证明。传统的教学方式是基于教科书的直线式教学。我们学习书本中的知识，都是从第一页开始，然后到第二页、第三页……一直到最后一页，我们才算学完了这个知识。学生获取知识的路径是先获得内容“1”中的知识，然后在内容“1”的基础上，再来学习内容“2”中的知识，然后再到内容“3”，依此类推，循序渐进，最终习得这一本书或者这一学科的知识（如图1-3-5所示）。

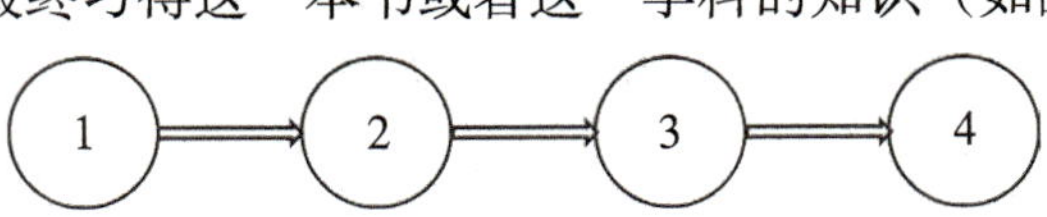

图1-3-5　传统直线式教学示意

这种知识获取方式的优点在于：基础牢固，一步一个脚印，新知识的获取建立在已有知识的基础上，逐步提升，具有完整性与系统性，一般带有学科的特性。同时，这种学习方式所形成的思维强调事物的规律性与从简到繁、从已知到未知的推理性，是一种理性的逻辑思维。因此，这种长形式论证模式也让学生长期形成了一种长形式思考能力。

信息超载与知识的快速更迭使得长形式知识获取方式面临巨大挑战，人们渐渐失去了这种思考能力，其所具有的优点也已渐渐无法体现。因为在互联网中存在的链接数不胜数，知识碎片化与泛在化的同时，也形成了多学科的交叉与融合。于是，数据、信息、知识鱼目混珠，近身冲击。人们如何从数据中寻求本质，在海量信息中汲取知识，成为一个重要的能力，一个人的态度、习惯、心理、风格甚至个性直接影响着他的知识观。

"互联网+"时代又称为大数据时代，它带来了人们思维方式的嬗变，为人们打开了观察、认识世界的又一个视窗。首先，在互联网中，万事万物都连接在一起，认识事物注重从整体上把握对象，形成"从样本到全体"的转变；其次，互联网中的信息与数据更多、更全、更新，对知识的掌握需要从精准向繁杂转变；再次，在互联网中，因果关系让位于相关关系，认识事物需要从因果向关联转变。所以，在大数据时代，人们不再习惯性地、一味地去追问"为什么"，而是更多地关注"是什么"，从对大量、模糊、快速变化、多类型数据的深度分析中，挖掘有价值的信息，形成个体知识。

在互联网的链接中，人们获得的知识已不再是一个严密的逻辑论证，而更像一个互相交织、不可控制的一张网，即知识的"网形式"，其思维方式也必然从长形式走向了网形式（刘和海等，2016）。

（2）去中心化：知识生产从专家到平民。

所谓专家，现代汉语词典给出的解释是：对某一门学问有专门研究的人；擅长某项技术的人。在纸质媒体时代，知识被分割为以主题为单位的一本本书籍，专家则是某一特定领域知识的掌控者，是不容置疑且受人尊敬的知识生产者。而随着"互联网+"时代的到来，知识无论在形式与数量上，还是在内容与质量上，都突破了纸张的限制与原有的学科体系。打开网络，随处可见个人主页、网络空间与微博、微信，还有说说、留言、语音、图像、心得体会以及段子与娱乐新闻等，当然也有文章与电子书籍。从数据到信息，再到知识，从"吸睛"到"网红"，从娱乐到淘金，没有权威，没有门类，也没有高低，一哄而上，使"互联网+"时代的知识生产走向大众化与平民化。

关于互联网对专家知识产生冲击的原因，主要有以下几个方面：

首先，互联网连接着大众。因为每个人都有发表意见或观点的权利，专家失去了对知识的绝对掌控。网络中各种信息互相连接，知识通过网络的每一节点互相连接、增生与共享，形成知识生产的平等性。其次，互联网促进融合与交叉。专家是某一特定领域的杰出者，而现在解决某一领域的难题，不仅需要本领域的知识与技能，往往还需要利用其他领域的知识与技能，“互联网+”模式的知识观应运而生，突破了学科思维的局限性。再次，互联网形成知识累积。当在网上寻找某些问题的解决方案时，刚开始可能仅有几种不成熟的答案，但随着时间的累积，回答该问题的人越来越多，最终会形成一个科学的答案。与此同时，问题不仅带来科学的答案，还能引来更多有价值的问题，如此反复，进行更多未知领域的扩充，形成从回答问题的价值转向问题的价值。

（3）社群化：知识认可从自己到他人。

我们生活在一个信息极度超载的世界中，面对如此纷繁的信息，如何才能找到自己所需要的信息或知识是现代人所必须具备的一个技能。在书籍时代，作者或编辑把过滤好的知识印刷到书本中直接供我们获取，这种传统的信息过滤方式是“做减法”，把不需要的信息或者知识删除掉，只保留一种思维方式所能推理出的结果，是一种从多到少、从繁到简的知识金字塔理论的获得方式。但在“互联网+”时代，戴维·温伯格认为，互联网面对信息超载的过滤方式是向前过滤，对信息的筛选不是过滤掉东西，而是把过滤的结果推到最前面，而没能通过过滤的东西，仍然能从后面找到它（如图1-3-6所示）。

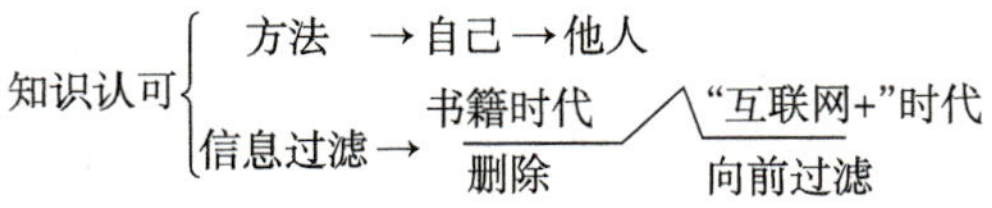

图1-3-6　互联网时代的知识社群化模式

网络大众成为过滤的执行者，互联网把这些有共同兴趣的网络大众聚集起来，形成社群。而社群中个人所处的地位，并不是取决于你的各种学位证书，而是取决于其他人对你的表现做出的反应——同意或反对。点赞、转载、分享、回复、互动等形式成为“互联网+”时代中对知识认可的各种通用方式，在认可自己的同时，也关注了别人，逐渐形成了兴趣相同、志同道合的“同志与朋友”。于是，新的社群诞生了，大家在这个社群中，对相关问题的讨论会越来越专业化、科学化而又不失多样化。有专家认为，在这样的环境中，经过过滤后所得到的认可，具有一定的专业性与科学性。所以在“互联网+”时代，大家共享较多的资源与工具，每个人都根据自己的喜好选择，在正确过滤的过程中，需要处理好自己的注意力，才能得到大家的认可与肯定。即网络化的知识认可，越来越不是自吹自擂，而是通过他人来给你"颁授证书"。值得注意的是，由于我们所处的"互联网+"时代还是一个网民比较容易盲从的时代，向前过滤这种过滤方式可能会导致学习者陷入一种"只要是大多数人认同的知识就是真理"的伪科学主义的风险（刘和海等，2016）。

3.知识从共建共享走向众传共推

（1）网形式的知识获取更有利于知识共建共享。

长形式的知识获取方式是按照既定的"从第一步到第二步，再到第三步"的串联过程，这样的知识获取方式，极大地抑制了学习者的知识创新力。而网形式的知识获取方式是一种基于联通主义的，面对网络的学习观，强调学习不再是一个人的活动，而是不同的节点与信息点之间的连接与交往互动的过程。如图1-3-7所示，网形式的知识学习中，从信息源1（即内容1）到内容2再到内容3直至到内容N的学习过程中，所建立的连接，不是只有直线式的1-2-3-N这一种，事实上，可以找出许多个X节点与最终的内容N连接，即所谓"条条大路通罗马"。在这种网形式的连接中，交往与互动促进了学习行为的发生，使得知识共建共享。与此同时，从某一信息源开始连接，不再拘泥于固定的某一种连接方式，有许多其他节点X可以进行连接，而这个连接X的过程，就是学习者进行知识创新与共享的过程。

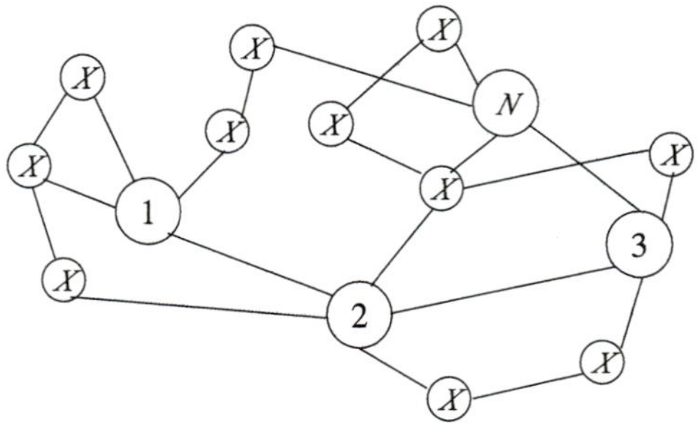

图1-3-7　网形式的知识共建共享过程示意

（2）平民化的知识生产消解了教师的知识权威（刘和海等，2016）。

所谓教师权威，是指教师在教学过程中所形成的对学生有一定影响的教育执行力，同时，也是学生在学习过程中形成的对教师的信赖和遵从，即在教育教学过程中形成的"教师威信"。教师权威主要包括知识、智慧、道德、人格和行为五个方面的权威。其中知识权威是指教师因个人所具有的广博的科学文化知识、系统精深的专业知识以及丰富的理论知识而产生的权威，是学生对教师本人以及对教师所传授的课程知识的认可与肯定。由此可知，教师的知识权威来自于科学文化知识、专业知识和理论知识这三个方面知识的总和。而“互联网+”时代的到来，在很大程度上解决了信息不对称的问题，在知识获取的途径上，互联网已无缝连接到知识的每一个角落，教师相对于学生已不具有优先性，可能还会出现在新知识的接收时间上，教师晚于学生的情况。这样一来，在对科学文化知识的需求上，学习者有比教师更好的资源选择。对于专业知识，互联网使知识更迭速度不断加快，有时教师所具有的专业知识可能就相对落后了。更重要的是，“互联网+”时代平民化的知识生产否定了书籍媒介时代所产生的知识理论的定义方式。在整个互联网中，它所创造出的知识，其广度、深度以及跳跃性都是某一个教师终其一生也无法达到的。因此，在知识获取、知识理解乃至知识创造方面，教师所具有的知识权威在今天的“互联网+”时代已经逐渐丧失优势。

教师的知识权威在“互联网+”时代受到了强烈的冲击，究其原因是知识的网络化导致书籍时代的知识属性发生了根本性的改变，使教师的知识权威已不再适应“互联网+”时代对教师提出的要求。与此同时，“互联网+”时代中教师知识权威的消解，并不意味着教师地位的没落，就当前来看，互联网并未对教师的其他四个权威产生影响。所以，如图1–3–8所示，就教师的知识权威来说，互联网改变了知识的属性，教育工作者所面临的挑战是在“互联网+”时代如何根据知识的网络化来重新定位教师的功能与内涵，建构出新的教师知识权威。

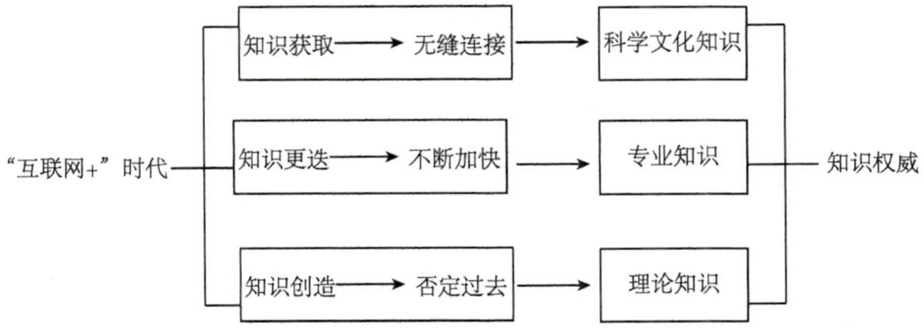

图1–3–8 教师知识权威消解与建构

（3）知识众传共推构建了“互联网+社群”的学习新形式（刘和海等，2016）。

一般来说，社群是具有同一需求或爱好的人所形成的群体组织，而“互联网+社群”是在互联网中形成的具有同一需求或爱好的群体组织。随着互联网的发展，人们在互联网中形成了大量不同的学习交流型社群，从而推动了互联网中知识的增长与创新。

首先，社群成员基于相同需求或爱好，具有稳定的群体结构和一致的群体意识、行为规范、行动能力以及持续的分工协作、交流互动的关系（杨敬妹，2014），具有较高的集中性和完整性，从而为社群奠定了一个比较系统的知识基础。其次，社群的门槛很低，只要是对某一知识有兴趣的人都可以加入该社群，而且互联网的用户分布非常广泛，遍布全球各地，所以社群中成员的知识背景与能力背景非常复杂，复杂的知识背景与能力背景使得社群成员以不同的视角来看待社群中的问题，并进行相互交流、相互评价、相互认可，从而构成知识的共建共享。再次，社群成员把共同建立的知识系统通过各种各样的网络社交媒体进行自由分享与群体推送，形成知识的近身连接，促进了知识在社群中增长、优化与创新（如图1-3-9所示）。也就是说，"互联网+社群"所创造的学习环境是一个更能发挥集体智慧的环境，它将知识共建共享的区域扩大至全球范围，使得知识能够更快、更广地进行众传共推，促进了知识的增长、优化与创新。

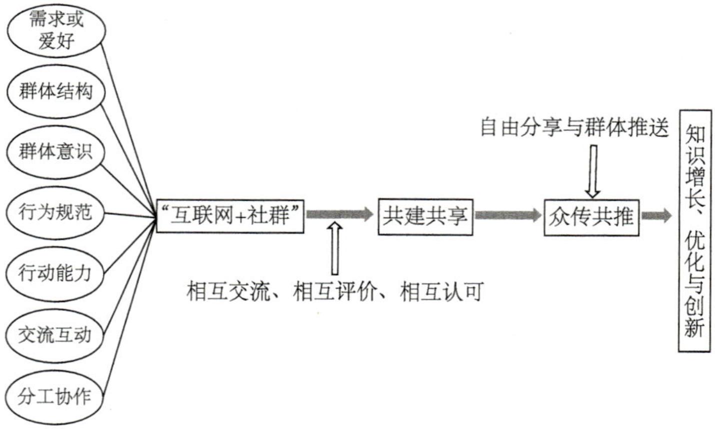

图1-3-9 "互联网+社群"学习新形式

在"互联网+"时代，知识的面目已经渐渐远离了我们当初的认知面貌，无论从形式到内容，还是从本质到外观，都不同程度地受到了世界网络化的影响。在某种程度上来说，我们正面临着一场对知识认识的危机，即认知方式的变革，存在于知识的交流、传承、储存与更新之中，存在于知识的生产与消费之中。与此同时，知识已从书籍方式的线性认知转变为网络化的链接认知，从对专家学者的知识权威膜拜走向大众认可与肯定的平民化趋同。因此，在"互联网+"时代，面临转型期的知识危机，社群知识的"共建共享到众传共推"能否适应知识观的改变与知识存在方式的改变，值得期待与探索

（刘和海等，2016）。

四、网络学习环境下的学习演进

我们都知道日常线下生活中我们学习的地方，如传统的课堂及图书馆等的构造和特征，而进行网络学习的地方，也就是我们所说的网络学习空间与传统的课堂有着很大的差别。因特网的发展带领我们走进网络学习时代，为充分利用网络的优势，我们需要首先了解什么是网络学习空间。图1-4-1对网络学习空间的发展历程进行了详细描述。

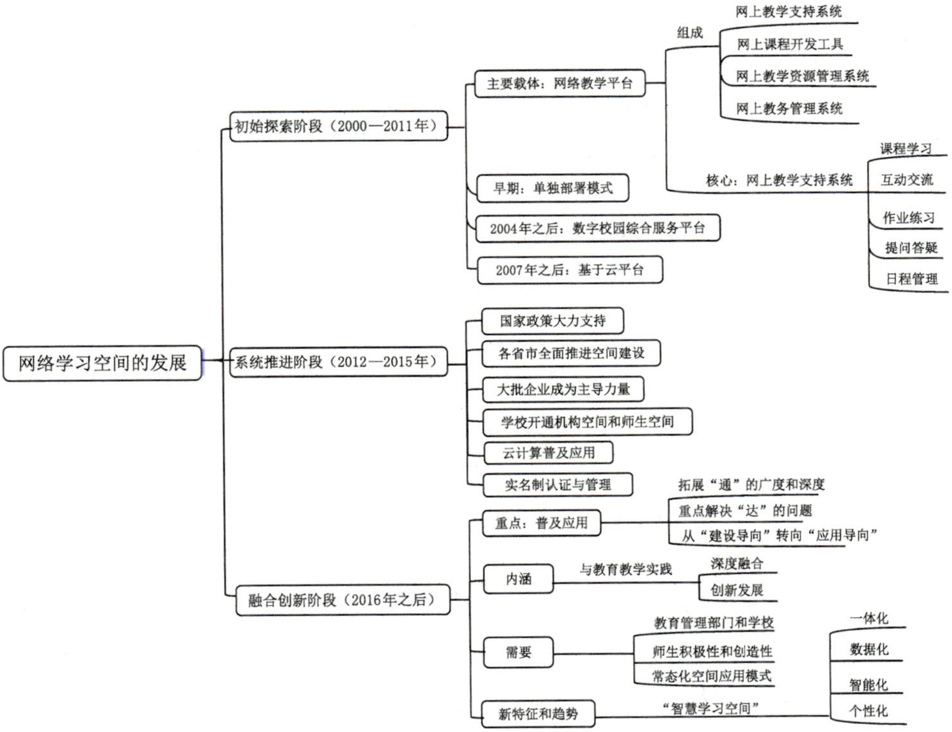

图1-4-1　网络学习空间的发展历程

网络学习空间是运行于学习支撑服务平台之上、面向正式学习与非正式学习的虚拟空间（祝智庭等，2013）。它是教师和学习者在虚拟的网络学习环境中的一块专属领地，在这里，空间主人既可以像博客那样收藏、创建、分享学习资源，管理自己的学习，又可以像Moodle、Sakai平台那样组织或参加课程协作学习，及时提供或获取教师及其他学习者的帮助（吴忠良等，2014）。教育部发布的《网络学习空间建设与应用指南》把网络学习空间界定为由教育主管部门或学校认定的，融资源、服务、数据为一体，支持共享、交互、创新的实名制网络学习场所（教育部，2018）。

（一）网络学习空间的发展历程（杨现民，2016）

1. 初始探索阶段（2000—2011年）

该阶段网络学习空间建设的主要载体是网络教学平台，当然也有一些教师使用博客、维基等社会化软件平台构建个人学习空间。网络教学平台最先在高等教育领域部署试用，之后快速扩展到基础教育和职业教育领域。完备的网络教学平台通常由网上教学支持系统、网上课程开发工具、网上教学资源管理系统和网上教务管理系统组成。其中，网上教学支持系统是平台的核心，提供课程学习、互动交流、作业练习、提问答疑、日程管理等基础性功能，并以个人中心或个人门户的形式向广大师生提供网络学习空间服务。早期的网络教学平台多采用单独部署模式，与其他应用系统之间相互独立，因此提供的空间服务较为简单，"人人通"的范围局限在某门课程或某个平台内部的用户之间。2004年之后，在高等院校的带领下全国掀起数字校园建设热潮。各级各类学校开始利用数字校园综合服务平台提供网络学习空间服务。2007年之后，基于云平台的网络学习空间服务模式开始崭露头角。

2. 系统推进阶段（2012—2015年）

自2012年"三通工程"提出以来，我国网络学习空间的发展开始步入"快车道"。该阶段有几个显著特征：①国家政策大力支持，相继发布一系列推进网络学习空间建设的重要文件；②各省市按照国家的统筹部署有序有力全面推进空间建设；③大批企业转向"人人通"，成为网络学习空间平台建设的主导力量；④学校逐步意识到网络学习空间的重要性，纷纷开通机构空间和师生空间，并开始初步的应用探索；⑤云计算技术普及应用，云平台服务模式成为各地网络学习空间建设的主导模式；⑥实名制认证与管理成为空间建设的基本要求。

"十二五"期间，党和国家领导人高度重视"三通两平台"工程，教育部等部委发布了一些政策文件，大力推进网络学习空间建设。在国家政策的指导下，各级教育行政部门、广大企业以及各类学校纷纷投身"人人通"建设大潮，全国各地加速部署网络学习空间平台。

3. 融合创新阶段（2016年之后）

"融合创新"是"十三五"教育信息化工作坚持的基本原则。网络学习空间与教育教学实践的深度融合与创新发展，直接关系到教育信息化十年发展规划总体目标的实现。网络学习空间将从"建设导向"转向"应用导向"，普及应用成为空间发展的重点。“网络学习空间人人通”应在“通”字上下工夫，“通”强调建设的同时更强调应用的开展，“通”体现在“接入畅通、使用畅通、数据汇通、信息沟通、资源融通、服务贯通”，最终达成“知识建构、个性发展、集体智慧发展”的目标。系统推进阶段主要解决了“通”的问题，那么融合创新阶段一方面将进一步拓展“通”的广度和深度，另一方面将重点解决“达”的问题。

网络学习空间的融合创新式发展，需要各级教育管理部门与各类学校逐步扩大空间应用范围，调动广大师生的积极性和创造性，探索更多促进教学方式与管理方式变革的常态化空间应用模式。此外，随着大数据、物联网、云计算、移动通信、增强现实等信息技术的快速发展，网络学习空间的建设将朝着“智慧学习空间”发展，提出一体化、数据化、智能化、个性化的新特征和趋势。

（二）网络学习空间的构成与分类

1. 网络学习空间的构成

网络学习空间分为个人空间和机构空间，并集成了公共应用服务和数据分析服务。它支持不同角色用户（教师、学生、家长、管理者等）在同一空间中的身份切换，实现“一人一空间”；支持不同角色用户的互联互通，实现信息沟通与数据交换；支持各类公共应用服务的汇聚与调用，实现服务贯通。空间功能框架如图1-4-2所示（教育部，2018）。

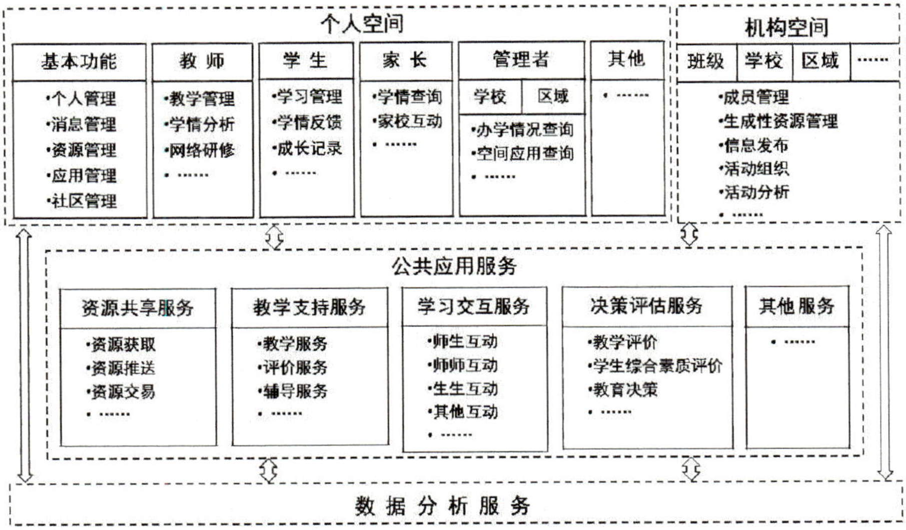

图1-4-2　网络学习空间功能框架

个人空间是具有角色基本功能且可拓展的个性化工作与学习场所，是调用各类应用服务的个人应用枢纽，支持资源管理、教学管理、交流互动和信息查询等（教育部，2018）。

机构空间包括班级空间、学校空间、区域空间等，能够调用公共应用服务，支持成员管理、生成性资源管理、信息发布、活动组织与活动分析等。

公共应用服务包括资源共享服务、教学支持服务、学习交互服务和决策评估服务等。

数据分析服务提供各类数据分析工具，利用用户的基础数据、空间行为数据，对用户行为进行动态分析，为个性化资源推送、学习分析与诊断、精细化管理、科学决策等提供支持。

用户通过个人空间或机构空间，调用公共应用服务，支持教育教学活动。空间应用中形成的生成性资源，根据用户意愿，存放于个人空间或机构空间。

2. 网络学习空间的分类

如图1-4-3所示，网络学习空间按照群体和个体、接受和发现的学习方式建立起五种类型的网络学习空间（胡永斌等，2016）：

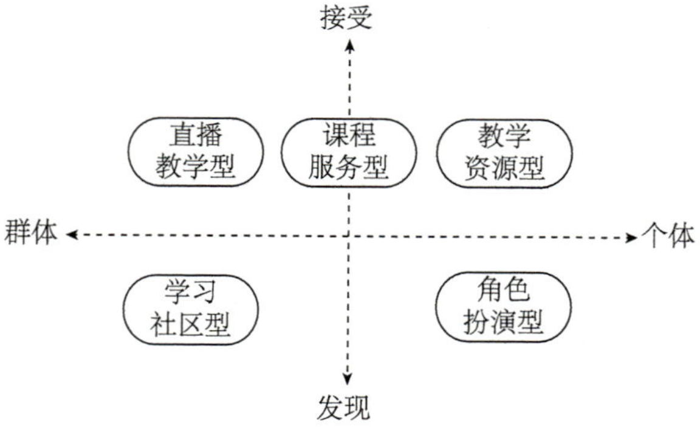

图1-4-3　网络学习空间的五种类型

教学资源型空间：以提供视频、音频、教案、讲稿、课件、习题、多媒体素材等教学资源为共同特征。在这种类型空间中，学习者可以根据学习需要自主下载或浏览资源，其学习方式为接受学习，知识建构方式为个体建构。爱课网（www.icourses.cn）、超星学术视频（video.chaoxing.com）、TED（www.ted.com）、百度文库（wenku.baidu.com）、中国微课网（www.cnweike.cn）等都属于这一类型。

直播教学型空间：以提供在线视频或音频实时直播教学为共同特征。在这种类型空间中，学习者的学习方式以接受学习为主，但在学习过程中可以通过留言、弹幕、评论等多种方式进行会话，因而其知识建构方式为群体建构。YY 教育（edu.yy.com）、腾讯课堂（ke.qq.com）、学点云（www.3mang.com）等都属于这一类型。

学习社区型空间：以提供学习交流服务为共同特征。在这种类型空间中，学习者的学习方式为发现学习，知识建构方式为群体建构。在教育微博、教育博客、个人教育网站、教育BBS等上，学习者以关注、点赞、评论、回复、引用、“@”等多种方式进行会话。

角色扮演型空间：以角色扮演的方式开展探究式发现学习为共同特征。在这种类型空间中，学习者以扮演某一角色而进入虚拟的学习情境中，学习方式为发现学习，知识建构方式为群体建构。摩尔庄园（mole.61.com）、Second Life（www.secondlife.com）等都属于这一类型。

课程服务型空间：同时提供课程平台、课程内容和学习支持服务。在这种类型空间中，课程内容周期性更新，不仅能够提供作业批改服务，而且还可以进行教学答疑等，是一种全方位的课程服务，学习者的学习方式为接受学习，知识建构方式既可以是个体建构也可以是群体建构。

（三）网络学习空间中的学生学习

“网络学习空间人人通”是“三通两平台”的重要组成部分，是构建网络化、数字化、个性化、终身化的教育体系与推动教育教学模式创新的有效途径（教育部，2018）。“一生一空间、生生有特色”是新时期学生基于网络学习空间开展学习活动的保障，是学生全面实践“互联网+”环境下学习方式变革的基础。网络学习空间同时打破信息孤岛和应用烟囱的局限，实现数据融通，支持学习共同体活动，在数据分析基础上实现个性化的应用、支持和管理，特别适合学生开展自主学习、合作学习、探究学习、个性化学习、混合式学习等。

1. 自主学习

网络学习空间中的教与学活动不再局限在固定的场所和固定的时间，而是拓展到网络环境下的任何场所和任何时间，更好地体现了以学生为中心的学习理念，学生可以根据自己的需求随时随地学习，灵活地展开自主学习。网络学习空间支持学生参与在线学习活动，自行选择数字教育资源与智力资源进行学习等，实现知识建构与能力培养；支持学生在线完成作业、获取答疑辅导等，实现问题解决与即时反馈；支持学生自定学习目标、自主选择学习内容、自定学习步调、自我管理与监控等，实现自主学习。

2.合作学习

网络学习空间通过提供实时交互工具、社会性交互工具、可视化分析工具等，支持师生、师师、生生及其他各类角色间的交互活动，是学习活动中家庭、教师、管理者以学生为中心进行互联的中介。应用网络学习空间，围绕某一问题展开跨越时空的人—人、人—机交互，极大地拓宽了学生解决问题的思路和途径。相比传统课堂环境下的协同学习，网络学习空间中的合作学习具有交互方便、灵活性高、广泛高效等特点（谢舒潇等，2002）。

3.探究学习

网络学习空间将探究学习的课堂内外时间联片化，将校内外学习空间整合化，有利于形成学校、家庭和社区三位一体立体化学习空间，能够突破传统教学环境下探究学习中割裂时空的局限，为变革学生的学习方式提供条件。与此同时，网络学习空间有利于创设探究学习的同伴互助、家长协助和教师帮助的学习环境，解决了传统教学环境的一大顽疾，即时空限制，其所构建的立体化学习空间和"三助"学习环境是教师、学生、家长三方形成教学共同体的产物，实现了物理空间与网络虚拟空间的完美结合，有利于学习过程的再现，帮助提升学生问题解决之后的反思能力。这正是传统教学环境下开展探究学习所无法实现的。

4.个性化学习

从教育规律着眼，网络学习空间应用的本质是学习者在信息技术的支持下实现无师监督、群体协同下的个性化学习（张进良等，2017）。网络学习空间以统一身份认证和数据交互融通为基础，形成个人数据中心，数据可识别、可互用，并实时动态完成数据更新。网络学习空间可以清晰地反映每个小组和个人的学习过程，支持学生查询学情分析和学习诊断报告，了解学习情况等，实现自我认知与反思。它不仅记录课堂内的活动，更有对课外、家庭等多种学习过程和形式的实时记录，并把学生学习的过程可视化，让学生获得成长分析报告等，实现自我改进与全面发展。在数据分析和成长档案分析的基础上，网络学习空间支持学生开展学习风格和个性需求诊断、评价反馈和智能推送等，为每个学生的个性化学习服务。

5.混合式学习

基于网络学习空间，学生的学习方式更加灵活，可以实现线上与线下、课内与课外、面对面教育与网络空间教育相结合的混合式学习，学习空间可以从课堂拓展到家庭、户外、社区等，既有利于实现自主学习与同伴互助的有意义学习，又有利于发挥传统教育中教师指导、监控和及时反馈的积极作用（杨滨等，2018）。

传统教育中面对面的教学形式与基于网络学习空间的虚拟教学的大融合，既有利于激发学生自主学习的主动性，发挥学生的主体作用，又兼顾了教师在学生有意义学习中应发挥的主导作用。基于网络学习空间的混合式学习有利于突破现有课程设置中条块化学习内容的限制，将学生的理论知识学习与实践操作应用相融合。

6.学习共同体

联通主义理论把学习看作一个网络形成的过程，认为学习不仅是一个人的概念储存活动，而且是连接特定节点和信息资源的过程，关注知识形成的过程和创建有意义的网络。网络学习空间的开放性可以有效地改变封闭空间中学习的僵化思维，使每一个学习者都可以以一个生态主体的角色参与到网络交流与讨论中，并不断发生着主体角色的转换。网络学习空间实行实名身份认证，为复制现实组织关系提供可能。在网络学习空间中，学生和老师、同学、家长等各关联角色之间会开展各种探讨、共享等行为交互，形成多个不同的学习共同体。网络学习空间中的学习共同体有的来自现实环境，如学校中的年级、班级、学习小组，有的是虚拟的，如在网络社区活动中组成的基于相同兴趣的群组，或根据学生行为数据的某些关联为学习者发现并推荐形成的虚拟群组。学习活动可以实现线上与线下、现实与虚拟的整合，可以在虚拟与现实间无缝切换过渡。

五、有意义学习建构

什么是有意义学习？奥苏贝尔根据学习的内容，把学习分为机械学习和有意义学习（郝路军，2008）。他认为，所谓有意义学习就是以符号为代表的新概念与学习者认知结构中原有的适当概念建立实质性的、非人为性的联系的过程（成云，2002）。通过表1-5-1对有意义学习和传统学习模式的对比，可发现其在学习各方面的特征。

表1-5-1　有意义学习与传统学习模式对比

比较项目	有意义学习	传统学习
理论倾向	建构主义	客观主义
学习目标	关注学习者高阶能力，尤其高阶思维能力的发展	以复制和占有知识为主，关注学习者的基础知识，通常为低阶思维的学习

续表

比较项目	有意义学习	传统学习
学习形态	投入型的学习（自主、协作、探究、反思、建构）	被动、他主、接受型的学习
学习内容	多学科融合的、真实任务的和高度情境化的	单学科的、高度抽象的、简化形式的和去情境化的
学习动力	主要是来自学习者内在的、满足求知乐趣的动力	主要是适应外在需求的动机
学习环境	技术丰富的学习资源和学习工具	学习资源比较单一、贫乏
学习组织形式	群体的、协作的	个体的、竞争的
师生关系	平等–互动	主宰–顺从
师生角色	教师是帮促者（设计者、指导者、组织者），学习者主动学习	教师是讲坛的"圣人"（权威知识源），学习者的学习比较被动
学习效力	高效果学习	高效率学习
信息技术应用	信息技术作为学习工具，特别是认知工具	信息技术作为教学工具，特别是演示播放工具
教学评价	多元性、发展性、过程性、质性评价	单一性、甄别性、总结性、量化评价

有意义学习的心理机制是同化，要产生有意义学习需要具备一定的条件。首先，学习材料本身要有逻辑意义；其次，学习者本人应具有有意义学习的心向（所谓学习心向是指学习者学习活动的内部动机和心理倾向，是社会的、个人的、主观的、客观的需求在个体心理上的直接反映），同时在其认知结构中应有可以用来同化新知识的原有观念（包括原有的概念、命题、表象和已经有意义的符号），这样新旧知识才能建立起非人为性、实质性的联系，从而进行有意义学习（余文森，2012）。

罗杰斯认为，有意义学习具有四个特点：一是全身心投入，即学习者整个人的认知和情感均投入学习活动之中；二是主动自觉，即学习者由于受内在驱动而去探索、发现和了解事件的意义；三是全面发展，即学习者的行为、态度、人格等获得全面发展；四是自我评价，即学习者对自己的学习需求、学习意义和学习质量进行自我评价（陈鹏，2016）。

（一）基于不同主义的有意义学习观

1. 认知主义的有意义学习观

奥苏贝尔的有意义学习与机械学习是相对的。"有意义学习"的"有意义"取决于新知识与学生已有的知识之间是否建立了联系，学生认知结构中的新旧知识的相互作用是否导致了新旧知识的同化，从而使新知识获得了意义，旧知识因得到修正而获得了更为充实、准确的意义。早期认知主义的有意义学习观未能涉及非智力因素等心理结构的研究，且停留在对初级问题学习的研究上，未对高级问题的学习进行深入的研究（宋善炎等，2010）。

2. 人本主义的有意义学习观

美国人本主义心理学家罗杰斯曾说："就有意义学习来说，我所指的这种学习超乎一种对事实的积累。它是一个对个体行为、对他将来选择活动的过程、对他的态度和个性发生影响的学习。它不仅仅是一种知识的增长，它还能渗透到他的每一个存在的部分。"（袁振国，2001）从罗杰斯的论述中我们可以看出，人本主义的有意义学习不仅局限于对个体知识结构的"有意义"，而且逐渐把这种学习的"有意义"理解为对学习者每一个部分的影响，包括学习者认知结构、行为、个性、态度和人格等各个方面。可以说，人本主义将有意义学习的内涵扩充至学习者心理结构的各个方面。

3. 建构主义的有意义学习观

学习是建构内在的心理表征的过程，学习者并不是把知识从外界搬到记忆中，而是以已有经验为基础，通过外界的相互作用来建构新的理解。建构主义学习理论继承了早期认知主义有意义学习观的内涵，正如布鲁纳称"运用已有的知识经验去解释经验并得出结论，并对解释和推论的过程进行反思的过程"为"有意义的生成"（饶爱京等，2003）。建构主义学习环境设计的倡导者乔纳森认为，有意义学习主要包括主动的、建构的、意图的、真实的、合作的这五个相互联系的特性（钟志贤等，2009）。

（二）创客学习与有意义学习

2014年，美国白宫首次举办创客博览会，并制定国家创客日，自此，创客教育迅速流行。创客运动被认为是一场新的工业革命运动。所谓创客运动，就是指越来越多的在日常生活中从事创造性手工制造的人，借助实体论坛和数字化论坛与他人分享制造过程和产品的一场运动（田友谊，2016）。其主要特征就是"创造出实物"。马克思主义强调"人"是能够进行创造性劳动的观点，与被白宫授予"变革之星"的戴尔·多尔蒂的创客是人类身份的核心的观点不谋而合。所以戴尔指出创客运动是（人类）身份及其实践活动的结合（DOUGHERTY，2012）。

创客运动可以理解为"互联网+DIY"，即人人都可以像科学家、发明家一样，利用身边的一切资源（如软件、硬件、材料、专家、同伴等），将自己的创意变成现实，并通过互联网平台快速分享给全世界。那么，什么是"创客"？目前学术界还未给出公认的定义。比较流行的解释是：创客（Maker）

一般是指不以营利为目标，利用3D打印技术以及各种开源硬件，努力把各种创意转变为现实的人。也就是说，创客既是一群喜欢或享受创新的人，又是一种文化、一种态度、一种学习方式。因此，有专家指出，开放、共享、分权和技术崇拜成为创客的核心价值。

创，指创造、创新；客，一般指人；创客即具有创造、创新能力的人；而创客教育，就是培养具有创造、创新能力的人。具体而言，创客教育就是旨在为学生提供适宜的用于创造的环境、资源与机会的教育，尤其是借助技术工具与资源让学生能够将学习过程融于创造过程，实现基于创造的学习；同时，能够在创造过程中提升学科学习效率与质量，并促进学生自信心、创造力与兴趣的提升，使其能够全身心投入基于创造的学习过程中；更为重要的是，能够培养学生的批判思维、创新思维与问题解决能力，实现全人发展（郑燕林等，2014）。由此可以总结出，制造／制作、创客空间和创客成为其三大核心要素（HALVERSON等，2014）。

"创客学习"即基于创客项目的学习，是指学生围绕来自真实情境的创客项目，充分学习、选择和利用创客空间的学习资源，基于创客项目"自主选题、调查研究、创意构思、知识建构、设计优化、原型制作、测试迭代、评价分享"的全生命周期，在实际体验、探索创新、内化吸收的过程中，进行持续的自主性、探究性、合作性和创造性学习，最终为学生创造有意义的学习经历，并且旨在全面培养学生的创客精神与创客素质的一种新型学习模式（陈鹏，2016）。

创客学习共同体是指基于线上、线下的虚实环境，由创客（学习者）与创客导师（教师、专家和社会创客）等共同组成，在学习过程中相互信任、探究、协作、交流、沟通和分享，共同完成一定学习任务的学习团体（陈鹏，2016）。

创客学习的过程以多林·尼尔森教授提出的"逆向思维"学习过程模型为依据，以创造有意义的学习经历为价值取向。结合创客学习自身的规律与特征，基于"设计思维"方法中的各个学习环节在知（认知）、思（思考）、行（实践）、创（创意、创造、创新与创业）、评（评价）的指引下不断循环迭代，构成一个完整的创客学习环，而学习者的自主性与创造性是确保这个学习环持续运行下去的关键要素（陈鹏，2016）。

陆根书基于西安交通大学本科生学习经历的调查分析，提出大学生学习经历的概念模型，该模型揭示出大学生学习经历的具体构成包括学术参与、学习结果（包括学生的智慧能力发展与感知的教育经历满意度两个维度）、学习环境（包括课堂学习环境与校园氛围两个不同层次的学习环境）三个方面。以此模型为依据，创客学习经历不仅体现在学术参与、学习结果和学习环境三个方面，而且还包括学习动机、学习过程、学习结果、学习环境和学习策略5个基本因素，如图1–5–1所示（陈鹏，2016）。

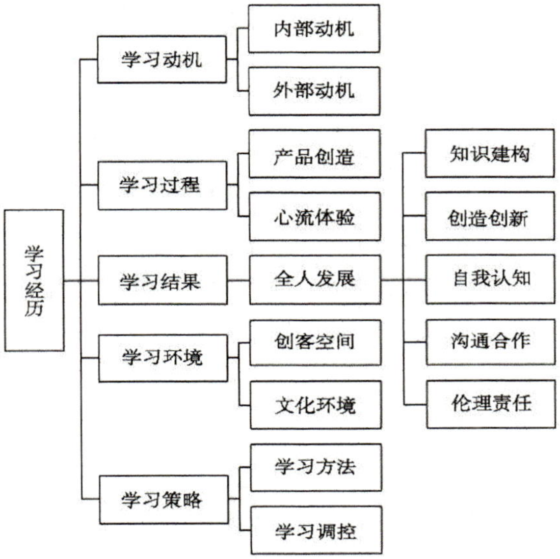

图1–5–1　创客学习经历的基本因素

（三）知识与有意义学习（陈丽娟，2010）

奥苏贝尔在论述有意义学习的条件时指出，当学习材料本身具有逻辑意义，而学习者认知结构中已具备适当的知识基础，那么这种学习材料对于学习者就构成了潜在意义。学习者必须积极主动地使这种具有潜在意义的新知与其认知结构中有关的旧知发生相互作用，使旧知得到改造，新知获得心理意义（邵瑞珍，1983）。在他看来，进行有意义学习必然涉及知识学习与意义建构。

1.知识的逻辑意义

有意义学习的发生具有一定的前提条件。在知识的有意义学习过程中，知识（学习材料）本身必须要满足非人为性和实质性的标准，那么不可避免地就要求传递的知识本身具有逻辑意义（也可以称之为文本意义），也就是学习材料本身与人类学习能力范围内的有关观念可以建立起这种非人为性和实质性的联系。因此，在进行学习材料选择时，必须将这一标准考虑在内，也就是说要选取符合人类认识世界的内容。

2. 知识的潜在意义

当学习材料有了逻辑意义，学习者已有的认知结构中又具有一定的基础知识时，这种学习材料对于学习者就产生了潜在意义。因此，要使知识能够产生潜在意义，学习者的认知结构就必须要有能够与学习材料本身产生联系的知识基础，以便与新知识进行联系。因此，这就涉及对学生已有知识基础的了解。

3. 知识的心理意义

如何让个体在“最近发展区”学习？学生在学习具有潜在意义的新知时，应当具有积极性与主动性，让其与自身认知结构中已有的旧知产生联系，使旧知得到改造，新知得到内化，获得心理意义。建构主义学习理论认为，学习是个体的主动建构过程，个体是在主动的建构中获得知识的意义的。这是一种在具备了知识的逻辑意义与潜在意义的前提下，通过自主内化进行有意义学习过程的产物。

参考文献

DOUGHERTY D. The Maker Movement[J].Innovations,2012,7(3):11-14.

HALVERSON E R,SHERIDAN K.The Maker Movement in Education[J].Harvard Educational Review,2014,84(4):495-504.

陈丽娟.奥苏贝尔有意义学习条件的实现[J].新课程研究(中旬刊),2010(4):71-73.

陈妙娥.新课程改革的文化转向研究[D].重庆:西南大学,2004.

陈鹏.创客学习:一种创造有意义学习经历的范式[J].现代远程教育研究,2016(6):26-38.

成云.心理学(本科)[M].成都:四川大学出版社,2002.

董奇.学习的科学[M].北京:中国书籍出版社,1996.

杜静.教师继续教育的理论基础[DB/OL].(2013-05-12)[2018-05-15].https://wenku.baidu.com/view/c200afce0c22590102029d08.html.

樊彩霞,姬建锋.教育心理学[M].西安:陕西科学技术出版社,2010.

郭进,卫晓妮.脑电图应用的研究进展[J].陕西师范大学继续教育学报,2007,24(2):122-124.

郝路军.奥苏贝尔认知结构同化学习理论对我国教学改革的启示[J].中国农业教育,2008(5):38-39.

胡永斌,黄如民,刘东英.网络学习空间的分类:框架与启示[J].中国电化教育,2016(4):37-42.

教育部.网络学习空间建设与应用指南[Z].2018.

经济合作与发展组织.理解脑——新的学习科学的诞生[M].周加仙,等译.北京:教育科学出版社,2014.

李昕.智能授导系统中学习者特征分析的研究[D].长春:东北师范大学,2005.

刘合荣.事实与价值——教育哲学视角的学业负担问题研究[D].武汉:华中师范大学,2007.

刘和海,李少鹏,王琪."互联网+"时代知识观的转变:从共建共享到众传共推[J].中国电化教育,2016(12):108-112.

刘辉.论学习者的协作知识构建——基于反思性思维的过程模型[J].北京第二外国语学院学报,2009(12):73-78.

刘菊.关联主义的网络学习观及cMOOC实践发展研究[J].中国电化教育,2014(6):42-49.

吕萍.试论脑科学对记忆的研究及教学意义[J].天津市教科院学报,2005(2):47-49.

潘洪建.知识观的概念、特征及教育学意义[J].江苏大学学报(高教研究版),2005,27(4):1-5.

饶爱京,饶素琴.有意义的学习:建构主义追求的学校教育目的[J].江西社会科学,2003,(12):238-239.

邵瑞珍.教育心理学[M].上海:上海教育出版社,1983.

沈亚强,蔡铁权,程燕平,等.现代教育技术基础[M].杭州:浙江大学出版社,1998.

宋善炎,丁向阳."有意义学习"与"有意义的学习经历"[J].教育科学研究,2010(3):63-65.

苏炫,葛明贵.大学生学习心理研究综述[J].江西教育科研,2007(1):16-17.

田友谊.创客教育:源起、内涵与可能路径[J].比较教育研究,2016(1):22-28.

万伟.知识观转变视野下的课程改革[J].教育科学,2003(1):29-31.

王惠来.奥苏伯尔的有意义学习理论对教学的指导意义[J].天津师范大学学报(社会科学版),2011(2):67-70.

王玉琼.后现代知识观对当今课程研究的启示[J].集美大学学报(教育版),2001,2(3):24-26.

吴忠良,赵磊.基于网络学习空间的翻转课堂教学模式初探[J].中国电化教育,2014(4):121-126.

谢舒潇,黎景培.网络环境下基于问题的协作学习模式的构建与应用[J].电化教育研究,2002(8):44-47.

辛继湘.课程评价改革的当代知识论基础[J].课程·教材·教法,2005(6):17-20.

阎松.导引式自主生态课堂的特征[DB/OL].(2016-04-13)[2018-04-25].http://html.study.yanxiu.jsyxsq.com/el/proj_1085/article/37002/4544997.htm.

杨滨，汪基德.网络学习空间教学应用的作用与原则探析——网络学习空间人人通促进教与学深度变革实践反思之三[J].中国电化教育，2018(7)：16-24.

杨诚德.成人教育的学习心理及特性[J].中国成人教育，2010(10)：16-17.

杨广军.从脑科学理论看高中物理教材设计[J].当代教育论坛，2006(20)：99-100.

杨敬姝.中国社群共性特点分析[J].中国科技信息，2014(24)：11.

杨莉娟.活动教学关于教育基本问题的几个观点[J].首都师范大学学报(社会科学版)，2002(1)：56-60.

杨现民，赵鑫硕，刘雅馨，等.网络学习空间的发展：内涵、阶段与建议[J].中国电化教育，2016(4)：30-36.

佚名.知识观及其分类[DB/OL].(2017-10-19)[2018-06-10].https：//max.book118.com/html/2017/1019/137481027.shtm.

余文森.论有效教学的三大理论基础[J].课程·教材·教法，2012，32(2)：15-22.

袁振国.教育原理[M].上海：华东师范大学出版社，2001.

张进良，贺相春，赵健.交互与知识生成学习空间(学习空间V2.0)与学校教育变革——网络学习空间内涵与学校教育发展研究之四[J].电化教育研究，2017(6)：59-64.

张旺，张万春，袁宝华.基于脑的教育——当今脑科学给教育的启示[J].教育探索，2000，9(3)：19-22.

张伟，陈琳，丁彦.移动学习时代的学习观：基于分布式认知论的视点[J].中国电化教育，2010(4)：21-25.

郑太年.知识观·学习观·教学观——建构主义教育思想的三个层面[J].全球教育展望，2006，35(5)：32-36.

郑葳，王大为.生态学习观：一种审视学习的新视角[J].心理科学，2006(4)：913-915.

郑燕林，李卢一.技术支持的基于创造的学习——美国中小学创客教育的内涵、特征与实施路径[J].开放教育研究，2014，20(6)：42-49.

钟启泉，金正扬，吴国平.解读中国教育[M].北京：教育科学出版社，2000.

钟志贤，肖宁.用信息技术促进有意义的学习[J].开放教育研究，2009，15(2)：44-49.

周国梅，傅小兰.分布式认知——一种新的认知观点[J].心理科学进展，2002，10(2)：147-153.

祝智庭，管珏琪."网络学习空间人人通"建设框架[J].中国电化教育，2013(10)：1-7.

第二章 教育技术与学习方式

从精神出发的人，过低地评价技术的意义；从物质利益出发的人，过高地评价技术的意义。

——威恩特

把学问过于用作装饰是虚假；完全依学问上的规则而断事是书生的怪癖。

——培 根

一、教育媒体的应用与兴起

（一）从传统媒体到多媒体

随着媒体技术的更新换代，伴随而来的是新媒体技术对社会的巨大冲击，同时教育也不可避免地受到影响。人们不禁产生疑问：是否会由此产生教育革命？在幻灯片、投影仪、广播、录像、电视等众多视听媒体被引入教育领域时，“视听教育”的概念应运而生，因为这些媒体都与“电”有必然的联系，故早期人们习惯以“电化教育”来描述它们，但当计算机、网络等信息技术被引入教育领域时，又产生了“信息化教育”这一概念（南国农等，2004）。类似概念的提出者们几乎都认同“媒体技术能够引发教育革命”这一观点，他们认为“视听教育”“电化教育”“信息化教育”是一种区别于“传统教育”的新教育形态，认为它们是教育发展的新阶段。在这种观念的引导下，每当出现新的媒体，技术教育者都会以巨大的热情对该媒体在教育领域中的应用展开研究。随着媒体教育应用实践的不断增多，许多几乎相同的问题总是被不断地提出：新媒体的应用方法是什么？教学效果怎么样？如何处理新媒体（或称为现代媒体）和旧媒体（或称为传统媒体）之间的关系？

所谓“媒体应用”就是关注媒体技术的发展给教育教学带来的巨大冲击，它不仅强调媒体技术应用于教育教学的优势和作用，而且强调通过普遍应用媒体技术实现教育教学和效果优化。传统的教育理论认为，构成教育的基本要素有三个，即教育者、受教育者和教育内容（董玉琦等，2013）。而作为承载教育内容的媒体，并没有位列教育基本要素中，由此可以看出，媒体在教育中并不是必不可少的。但随着科学技术的不断发展和教育复杂程度的不断加深，媒体在教育中的作用越来越重要。纸张的出现（教材），既促进了知识传承，使教育得到较快发展，同时，也促进了班级授课、大规模教学现象等一系列教育变革。随着媒体技术的发展，尤其是当人们看到美国成功利用电影、广播等媒体培养出大规模的合格士兵和工人时，媒体对教育产生的影响开始广受关注。人们不仅积极开展媒体教育应用的研究与实践活动，更是从理论上将媒体列为教育的基本要素之一。

媒体在教育中的应用，强调的不是教育中是否使用媒体，而是如何“用好”媒体。即媒体应用的实质是如何通过媒体技术的应用实现教育的优化。我国早期对“电化教育”的定义是：将现代教育媒体与传统教育媒体相结合，传递教育信息，以实现教育最优化（南国农，1986）。即电化教育是以教育理论为基础，通过运用现代化教育媒体，有目的地传递教育信息，充分发挥多种感官的功能，从而实现最优化的教育活动。

随着媒体教育应用实践的不断增多与深入和媒体应用研究的不断发展与成熟，研究者开始从更为深层的视角来考量媒体的教育功能、教育价值以及媒体与教育的关系。以计算机教育应用研究为例，研究者主要从计算机是延伸和加强人体器官的媒体，是教育信息传递工具、学习者认知工具这两个视角进行研究；而在基于媒体的教学设计的研究中，计算机已经不仅仅是信息传递工具、学习者认知工具，人们更多地开始关注如何利用计算机来构造对话环境、激发创新精神、培养协作意识，从而走向以计算机为主体的社会性建构等。同时，人们不仅关注媒体要素，而且逐渐对教育主体——学习者要素给予越来越多的关注。

黎加厚认为，无论什么样的教育形式，其核心都是解决教育人的问题，所以研究人（学生、教师）在教育活动中的心理及生理变化的特点与规律，对于提高教育质量、推进教育发展具有十分重要的理论意义（黎加厚，1991）。张家华等在关于网络教育应用的研究中，关注媒体要素与学习者要素（主要是学习者的认知心理）之间的关系（张家华等，2009）。研究者采用对比实验的方法，将大学“三分屏”网络课程界面中教师的三种形象（视频、动画、照片）作为自变量，测试其对学习者（大学生）的测验成绩、认知负荷和注意力分配的影响。而胡卫星等人在对大学生网络学习的研究中，也关注了学习者要素（胡卫星等，2008）。研究者以问卷的方式调查了大学生的网络学习方法，比较了不同年级及文理学科学生间的网络学习策略。总之，随着“媒体应用”研究范式的不断发展，研究者从更为广阔和深入的视角研究了媒体参与下的教育过程、教育要素、教育质量等问题，逐渐增加了对学习者如何学习的关注（董玉琦等，2013）。

（二）媒体促进课程整合的演变

人们在经历了多年的媒体应用研究之后，逐渐发现只关注媒体效果的技术应用研究并不能得到我们所期待的教学效果，于是，人们开始思索在媒体应用之后，教育技术是否真正走向优化教育教学的问题。如1983年，R.E. Clack等就通过实证研究，比较分析媒体应用效果，并指出对媒体比较研究的元分析清楚地揭示出媒体在任何条件下都不会影响学习，即使有些案例说明引入媒体后学生的成绩和能力得到了明显的改变。R.E.Clack等对于媒体本身作用的否定，其实质是希望在某种程度上唤醒人们更加深刻地思考媒体研究，思考如何使媒体产生更大的作用。在经过深刻反思后，人们意识到单单强调媒体的作用并不能真正发挥其作用，技术只有与课程整合并且带来全新的课程变化，才能够带来教育的变革。

20世纪90年代初，美国就有学者提出了课程整合的理念。大概从20世纪末到21世纪初，西方的课程整合范式研究进入高潮时期。“Technology Integration”等词语得到了西方教育技术研究者的普遍认可和深度研究。分析西方研究文献发现，有三个比较重要的文献对信息技术与课程整合问题做出了较系统、全面的论述，分别是《美国教育技术CEO论坛的第三个年度（2000年）报告》、M.D.Roblyer的专著《教育技术整合于教学》、国际教育技术协会（ISTE）2000年为美国修订的《国家教育技术标准（第三版）》。这三部文献不仅理论体系较完整、论述较深入，而且从撰写人的研究水准与资历来看，他们在国际教育领域都具有一定的代表性与权威性。

“课程整合”概念的产生与推进得益于两个大的社会背景。一个背景是教育信息化发展。随着信息技术的快速发展与普及，人们能够越来越方便、快捷地使用信息技术，许多新技术快速产生和发展，将以前不可能的变成可能，使得技术对于课程的各个方面都能够产生影响。2000年10月，时任教育部部长的陈至立在全国中小学信息技术教育工作会议上的讲话中提出，在开好信息技术课程的同时，加快信息技术教育与其他课程的整合。在这之后，我国基础教育信息化得到了快速的发展。另一个背景是课程改革。到20世纪末，全世界范围都迎来了一场教育改革的浪潮，本次教育改革的中心就是课程改革，课程改革的一个重要方向就是信息化，即将信息技术融入课程体系中。例如，我国教育部于2001年公布的《基础教育课程改革纲要（试行）》中明确提出："大力推进信息技术在教学过程中的普遍应用，促进信息技术与学科课程的整合，逐步实现教学内容的呈现方式、学生的学习方式、教师的教学方式和师生互动方式的变革，充分发挥信息技术的优势，为学生的学习和发展提供丰富多彩的教育环境和有力的学习工具。"不仅在课程改革方案中明确提出了信息技术与课程整合的重要性，在诸多学科课程标准中也明确提出了信息技术应用。

"课程整合"概念是站在课程的高度上，突破以往单纯强调技术或者媒体教育应用的局限，系统地审视技术的作用，强调技术对课程各个方面的影响。同样，"课程整合"不是简单地在教育教学中运用技术，而是高层次的融合与主动适应。李克东教授认为，信息技术与课程整合是一种在课程教学过程中把信息技术、信息资源、信息方法、人力资源和课程内容有机结合，共同完成课程教学任务的新型教学方式（韦凤英，2009）。

课程整合依然强调技术应用的主体是课程，而非技术，切勿为了使用技术而使用技术，甚至不惜牺牲课程目标的实现。在技术与课程整合过程中应以课程目标为最根本的出发点，选择合适的技术，避免在使用传统教学手段能够取得良好效果时生硬地使用技术。

1.课程整合强调技术与课程的双向互动，核心是课程（黄宇星，2003）

课程整合与媒体应用的最大区别就在于课程整合强调课程的主体地位，强调技术与课程的双向互动，强调在技术应用过程中要充分考虑课程的特性，依据课程的需要而考虑技术，技术应当是主动适应的。技术不再是单纯的辅助者，不仅仅局限于课堂教学之中，而是课程中的一个有效组成部分，贯穿于课程的全过程，包括课程目标、课程内容、课程实施过程以及课程评价等。例如，当今的社交媒体使教育不仅突破了学校这样的空间限制，也突破了实时的时间限制，使课堂教学线上与线下混合、永不下课。黄甫全认为，信息技术与课程整合实质上是一种基于信息技术的课程研制理论和实践，它针对教育领域中信息技术与学科课程存在的割裂和对立问题，通过信息技术与课程的互动性双向整合，促进师生民主合作的课程与教学组织方式的实现，以及以人的学习为本的新型课程与教学活动样式的发展，建构起整合型的信息化课程新形态，进而使信息文化与人的学习生活整合为有机的连续体和统一体。

2.课程整合强调技术深入学科，重点是学科思维（黄宇星，2003）

与以往的普遍性方法不同，课程整合强调信息技术进入教育，必须要深入学科，从学科思维与学科特点进行整合。从何克抗、李克东教授等做“小学语文四结合”开始，教育技术学者就开始逐渐将研究的重心迁移到学科上。只有深入学科才能够真正地深入课程，张景中院士明确提出，教育技术研究要深入学科。现代教育理论主张将信息技术与课程整合，根据课程的特点、内容要求和学生特点进行整合。当教育技术研究的各个方面都深入学科，从实实在在的工作做起时，那么就有很多东西可以研究。有了扎实的工作基础，自然就能总结出经验和教训，提炼出新理论，再用于指导实践发展。如此循环，教育技术学科就会像滚雪球一样发展壮大。

3.课程整合强调应用策略层面，难点是人的培养（黄宇星，2003）

与以往的媒体应用相比，由于课程整合更加注重课程、深入学科，所以它更加注重应用策略层面。一方面课程整合更加突出教学策略，在强调媒体应用与策略改变的同时，人们逐渐从传统的单一教授式教学方式中解脱出来，试图打造出新型的、技术支持下的教与学策略。自主学习、探究学习、合作学习、混合式学习等学习方式在技术的支持下焕发新生机。另一方面，课程整合更加强调技术促进人的成长，如在现代媒体环境下，教师与学生交互过程中的学习策略、虚拟学习共同体中的“育人”路径，以及借助媒体因材施教等（董玉琦等，2013）。

（三）学习科学的发展

在教育技术学的研究中，技术总是答案，问题是什么？（郑旭东，2009）教育技术研究经过不断发展，现已由“媒体应用”研究范式发展为“媒体应用”与“课程整合”并存的研究范式，并且在改善学习的效果、效益方面依然有继续提升的空间。近年来，国内外教育技术研究领域逐渐兴起一种被称为“学习技术”研究范式（简称CTCL）的新研究范式（董玉琦等，2013），即研究者在文化（Culture，C）视野下，将技术（Technology，T）、学习内容（Content，C）、学习者（Learner，L）相整合，如图2-1-1所示。

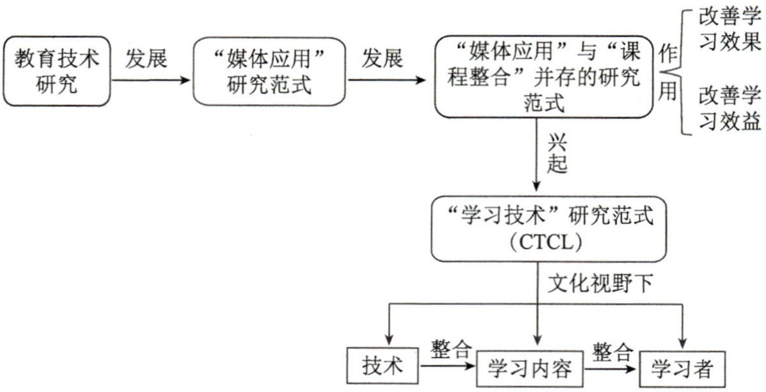

图2-1-1　学习科学发展示意

第一，关注技术、学习内容、学习者相互之间的契合性。

早在学媒之争时期，R.E.Clark就提出，媒体在任何条件下都不会对学习产生直接影响，真正能够直接影响学习的是学习者的动机、教学设计以及学习内容等因素。虽然教育技术学界对这一说法并不完全认可，但至少有一点是不容置疑的，即在教育技术研究中，离开对学习内容、学习者关注的研究在改善学习方面会大打折扣（董玉琦等，2013）。

在关注"学习技术"过程中，研究者需要在自身教育观、学习观的指导下，更多地关注技术、学习内容、学习者三个要素。但值得注意的是，对这三个要素的关注并不是孤立的，学习技术研究范式强调技术、学习内容和学习者之间的契合性。这实际上涉及以下三个方面的问题：学习者是如何理解学习内容的？技术是如何帮助学习者理解学习内容的？学习者是如何使用技术的？

第二，需要多视角、多层次深入关注学习者（董玉琦等，2013）。

随着人们对"学习"更为深入的理解，学习者对学习技术多视角、多层次关注的必要性也日益凸显出来。D.H.Jonassen认为，教育让学生学会怎样去推理、决策和解决生活中的复杂问题。M.Linn认为，教学的起点是知道学生已经知道了什么。对学习者的关注，理论上人人皆知，而在现实中，却总是"见技术不见人"。故对学习者的多视角、多层次深入关注需要借鉴学习科学、学科学习心理等相关学科内容，从教育技术、教师教育及课程设计等多个视角出发，在认知层面或者更为深入的层面关注学习者。

第三，重塑教育文化，促进具身学习。

学习技术强调教育的文化性。教育是一项构建社会、播种未来的事业，学习是一个促进学生全面成长（包括品行）、终身学习的过程。教育不仅是知识教育，还应该是文化教育，不仅是知识的记忆与理解，还应该是学习者思维能力与行为的共同改善（包括问题解决能力、个人与社会责任等）。在这个过程中，教师与学习者之间的文化尊重与交流就成为必然。作为教育技术学研究者，对教师和学习者文化的理解，及自身文化与这两种文化的尊重与交流也是不容忽视的问题。基于此，以人为本，其实就是以学习者发展为本，成为该范式着重强调的。学习技术研究倡导在意识到教育的文化性的基础上，积极主动地调整自身的研究文化，即开展文化统领下的技术、学习内容、学习者相互契合的研究（董玉琦等，2013）。

第四，强化技术引领，促进深度学习。

近20年来，现代信息技术的迅猛发展为学习与教育的改进与革新提供了前所未有的机会。然而，基于传统的授受主义观念之上的教育技术实践很多是在技术上领先了一步，但在教学法上却退后了两步。不少国家在教育技术基础设施和装备上投入大量资金，然而预期的技术在改进教育和提升学习方面的实际影响却并未达到效果，"高科技学校，低科技学习"的现象亟待人们关注和反思（王美，2013）。

学习科学从根本上反对授受主义以及由此导致的"浅层学习"，并因此特别强调学习者的深度学习。这种旨在促进有意义学习和对概念的深层次理解的学习模式，要求学习者在新的观念、概念与先前的知识、经验之间建立联系，把自己的知识整合到彼此关联的概念系统中，寻求隐含在现象和事实性知识背后的模式和根本原则，对新观念进行评估，并将其与结论相联系，理解知识创造的过程，批判性地检验某论点的逻辑性，对自己的理解和学习过程进行反思，如图2-1-2所示。

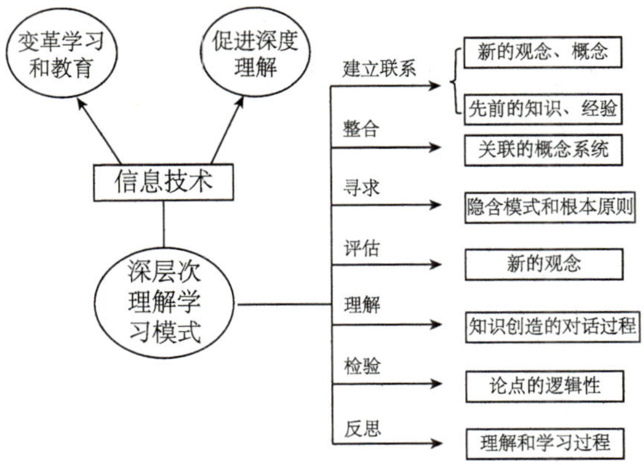

图2-1-2　深度学习结构

基于对学习的新理解，学习科学家提出，信息技术应该承担起变革学习和教育的重要作用。计算机不应该成为教师或专家权威的替代品，仅仅作为传递信息的工具，相反，它应该能够发挥更具促进性和支撑性的作用，帮助学习者获得能够促进深度理解的经验。即技术应该作为"脚手架"，为学习者的深度理解提供支持，提升和增强学习者的体验（王美，2013）。

第五，注重"以生为本"，建构"学习者中心的设计"。

学习科学视角下的技术设计观不仅重视"用户中心的设计"，更强调"学习者中心的设计"。"用户中心的设计"认为，用户与技术之间存在两个鸿沟：一是执行鸿沟，指用户的目标或意图与技术所允许用户执行的操作行动之间的差异；二是评估鸿沟，指用户在使用技术执行完一系列行动之后，根据自身的目标或意图对技术的结果、状态做出评估时所需付出的努力之间的差异。以用户为中心的设计目的是缩小这两个鸿沟，从而使技术更易于服务用户（王美，2013）。

"学习者中心的设计"不仅关注用户与技术之间的鸿沟，还特别重视作为学习者的用户与专家之间的"专长鸿沟"。这种鸿沟是学习者作为某领域的新手与具备深度理解或专长的专家之间的差距。因此，设计者需要研究人的学习是怎样发生的，以便设计和开发帮助学习者跨越"专长鸿沟"的技术工具。这样，技术就转化为中介和支撑工具帮助学习者跨越鸿沟。

如果说"用户中心的设计"关注的是技术的可用性，那么"学习者中心的设计"更多地关注学习。近十多年来，将学习科学融入教育技术和软件工具的设计成为教育技术和学习技术领域的一个重要趋势。设计者们基于学习科学建构和提炼出大量促进深度理解的探究性学习模式与方法，设计出了很多技术支持或技术增强的学习项目，并在正式和非正式的学习情境中进行了运用和检验。技术支持或技术增强的学习研究涉及的一个重要领域是科学教育，与学习科学对深度理解这一学习目标的重视相呼应，成为21世纪科学教育改革的新浪潮（董玉琦等，2013）。

二、技术与教育的关系

（一）技术的起源

我们主要关注并讨论的是技术起源的动力源以及技术在最初时期的发展问题。当"起源"二字作为动词时，意指开始发生；当它作为名词时，被认为是事物发生的根源。技术像社会中其他事物一样，也是由无到有产生而来的，随着新技术的不断出现，老技术逐渐消失在历史的长河中。在这一过程中，技术的产生与更迭的动力源何在，是否有一套操作标准，是否有任何代表性的成果等，这一系列相关问题都是关于技术起源的问题。

关于技术起源有很多种学说与观点，专家、学者们从不同的研究视角对其进行分析阐释，有影响的如：技术起源于劳动，技术起源于生存和需要，技术起源于巫术，技术起源于游戏，技术起源于好奇心、兴趣，技术起源于机遇，技术起源于经验、直觉，技术起源于科学，技术起源于知识等（陈昌曙，1999）。虽然每一种学说、观点都有一定的合理性，但也都因为自身有一些不能逾越的困难而遭到外界的质疑。例如，技术起源于机遇，荷兰眼镜制造商利贝斯在孩子玩耍老花镜片和近视镜片的过程中偶然创造了望远镜；无意中打翻的纺纱机被英国织布工人哈格里沃斯正巧遇见，从而发明了纺锤竖装的珍妮机；美国的古德伊尔不留神把掺了硫黄的生橡胶碰到火炉上，从而发明了硫化橡胶等。有时，技术还起源于游戏，从技术发展史来考察，与游戏有关的技术如中国古代的炸药，近代的照相机、投影仪、电话、电影等，都是一开始某些人或者某群人在玩，与实际的使用和创造价值并没有太多的关系。从这些案例中可以看出，虽然技术的产生都伴随着某种不可预测的机遇，但在机遇到来之前，科学家们往往都已经做了很多年的努力与准备，所以机遇并不是技术产生的充要条件。人是具有主体能动性的，我们都是有计划、有步骤地进行探索、研究、发明与创造，并且是有意识地去支配这些活动的，技术的产生是人类活动之一，它的更迭不能仅用偶然来解释。虽然有时对于我们来说这个机遇犹如“当头棒喝”一般，但是在这一过程中机遇只起到了一部分作用。

（二）技术的界定

技术的英文为Technology，按希腊文组合，其原意为完美而实用的技艺，在1615年就出现于英国。将这一词转译为中文，一方面可以指关于技术整体的学问和理论的技术学，另一方面也可表示具体技术工艺学问的工艺学。而在中国古代，技术并不是一个词，而是各有所指：“技”主要泛指才能、本领；而凡是能用于达到目的的均可称为“术”。一千个人就有一千个哈姆雷特，不同研究领域的学者也通过自身的理解加上各自独特的研究视角，为技术做出了多种多样的定义（赵建军，2001），如荣格、马尔库塞等将技术与人的心理状态联系起来，从主观方面更加突出技术的本质，而这也往往使得技术活动与人类的其他活动相互混淆；H.贝克、艾斯、海德格尔等从认识论的角度认为技术有物化与智能两种形态；埃吕尔、博林等将技术看作决定社会的一个方面，更多地体现技术的社会价值，对于其本身特性的理解则比较模糊；卡普、德韶尔等将技术定义为"设计""规程""效率"等，这样定义技术更加实用，但并不具有普遍意义；麦吉恩、梅森等把技术定义为一种人类的活动，这与心理学一样，更注重某一方面而忽视了技术本身的特性。

技术是一个不断发展的过程，技术的定义也纷繁复杂，对技术的认识有广义和狭义两种。广义的技术，一般表示人类改造自然、改造社会和改造人本身的全部实践活动过程中运用的一切手段和方法；狭义的技术，就是我们平常提到的技术，它只是从技术的一个方面或者从一个视角对技术进行认识，不同时包含对技术所有本质要素的全面认识。

1.技术的属性

第一，技术是一种能力，包括提出技术原理的能力，设计、发明的能力，操作的技能、技巧以及其他技术实践的能力。与这种理解相关的定义，比如，日本的村田富二郎将技术定义为：在生产现场中，直接或间接被充分利用的，只有经过特定训练的人才具备的特定能力；布罗诺夫斯基将技术定义为：人类用以改变环境的各种不同技能的整体。第二，技术是物质手段，即把技术理解为实现目的的物质手段的总和。如苏赫尔金认为，技术应理解为人工制造的人们活动的手段的综合。这里所说的手段是指生产中的机器、设备、工具等有形的技术。第三，技术是过程或活动。这是把技术当作一个动态的过程，这一动态的过程由人发明、制作、设计和使用技术产品等活动环节组成。第四，技术是意志。这里所说的意志有需要、欲望、动机、奋斗、意图等含义。如汤德尔将技术定义为：技术是人按照自己的意图和需要为了改造世界而在他的活动中置于客观世界与自身之间的东西。人类的意图和需求是技术的最终目的。第五，技术是知识。如《现代汉语词典（第7版）》中对技术的一种定义是：人类在认识自然和利用自然的过程中积累起来并在生产劳动中体现出来的经验和知识，也泛指其他操作方面的技巧。这正如美国的西蒙认为的，技术不是物体，而是知识。邦格在《技术的丰富哲理》中将技术定义为：为按照某种有价值的实践目的用来改造、控制和产生社会和自然的事物及过程，并受科学方法制约的知识总和（赵建军，2001）。

所以，首先，技术是有目的性的。本质上技术是人类所特有的，就像人虽然不如狮子壮，也没有老虎的利爪，眼睛也不如鹰的敏锐，但人有智慧，通过创造出技术和技术产品来发挥人的主导地位（赵建军，2001）。技术与人类的目的和意志紧密相关，是人为达到自身创造世界和改造世界目的的桥梁。人类的需要导致产生技术，一切技术产生的最初动力是目的。

其次，技术具有整体性。技术是改造与实践的过程，是解决实际问题的行动。技术在某个领域中的应用，绝对不是单纯地使用，它一定是用来解决这个领域中的某个实际问题的。所以技术应当根据具体的问题情境来形成整体解决问题的方案，这个方案包含技术知识、技巧与技能或工具、方法或手段、技术意志和目的以及相应的技术活动等各个组成部分。狭义的技术，比如工具、手段或先进的媒体，不可能总是解决问题的方案。正如法国技术哲学家埃吕尔所云，技术是在一切人类活动的领域中通过理性得到的，从特定发展状况来看，它是具有绝对有效性的各种方法的整体。马克思主义哲学从辩证唯物主义和历史唯物主义的高度揭示了技术的起源与本质：技术起源于人类对工具的使用和对工具的制造。在生产劳动中，人类将自己的智慧和经验“倾注”或“外化”在那些能够成为工具的自然物质上，制造出多种多样的工具，同时也产生了使用工具的经验、技能和方法，这些属于非物质因素。对工具的使用让人类的劳动能力增强，使人类的智慧和经验得到发展，还使得人类认识世界的眼界扩大。人类的智慧和经验是工具、手段的核心或“灵魂”。

再次，技术属于一种智慧。在形成并实现解决问题的技术方案或特定的人类目标过程中，技术行为不是盲目的。如果说在科学形成过程前和形成之中，不断地试误是技术所需要的，那么今天，随着科学的日益发展，有效的技术方案一定是建立在相关领域所形成的科学经验或知识之上的。即便仍需要试误，也不再会像斯金纳那样盲目地将猫放入箱子中。哈维·布鲁克斯的定义体现了技术的这个特征：技术就是运用科学知识以可以复制的方式来解决问题的。当然这里的“可以复制”带有较强的自然科学风格。此外，还有西蒙的定义，西蒙认为，技术学是通过应用可靠、科学的原理而设计的一种理性的学科，用来保证人类掌握物质世界。当然，技术不仅是系统地利用经验或科学知识，而且还需发现或创造性地提出科学经验或知识被有效地用于实践的原则、操作程序或方法等，这是一种具有创造性的应用或转化，人类的智慧由技术体现出来。

2. 技术的工具理性

狭义的技术，原则上讲，不同时包含所有技术的本质要素，有关对技术目的性、整体性、理性和智慧的认识，都属于对技术的狭义认识。如从实践性角度看，技术就是人们在生产性的实践中对客观规律有意识的应用，即“应用论”；从物质性角度看，技术是单纯的物质工具，即“工具论”；从主观性角度看，技术是指人类用以改变环境的各种不同技能的整体，即"技能论"。这里，技术不单是科学知识的应用，还有科学知识的发现、实践的经验及艺术等方面。从主客体关系的角度看，技术具有一定的"目的性"，即为了满足人类自己的需要；从知识性角度看，技术不是物体，而是知识，是关于如何行事，如何实现人类目标的知识，即"知识论"。如汤德尔的定义：技术是人为了改造世界而按照自己的意图和需要，将他们的活动置于客观世界与自身之间的东西。

"工具论""目的论""科学知识应用论""技能论""技术知识说"等，人们大多只是从技术的某一个侧面对技术进行描述，它们都不能揭示出技术的全部内涵，都不能单独解释技术的本质。只有综合起这些方面，才能形成对技术的正确理解与认识。

由此可以看出，技术构成分为两个方面，即物质的和非物质的，瑞格鲁斯称之为硬技术和软技术，张诗亚先生称之为物化形态的技术和智能形态的技术等。

（三）技术与教育的关系

1.何为教育场域中的技术

教育场域中的技术，即将技术放在教育场域这个独立的充满竞争与冲突的关系场中来理解。教育场域中的技术依教育而生，被赋予了教育所独有的育人目的与价值，同时也拥有技术本身所有的特质。

从关系性思维的视角来看，通过结合布迪厄关于场域的界定，教育场域中的技术包含教育和技术两大部分，它们关系性地存在于其绝对性瞬时中，在此，它们是有机地依存和牵扯的；它们实体性地存在于其相对性瞬时中，相互分离，彼此独立（单美贤，2011）。

关系性思维更加注重把握事物之间的相互关系，通过这一视角能更清楚地把握教育和技术的关系，看清教育和技术之间的相互冲突及相辅相成。再者，依存于教育的技术，其发展的动力与教育拥有着共同的目的，即育人，因此关注人的整体性发展亦是其特性之一。

2.教育场域中的技术与教育技术的关系

人们看到教育场域中的技术这一概念时，很自然地就会将其与教育技术联系起来，认为教育场域中的技术就是教育技术，更甚者有人直接在两者之间画上等号，其实并不是这样。关于教育技术的产生，目前学术界主要有两种主流的看法。一部分学者认为，教育技术伴随着教育应运而生。这种观点即从广义的技术观出发比较宽泛地看待教育技术。而另一种观点则认为教育技术是以近代技术在教育中的运用为起点产生的。例如，美国教育技术界将20世纪20年代初视觉教学在美国教育领域的运用作为美国教育技术的开始标志，提出教育技术是随着视听、视觉、多媒体、个别化等的发展而不断进步的。另外，还有学者把技术在教育领域中的介入与卓越运用作为教育技术史中的标准，提出了教育技术发展的“四次革命说”（章伟民等，2000）。《美国教育技术》就曾明确指出，历史学家已经确定了教育史上曾发生的三次重大革命：第一次是将教育年轻人的责任从家族转移到专门教师手中；第二次是采用文字书写作为与口语同样重要的教育工具；第三次是发明印刷术和普遍运用教科书。第四次教育革命正发生于西方国家，尤其是美国，这是近年来电子学、通信技术及数据处理技术飞跃进展的结果。

“教育场域中的技术”强调的是技术的运用对于教育的影响、技术在教育场域中的运用、技术在教育中不同实体的关系呈现等；而“教育技术”则是一个专业术语，代表在教育中得到运用的某一类或一种技术，即“教育技术”是“教育场域中的技术”的有机组成部分。

3.教育的技术化：技术影响教育发展的内在机制

技术本身的特征及其所具有的属性影响着人的实践活动，甚至也决定着人的实践活动方法。有学者从此视角对技术的发展阶段进行了划分：原始体内技术（人与技术不可分离）、体外技术（人与技术分离）、现代体内技术（人与技术相互结合）。在这三个不同阶段当中，技术凸显的特点各有不同，其相对应的人的实践方式也会产生非常大的差异，教育被技术影响着。

在原始体内技术阶段，技术是完全不能脱离人的，使用的整个过程都需要人亲自去完成，人的肢体操作的工具技术是从运作的驱动工具到按照人的意向控制其有序准确地完成运作。例如，人在羊皮纸或龟甲等载体上写字或刻字等，这些技术都属于原始体内技术阶段。我们可以看到，在运用这些技术的过程中，需要完全纳入人的感官与四肢的控制，通过这一过程人可以不断地积累出丰富的技巧与经验，形成独具特色的、复杂的技艺。

4.人：教育与技术的契合点

教育是人特有的社会性活动，是人类社会不可分割的重要组成部分。作为人类社会重要组成部分的教育首先也是“技术化”的。教育活动是一种信息型、技术型的实践活动，只有技术得到大的发展，才能对教育起到变革的作用。教育的目的是使人成长为人，教育的使命自然是人的全面发展，技术价值评价的最高标准也是人的全面发展，这两者“不期而遇”，为人们奠定了教育场域中“人的全面发展”这一价值评价的最高标准。可以说，教育与技术的契合点是作为教育主体的人，虽然其并不是唯一的契合因素，但是这个因素确实是必不可少、至关重要的。

教育中的人。众所周知，教育影响着整个人类从出现到如今这一过程的生存活动，而人与动物生存的区别就在于人是“自由自觉活动的”（桑新民，1993）。通过教育，人类向下一代传授相应的经验技术，用以制造与使用工具，形成人类社会的特定习俗，掌握并遵守相应的社会道德规范，这都是人类生存与繁衍必不可少的部分。换句话说，人类通过教育能更进一步地认识对象与自身，并通过改造与适应身处的环境让自己逐渐地摆脱动物性的本能。到了大工业时代，人类社会慢慢地不能脱离对物的依赖，有学者将其描述为一个“基于物的依赖关系的阶段”（单美贤，2008）。由于对技术、对物的依赖，教育也渐渐产生了异化，教育的最终目的不再是人，人变为了教育的奴隶。在现代教育中，教育更注重人的有用性，“人力资本”被更多地谈论，要用一种工业的伦理培养出高效经济的“有用之才”。

技术中的人。从生物学的角度来看，人类是一种未完成的生物，他们不能本能地像其他动物一样依靠着某一种特定的器官去适应这个世界。因此，人必须通过技术来学会改造这个世界从而保证自身的生存。换句话说，技术不是其他东西的技术，它是人的技术，是人外显的内在本质。但是如果从技术的实践后果来看，我们不得不承认，技术在发扬着人性的同时也不可避免地在某些情况下压抑着人性——技术所展开的每一种可能性的空间，都必然会遗忘和遮蔽更多的可能性，使各种可能性单一化、扁平化（吴国盛，2001）。这就是技术异化带来的困境。技术的本质是“人为的”和“为人的”，但是在现今社会中却成为一种力量压抑着人们。海德格尔说，技术的本质就是一种“座架”——人被坐落于此，被一股力量要求着、安排着，这股力量是在技术的本质中显现而人本身又不能掌控的（马克斯·霍克海默等，2003）。著名学者哈贝马斯指出，技术已使人完全失去了自己的本性，在现代技术的管理之下，人们的目的性行为已经达到高度的合理化（哈贝马斯，1999）。

但在教育场域中，“属人的存在”标签被贴在了一切工作与技术上，而原本就是人的本质外显的技术似乎其在教育中的应用都获得了合法性，只要是技术能做的，都是该做的。确立主体性中心，使得教育在某种程度上得到了快速的发展，如在教育内容的丰富上、教育范围的广度上、教育方式的多种多样上……但是以这种中心把握技术，去关注教育和教育中的人，必然会导致教育中人的缺场和失落，让技术走向异化，从而导致人和教育在价值方面处于迷失状态。教育是人所主导进行的，教育是培养人的，需要来自文化的这种形而上的“精神关怀”，而不只是技术的这种形而下的“物质关怀”。

三、“互联网+”时代学习方式变革

（一）学习方式的内涵与特征

广义的学习方式（Learning Method）是指学习的发动、运行和转换的机制和过程，不同学科视角下的学习方式侧重各不相同，学习的主体、客体以及学习中介这三大要素共同组成一个完整的学习系统，各要素的结构、样式和过程的组合体现出学习主体对学习客体的影响能力、广度和深度（李红梅，2017）。教育学视角下的学习方式主要指学习者在学习过程中所采用的形式、途径和手段（王运武等，2015）；心理学视角下的学习方式则侧重于个体获取、处理信息的方式。但是从教育学与心理学总体视角可以看出，学习方式指的就是学习模式，即学习的组织方式和所采用的方法。从学生的认知倾向性来看，学习方式是指学习者的学习风格；从学习的社会性来看，学习方式则是指学生在学习过程中所表现出的精神状态和交往方式。

综合以上观点，从教育技术学的视角看，我们认为学习方式就是指学习者在学习活动中所采取的手段、措施或策略，是技术支持下的学习活动的基本形式。学习者在学习过程中采用怎样的学习方式，取决于学习者在学习活动中所使用的学习工具，采用什么样的学习工具就有相应的学习方式。

学习方式具有多样性、适应性和相对稳定性三个主要特征。多样性指的是在人类学习史上已经形成了多样的学习方式。适应性是指学习方式因学习者、学习内容而异，表现为不同的学习者会采用不同的学习方式进行学习，同一个学习者在学习不同内容时采用的学习方式也不尽相同。相对稳定性则是指学习方式不会轻易随着学习者、学习内容和学习环境的改变而改变，因此，转换或变革学习方式并不简单（王运武等，2015）。

（二）“互联网+”时代学习方式新特性

1. 技术变革促进教育创新

所谓变革，是指事物本质的改变（王运武等，2015）。变革的过程总是遵循着“量变质变规律”，学习方式变革同变革一样，指的就是学习方式本质的改变，其变革的过程同样遵循着“量变质变规律”。人类学习的根本目的是为了更好地认识、探索未知事物，从而提高自己认识和改造客观世界的能力。学习方式变革具体体现在学习活动中采用的手段、措施或策略的根本性转变上，这种根本性转变不局限于学习个体，也包括学习者群体的学习方式变革。判断学习方式是否变革的标准是学习者在学习活动中学习观念、学习材料、学习工具、学习媒体、学习环境等是否发生了根本性变革，这种变革既可以是单方面的，也可以是多方面的。学习方式变革通常与教学方式变革、教育变革密切相关，相辅相成，依据"量变质变规律"不难看出，学习方式和教学方式的变革必将引发教育变革，促进教育创新。

2."互联网+"时代，技术促进学习方式多元化

传统教育过分重视知识的权威性、完整性、系统性。学科本位、知识本位的课程严重扼杀了教师与学生的主观能动性和创造性。以往的教育强调在教学过程中，教师必须忠实于知识的权威性，教师扮演着知识的搬运工，上课是教"教材"而不是用"教材"教，而学生只是知识的"接受者"。因此，在传统课堂上，师生之间几乎没有互动。再加上精英主义教育思想的影响和愈演愈烈的升学压力，仅仅以知识与技能的多少作为学生学习效果的评价尺度，迫使学校教育和学生走向完全接受式学习的道路。无论从教学效果，还是从课程的功能来看，传统的接受学习弊端是显而易见的，它严重阻碍了学生个性的发展。

"互联网+"打破了权威对知识的垄断，让教育从封闭走向开放，人人能够创造知识、共享知识、获取和使用知识。互联网时代发展到web4.0的"互联网+"时代，其典型特点是人机交互、人与人交互以及人与信息交互。因此，在"互联网+"时代知识传承与创生中，其重要内涵就是建立链接、共建共享、取长补短、深度融合、具身服务、满足个性所需、促进个性化发展等，预示着万物都将在互联网作用下呈现出新的生机（刘和海等，2016）。

"互联网+"是基于新一代互联网技术的信息革命。以大数据和人工智能为核心技术的新一代互联网，使每个人都成为网络社会中的一个独立的信息源，中心化的信息传播的单向模式越来越不合适。因此，在这些属性中，链接促进信息的沟通，以用户为中心和社群化又促进了资源的精确传送、分享和聚合（如图2-3-1所示）。

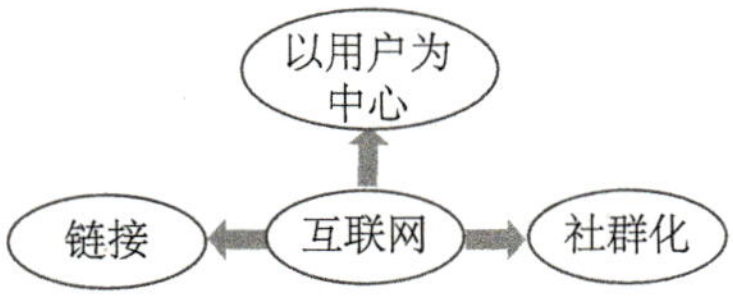

图2-3-1　互联网的三个核心特征

互联网的三个核心特征中，链接使得信息数量呈爆发式增长，且获取信息的方便性是纸质媒介无法达到的，它形成了一种网状交互的共建与分享；以用户为中心让我们意识到“以学习者为中心”这个理念应该深刻落实；而社群化则又促成了一个新的知识交流与学习模式。可以看出，在“互联网+”时代，学习者的学习方式在上述三方面发生了新的改变（刘和海等，2016）。

（1）链接：知识获取省去中间环节。

按照学习方式的信息化程度，学习方式可分为两种：传统学习方式和信息化（数字化）学习方式。通常我们把以竹简、纸、黑板等传统教育媒体作为信息载体的学习方式称为传统学习方式，把学生在学习过程中利用信息技术进行有效学习所表现出来的学习活动的基本形式称为信息化学习方式。传统学习方式属于精加工学习方式，支持的教育信息传播范围较小，传播效率也较低，而信息化学习方式是一种贯通式的学习方式，它能更好地揭示学生进行学习活动的取向。在内涵上，数字化学习方式与信息化学习方式是相似的，都是指利用信息化工具在信息化环境中进行学习的方式。

“互联网+”时代，所有互联网企业都在做一件事：链接。百度做的是人与信息的链接，腾讯做的是人与人的链接，阿里巴巴做的是人与商品的链接。链接使得信息趋于对称化，省去了许多中间环节，让供给双方减短相互碰到的时间（刘和海等，2016）。“互联网+”环境给学习者创造了便捷的接触学习资源的机会，教师和课本不再是学生接触学习资源的唯一渠道，当学习者有需要的时候，只要拥有智能设备作为链接，就可以省去中间环节直接找到自己所需要的信息，这使得学习者的学习更加便捷有效。

（2）以学习者为中心：基于大数据的定制学习。

自主学习的模式变革给教育带来了挑战：适应“互联网+”时代“以用户为中心”的思维方式，建设以“以学习者为中心”的教育理念和模式，有效地捕捉并满足学习者个性化、多样的学习需求（张岩，2016）。“互联网+”时代，大数据能够帮我们实现更好的教育，为学习者提供定制化服务：从学习资源的推送，到学习过程中的及时反馈，再到学生学习的评估都可以基于大数据准确地实现，即实现个性化学习。实现个性化学习的基础是为学习者定制有效的学习服务，强调的是学习者的个性化学习与发展需求，目标是给学生提供一个让学生自主选择合适的学习策略和进度的机会。

现如今，我们能借助互联网技术、数据分析工具和各种应用让学习者随时随地获取为他们量身定做的教育资源和个性化的教学服务。在定制学习的理念下，自适应教学和基于证据的教学等多种个性化教学方法成为"互联网+"时代的新兴教学方式。

(3) 社群化：学习从被动灌输到互动共享。

"互联网+"时代越来越多的自主学习已经发生，这给学习者带来了一些挑战。学习碎片化问题就是挑战之一：面对大量碎片化的信息，自主学习者只是简单地浏览而过，缺乏深度思考；另一个挑战是学习缺乏强制性：面对互联网上趣味化、娱乐化的体验，学习者难以有时间和耐心静下心来学习枯燥的基础知识；第三个挑战就是判断甄别困难：学习者在面对信息洪流时，如果缺乏正确的引导，则难以进行有效的学习。以上这些自主学习带来的挑战亟须教育以新的理念和形式来介入和解决。

"物以类聚，人以群分"，互联网使人们相互间的沟通更加便捷，所以人们更容易找到与自己爱好相同的人，形成社群、组织。互联网也创造了各种类型的平台以便于更容易形成社群（刘和海等，2016）。而处于社群中的学习者们会比独自学习的学习者有较高的约束力。在学习社群内，学习者可以通过搜集信息、汇聚信息最终完成共享，将知识内化并能够分享给他人。

（三）个性化学习：学生主动地、富有个性地学习

基于对传统学习方式，特别是以接受学习为代表的传统学习方式弊端的清晰认识，新的课程倡导自助、合作、探究的学习方式，其突破点在于相对于过去的"被动、机械学习"提出"合作学习"，相对于过去的"接受学习"提出"探究学习"。新的学习方式最终要形成学生在教师的指导下"主动地、富有个性地学习"的局面，即形成个性化的学习方式。

1. 自主学习：促进知识主动建构

自主学习在一定程度上也可以说是个性化学习，是一种教育与学习的方法。自主学习又称为适应性学习，通常通过适应性学习系统实现。所谓自主指的就是为自己作选择，并对自己做出的这些选择负责。自主学习派认为每个人都应拥有为自己做主的权利，其他人没有权利替别人作决定，体现在教育上就是学习者自己设立并实行个人教育计划。从自主学习者的角度来看，自主学习意味着学习者按照自己的意识对现有的资源和限制进行抉择来实现

有效的学习。

人的自主能力主要是自觉、视野和行动的勇气，是人在一次一次为自己抉择时，从成功或误判中累积经验获得的，而不是靠单纯地灌输知识来学会的。自主学习者的教育观是：教育者不要背着孩子成长（因为要时时替他抉择），也不要放任教育地任由孩子成长（即完全不提供建议，让孩子在真空中成长），而是要做到陪着孩子成长（渐趋平等的伙伴关系）。自主能力是面对自己生命的艺术而不是一种知识与技能，因此，个性化学习的实施以学习者差异为基础，强调学习过程要针对学生个性特点和发展潜能，将学习目标个性化、学习内容个性化，开展个性化学习活动，提供个性化学习环境、工具、平台及资源支持，同时开展多种形式的个性化学习评价等。为了实现个性化学习，需要教育工作者设计实施一种支持个性化学习的在线学习环境，即个性化学习系统，使它能够针对个体在学习过程中的差异性而提供适合个体特征的学习支持，包括个性化的学习资源、学习过程和学习策略等（闫志军，2011）。

2. 合作学习：实现知识共建共享

合作学习是一种通过学生之间相互沟通、相互依赖，共同促进学生的主体性发展及社会化发展的过程。合作学习强调学生之间合作学习时的人际互动，强调学生在教学过程中通过相互之间的合作来达到学习目标，完成学习任务，因为合作学习中的学习目标是通过成员之间的相互合作达到的，所以合作学习又是一种责任明确、协调一致、相互配合的学习。

合作学习通常以学习小组为基本教学组织形式，系统地利用教学中的各个动态组合因素，包括教师与教师、学生与学生、教师与学生以及学校与家长、学校与社会等，以期达到预先设置的共同的教学目标（狄寿霞，2005）。所有这些动态组合因素互相协调，促进了学习小组成员的全面发展。合作学习的效果则是以学习小组总体成绩作为评价标准，其中，互赖、异质分组、个人责任、积极面对面的促进性互动、社交技能以及小组自评是合作学习的六大要素，因此也是合作学习效果评价的六个评价标准。

3. 探究学习：实现知识共生创新

探究学习是一种以学生为主的学习模式。探究学习通常指学生在教师的辅助下，由学生策划、执行及自我评估的学习方法。通常探究学习是围绕专题开展的，教师会让学生就自己的兴趣和能力去选定一个研习题目，然后搜集资料，对题目做出探索和讨论，学生是专题研习过程的“主人”。它是一种跨学科的学习方式。学生在研习专题的同时，运用现有的知识和技巧来重新综合，并进行一些特定的活动。在不断的研习过程中，学生能自主地建构知识，继而掌握这个新的题目，在不断的问题解决过程中达到"学习如何学习"的目的。

（四）教与学结构转变：主导与主体的合奏

学生学习方式和教师教学方式之间存在着内在联系，想要实现学生学习方式的转变，教师起着不可替代的作用。教师的教学观念、教学方式直接影响着学生的学习方式。从某种意义上讲，教师的教学观念和教学方式的转变是学生学习方式转变的前提和基础。

1.教与学的本质是什么

行为主义教学理论把刺激—反应作为行为的基本单位，学习即刺激—反应之间联结的加强，教学的艺术在于如何强化这种刺激。这种理论在教学中的应用是程序教学、自我教学单元、计算机辅助教学、视听教学、个别学习法等多种教学模式或方式。因此，行为主义理论认为教学的目的就是提供特定的刺激，以便引起学生特定的反应，所以教学目标越具体、越精确越好。学生的行为受行为结果影响，当学生做出合乎需要的行为反应时，必须形成某种相倚关系，即在行为后有一种强化型的后果，如果当学生做出合乎需要的行为反应时得不到强化，它就会消失。

而在认知心理学家看来，行为主义是在研究"空洞的有机体"，他们认为是个体作用于环境，强调学习者内部的心理结构决定了这些刺激是否受到注意或被加工，当新的经验改变了学习者现有的心理结构时，学习就发生了。因此，学习的基础是学习者内部心理结构的形成和改组，而不是刺激—反应联结的形成或行为习惯的加强或改变。教学的过程实质上就是促进学习者内部心理结构的形成或改组。

20世纪60年代以来，人本主义开始崛起，主张心理学应该探讨完整的人，而不是把人分割成行为、认知等不同方面。人本主义强调行为与学习都是知觉的产物，一个人大多数的行为都是他对自己看法的结果，而真正的学习不仅是为学习者提供事实，而且涉及整个人的发展；真正的学习经验能够使学习者发现自己作为一个人的特征。从这个意义上说，人本主义认为学习即成为，教学即促进，教学的作用是促进学生成为一个完善的人（刘昱，2006）。

那么，学生和教师在教学过程中各处于什么地位，各有什么作用呢？对于这一问题，近现代教育史上争论得十分激烈，主要存在"学生中心论"和

“教师中心论”之争。“学生中心论”以卢梭、杜威等人为代表，把学生的发展视为教师不能主宰的自然过程和主动过程，学生只能从个体经验当中获得发展，而且学生能够完全决定教育、教学过程；“教师中心论”以赫尔巴特等人为代表，认为学生的成长只能依赖于教师在教学过程当中的指导，单纯强调学生是教育的对象而无视其有积极主动性。可以说，这两种观点都有其合理性一面，但也都有很大的片面性。

2. 教学过程的重认识

教学过程就是指教师领导学生认识的过程。教学过程存在的基本特征和条件是与教育学建立联系和教学过程的完整性。实现有效的教学首先要求教师在教学活动中起主导作用。在教学中，教师接受社会的委托，按照社会的要求培养和教育人。因此，教学任务的制定、教学内容的安排、教学方法的选择、教学组织形式的确定和教学活动的组织，都要由教师来确定。可以说，教师的知识素养、工作精神、修养以及教师主导作用的性质和程度直接决定着教学过程的思想方向，也决定着教学质量的高低。其次，学生的主体作用不容忽视，学生是学习活动的主人，教学过程中教师的“教”只有以学生的主动学习为基础，才能取得预期的效果。要将教师提供的外部条件转化为学生的知识、技能和品格，最终决定因素还在于学生自身的内在素质。

一般来说，学生的学习主动性、积极性越强，学习效果越好。因此，教师要确立“学生学习要靠自己主动学习，他人不能包办代替”的观念。另外，保证学生的积极性和主动性是教学过程的完整性和有效性的保障。学生的积极性和主动性是指学生学习时的一种良好的精神状态，包括知、情、意、行等多种心理成分，具体表现为学生是否具有浓厚的认知兴趣、坚强的学习意志和积极的思维活动，学生主体作用的发挥就在于这些积极因素的参与。

另外，很多操作性的联系、思考都需要学生的积极性、主动性作为完成的保证，如果学生没有积极的学习态度，这些环节是不可能完成的。因此，教学的关键是让学生学习到知识、提高能力、发展智力，教学中学生的“学”是核心，只有保证了学生的主体地位，教师的主导作用才能得以体现。

所以，教师必须意识到学生的“学”的重要性，学生也要丰富自己的学习方式，教师主导和学生主体相结合，才会产生积极有效的教学活动。“学生主体”不等同于“学生中心”，“学生主体”要以“教师主导”为条件；而“教师主导”也与“教师中心”有别，因为它是以确认学生的主体地位为前提的（刘继萍，2015）。教师主导作用发挥得越好，学生学习过程中的主动性、积极性、独立性和创造性也就越强；反之，如果没有学生的积极配合，教师的主导作用也就失去了实际意义。

参考文献

陈昌曙.技术哲学引论[M].北京:科学出版社,1999.

狄寿霞.在网络环境下建构"自主—合作—创新"教学模式[D].济南:山东师范大学,2005.

董玉琦,包正委,刘向永,等.CTCL:教育技术学研究的新范式(2)——从"媒体应用""课程整合"到"学习技术"[J].远程教育杂志,2013,31(2):3-12.

哈贝马斯.作为"意识形态"的技术与科学[M].李黎,郭官义,译.上海:学林出版社,1999.

胡卫星,李凤杰,何明.大学生网络学习的策略结构与发展特点研究[J].中国电化教育,2008(1):41-44.

黄宇星.信息技术与课程整合策略[J].电化教育研究,2003(1):58-61.

黎加厚.教育传播科学研究中的人体心理生理信息研究[J].电化教育研究,1991(1):5-12.

李红梅."互联网+"时代"新"学习方式的价值逻辑[J].中国电化教育,2017(6):102-107.

刘和海,李少鹏,王琪."互联网+"时代知识观的转变:从共建共享到众传共推[J].中国电化教育,2016(12):108-112.

刘继萍."教师主导,学生主体":一个经典公式正当性的论证[J].北京师范大学学报(社会科学版),2015(4):25-33.

刘昱.当代西方人本主义教育思潮对我国教育改革的启示[J].学术交流,2006(1):189-192.

马克斯·霍克海默,西奥多·阿道尔诺.启蒙辩证法:哲学断片[M].渠敬东,曹卫东,译.上海:上海人民出版社,2003.

南国农.当前电教理论与实践中的几个问题(上)[J].电化教育研究,1986(1):1-6.

桑新民.呼唤新世纪的教育哲学——人类自身生产探秘[M].北京:教育科学出版社,1993.

单美贤.论教育场中的技术[M].北京:教育学科出版社,2011.

王美.学习科学、技术设计与科学教育的整合——用技术增进一致性的科学理解[J].全球教育展望,2013,42(1):70-79.

王运武,朱明月.学习方式何以变革:标准与路径[J].现代远程教育研究,2015(3):27-35.

韦凤英.信息技术与课程整合中的混合学习研究[D].保山:保山学院,2009.

吴国盛.技术与人文[J].北京社会科学,2001(2):90-97.

闫志军.新课程视域下学生个性化学习研究[D].保定:河北大学,2011.

张家华,张剑平,黄丽英,等."三分屏"网络课程界面的眼动实验研究[J].远程教育杂志,2009,17(6):74-78.

张岩."互联网+"教育理念及模式探析[J].中国高教研究,2016(2):70-73.

章伟民,曹揆申.教育技术学[M].北京:人民教育出版社,2000.

赵建军.技术本质特性的批判性阐释[J].自然辩证法研究,2001(3):35-38.

郑旭东.变革时代的教育技术创新与发展:唐纳德、伊利教育技术学思想研究[J].现代教育技术,2009(2):5-9.

第三章　知识可视化学习技术与技巧

一图展春秋，一览无余；一图胜万言，一目了然。

——刘则渊

人试图认识世间万物，然而通过感知和认知进入大脑的东西并不是真实的外界，而是被认知器官接收和转换的信号载体，这些信号载体被称为符号，在人的大脑里，世间万物都被看作是符号。

——李乐山

一、起源与发展：知识可视化的内涵概述

知识可视化在我国最早可以追溯到明朝的《蒙养图说》、清朝的《澄衷蒙学堂字课图说》等。

（一）溯源：知识可视化的由来

"可视化"（Visualization），来源于"Visual"，意为"视觉的、形象的"。事实上，将任何抽象的事物、过程用图形、图像来表示都可以称为可视化。"可视化"作为专业术语出现于1987年，当时美国国家科学基金会召开的一个专题讨论会，给出了"科学计算可视化"的定义、覆盖的领域以及发展方向，标志着科学计算可视化作为一门学科在国际范围内已经成熟（赵国庆等，2005）。

科学计算可视化的基本含义是指运用计算机图形学或者一般图形学的原理和方法，将科学与工程计算等产生的大规模数据转换为图形、图像，以直观的形式表示出来。由科学计算可视化延伸出数据可视化的概念。早期数据

可视化技术是指通过图形、图像分析计算机算出的数据，进而了解计算过程中数据的变化。现代的数据可视化技术指的是通过计算机图形学和图像处理技术，将数据转换为可视化的图形或图像，并进行交互处理的理论、方法和技术（赵国庆等，2005）。

一般来说，科学计算可视化是指空间数据场的可视化，而信息可视化则指非空间数据的可视化。Card等将信息可视化定义为：使用计算机支持的、交互性的视觉表示法，对抽象数据进行表示，以增强认知。Eppler和Burkard认为，知识可视化是在科学计算可视化、数据可视化、信息可视化的基础上形成的新兴研究领域，是应用视觉表征手段，促进群体知识的传播和创新。一般来讲，知识可视化指可以用来构建、传达和表示复杂知识的图形、图像手段，除了传达事实信息外，知识可视化的目标还在于传输人类的知识，并帮助他人正确地重构、记忆和应用知识（赵慧臣，2010）。

（二）知识可视化的概念演变

知识可视化主要利用各种可视化工具，以图式、动画的形式表达出知识之间的关系，从而使得学习者在已有的知识结构上建构新的知识体系，实现有意义建构。

知识的外在呈现方式影响着知识内在内容的认知、理解和传播，并决定着知识内在内容的生存质量与发展方向。在知识的演化过程中，为促进知识传播和创新，人们已尝试将知识转化成可视化的图形。Eppler和Burkard认为，知识可视化视觉表征形式是各种图解手段。由此可以看出，知识可视化视觉表征就是指采用各种图解手段，促进复杂知识与见解传播和创新的一种方式。如可利用知识可视化图解形式，将多种中国传统文化思想以一种可视化的图解形式来传承和发展，从而能够促进传统文化中抽象思想内容的传递与创新。

（三）读图时代的“资源可视化”

德国著名心理学家艾宾浩斯通过研究发现，人的大脑对新事物的遗忘速度是有规律可循的，从而描绘出了遗忘曲线，如图3-1-1所示。日本著名右脑开发专家七田真经过研究发现，一般人的右脑记忆能力是左脑的100万倍以上，可见，多用右脑能够帮助人们提高记忆能力（饶红，2016）。

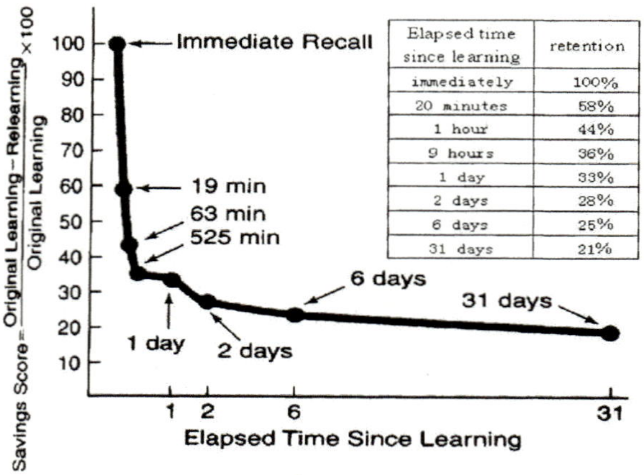

图3-1-1　艾宾浩斯遗忘曲线

美国心理生物学家斯佩里提出“左右脑分工理论”，指出人的左脑是“意识脑”，主要负责语言类信息处理，具有连续性的思维方式；右脑是“潜意识脑”，主要负责处理图像或声音等非语言类信息，具有无序性和跳跃性的思维方式。如果知识以可视化的图解方式呈现出来，左脑负责资料输入，右脑负责处理知识间的关系，左右脑相互合作，便可达到事半功倍的效果（饶红，2016）。

当前，我们处在一个被信息“定义”的时代，网络媒体与移动媒体走向了融合，“信息可视化”已成为信息传播与共享的新领域。与此同时，在大数据时代到来之际，人们追求的不是因果关系，而是相关关系，尤其是如何通过可视化使复杂的“信息体”内容更清楚有效，更有创意地传递、交流与分享。海德格尔在论及“世界的图像化”时指出，图像最典型的特征就是具有社会属性的“视觉性”，是解读看与被看的关系，是真实世界与意义世界人为图像之间的分辨与思考。联合国教科文组织提出：教育应该较少地致力于传递和储存知识，而应该更努力地寻求获取知识的方法（学会如何学习），将知识、信息可视化，能够让知识更好地被获取、讨论、评估与管理（倪志英，2003）。

资源可视化的主要手段是视觉表征，是将抽象化、概念化的东西以视觉化的方式再现和表述，表征方式主要有图像、图形、图表、视频、动画等，不仅表现知识点的内容，而且表现知识点之间的联系。知识可视化视觉表征，主要是通过绘制草图、知识图标、视觉隐喻等方式，传递制作者的见解、经验、态度、价值观、意见、期望与预测等，以帮助他人正确地重构、记忆和应用这些知识。张舒予教授等指出，知识视觉表征在目的上可以有效支撑知识可视化所导向的“知识创新”；在手段上可以支撑知识可视化“图解化”的表征手段；在功能上可以支撑知识可视化在“人与人之间的知识传递”（朱永海等，2013）。由此可见，图像是人们共享知识的一个不可或缺的内容，用“图解”的方式不仅让人能够更清晰地掌握知识，易于识记，更重要的是能够系统地、有条理地厘清知识间的关系。可视化的知识更容易形成“知识分享”，除了大家都能收看、拥有之外，更重要的是过滤与享受。“信息共享化”不仅存在可视化技术对信息进行的重新建构，更存在对所看到的图像知识进行自我过滤，不同的人从不同的视角与不同的文化背景中选择、加工与评论，进而通过微信、博客、QQ（空间）等途径享受和使用。

例如，易有三易，即简易、变易、不易。简易是指天地间的自然法则简朴平易；变易是指天地间的万事万物以及人事交替变化，永无休止，但是这种变化有规律可循，并非乱变；不易是指天地自然的万事万物以及人事虽然随时随地都在错综复杂、互为因果的变化之中，但所变化者是其现象。而能变化的，却本自不易，至为简易（南怀瑾，2016）。

图3-1-2所示为“易有三易”视觉表征，主要根据“易有三易”的内涵，利用“外圆内方”的思想进行创作的。“圆”代表变化，是策略，是方法；“方”表示不变，是原则。通过基本图形圆，按照一定的规律将其组合成复杂的图形，但是方形不做变化，蕴含了方法与策略可以有很多种，可以根据不同情况进行选择，但是遵循的基本原则不能改变。另外，这个复杂的图形是由最简单的图形“圆”和“方”按照一定规律组成的，因此将“简易”的思想包含在其中。

图3-1-2　“易有三易”视觉表征

二、知识表征的概念辨析

（一）知识的概念及分类

在古希腊语中，表示“知识”含义的词根是“gnosis”，与“gnosis”有关联的词是“recognize”。“recognize”是指利用心智去认知，即利用大脑来处理体验，并认识这种体验，将其储存于知识的王国中。在梵语中，用“veda”表示“知识”的含义，意思是：已经理解、明白，意味着一种真正的见解或观点（张新华等，2013）。

知识是一个具有多重本体和多种不同范畴属性的现象，受众多学科理论和规则指引，它是这些本体和属性在物理和精神两个世界之间以非线性的、跳跃的方式不断变换其轨迹而呈现的一种现象。知识的存在和过程发生在许多不同的层面——个体、组群和国家，彼此相互联系，却具有不同的含义、内容、效果和规律，在认知上具有不同的视点和意义，在实践上则有大不相同的指向和策略（张新华等，2013）。

知识的种类多种多样，目前尚无统一分类标准。一般而言，狭义的知识有四种分类方式（如图3-2-1所示）：根据反映深度划分，知识可分为感性知识和理性知识；根据抽象程度划分，知识可分为具体知识和抽象知识；根据应用的多变程度划分，知识可分为结构良好领域的知识和结构不良领域的知识；根据表述形式划分，知识可分为陈述性知识和程序性知识。

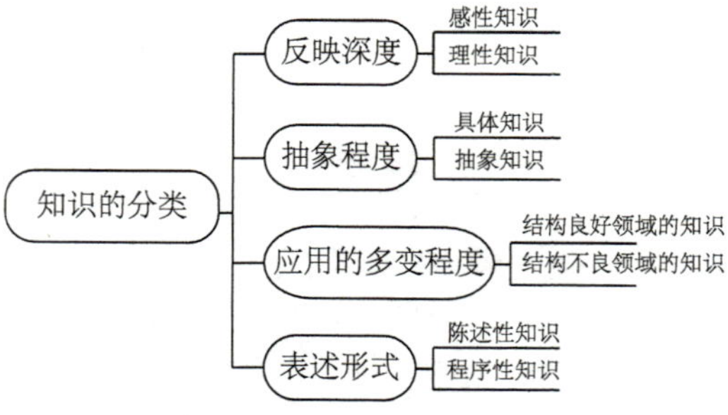

图3-2-1　知识的类型与特征

（二）表征、知识表征及分类

表征是心灵呈现客体知识的方式。心灵作为表征者，通过感觉、知觉、意象等把它之外的客体以命题、公式、图像等方式呈现于心中，然后以文字、符号形式表达出来形成知识。从本质上看，表征就是人类认识事物的一种方式（许利秀，2014）。

"表征"在辞海里的解释之一是"事物显露在外的征象"。基于不同的研究视角，"表征"的含义在不同的学科领域有着不同的解释，但归根到底，表征的意义都与符号学有关，但表征并不是对符号本身的研究，而是研究符号如何去表现意义的。因此，"知识表征"的概念就可以理解为是对知识这个符号的意义的描述，且这种表征的描述是在符号所具有的语义规则下所进行的。知识来自社会实践，是人类认识的成果或结晶。由于知识的含义太过广阔与复杂，不同领域的研究者对其有着不同的理解。所以，对知识表征意义的解释也因不同的学科领域而不同，每个学科领域对"知识"这个符号意义的表征都有各自的一套理论与方法。

认知心理学认为，知识表征就是人脑中对知识的编码与识别方式；人工智能则认为，知识表征是计算机中数据的存储形式和运算机制。如果把符号学中知识表征的含义应用在知识可视化领域中，能符合表征的真正目的，即知识表征是把知识的意义通过可视化的表现形式用外在符号（图解手段）表达出来，优化知识传递的方式，便于学习者对知识的认知与理解。

认知哲学家丹尼特指出，知识是通过文字、图像、符号和方程式等可感知的载体表征的，是心灵和世界相互作用的产物。在人工智能领域，表征是基础，知识表征是研究知识在计算机中如何存储的。可见认知哲学领域的知识表征和人工智能领域的知识表征既有区别，又有联系。认知哲学强调心智表征，而人工智能侧重技术表征，但在表征方式上它们又有一定的联系，即心灵的计算表征是将心智类比计算机。人类智能的基础是拥有知识，而知识是通过表征而存在于人脑中的。同样，计算机智能的前提也是将知识以合适的方式编码存储进计算机内部，故知识表征技术问题成为人工智能的核心，它既是认知计算模型的具体化，又是知识表征成功运用的典范。因此，知识表征问题成为认知哲学和人工智能专家所关注的共同焦点，只有两个学科有机结合，才能推动人机互动早日实现（许利秀，2014）。

信息时代不同类型的知识表征有不同特点和独特功能。知识表征的类型主要有：文本表征，线性组织的文字；超文本表征，非线性结构的信息；概念图表征，可视化的语义网络；多媒体表征：多重表征综合，如图3-2-2所示。

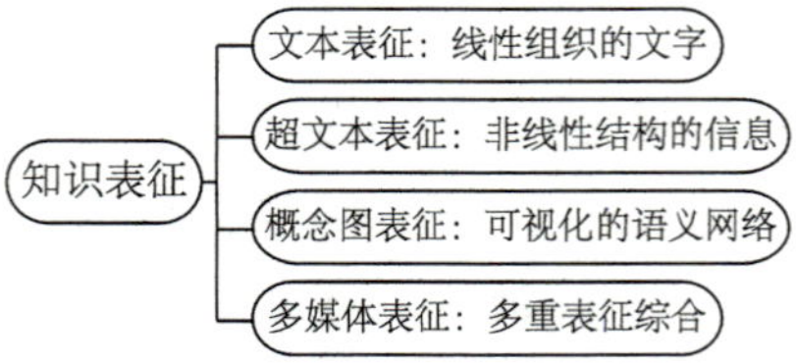

图3-2-2　知识表征的类型

三、知识地图与知识表征

知识地图是一种有效的知识管理工具，也是对知识本质的一种认识工具。

（一）从内涵到功能：认识知识地图

布鲁克斯最早提出知识地图的概念。他认为，知识地图主要是人类的客观知识，其拥有的知识结构可以绘制成以各个单元概念为节点的学科认识图（李亮，2005）。在集体知识管理中，知识地图是一种知识库管理系统技术与因特网技术相结合的新型知识管理技术。不同专家从不同角度提出知识地图的概念，虽表述各异，但概念之间总是存在一定的相似之处。如知识地图是一种知识管理工具，能帮助用户找到知识所在地；知识地图的作用在于帮助员工在短时间内找到所需的知识资源；知识地图采用一种智能化的向导代理，通过分析用户的行为模式，智能化地引导检索者找到目标信息等，可见，都存在一定的联系，即帮助用户找到信息（吴才唤，2012）。

1.知识地图的内涵演变

知识地图是一种工具，指向人、文献以及数据库等，指向知识但不包含知识本身，它是一个向导而不是一个知识的集合。从其他工具和数据库搜集知识，并将搜集到的知识作为起点，将个人和一些小团体的知识地图组合成一张完整的、大的知识地图从而形成一个编制知识地图的过程。可以通过调查人们的专业知识及其专业知识的来源来扩展知识地图，但所指引的专业知识往往并不能通过人们在组织中的职位和头衔来反映（吴才唤，2012）。

知识地图是对已经获取的知识以及知识间关系的可视化描述，它可以使不同背景的学习者在不同程度上学习知识，并同其他人进行交流（李艳红等，2015）。

目前对于知识地图，不同领域有不同的界定，总结起来主要有以下几点：知识指南与目录说、知识管理工具说、知识导航系统说、知识分布图说、知识关系说等（如图3-3-1所示）。

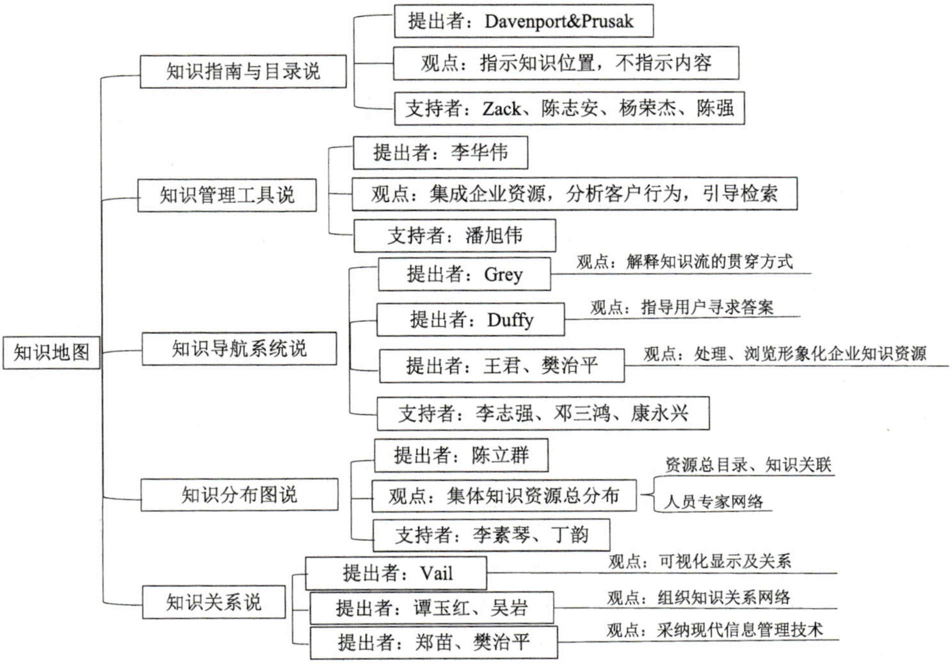

图3-3-1 知识地图的几种界定

“知识指南与目录说”认为，知识地图是一种针对知识的指南，显示可利用的资源，而非知识库的内容；“知识管理工具说”认为，知识地图是一种帮助用户找到知识的管理工具，采用一种智能化的向导代理，通过分析用户的行为模式，智能化地引导检索者找到目标信息；“知识导航系统说”认为，知识地图是隐性知识和显性知识的导航工具，解释知识流如何贯穿整个组织；“知识分布图说”认为，知识地图就是集体知识资源的总分布图，具体包括两部分内容：一是集体知识资源的总目录及各知识点间的关联，二是人员专家网络，即对集体员工的知识技能及相关领域专家的描述；“知识关系说”认为，知识地图可视化地显示获得的信息及其相互关系，它促使使用者在不同背景下的各个具体层面上进行有效的交流和知识学习（司莉等，2008）。

2. 知识地图是知识的向导但不包含知识

首先，知识地图最突出的一个特点是：知识地图是一个向导，不是一个知识的集合（李亮，2005）。对用户来说，大部分的信息是在知识地图指向的知识源中，而不是包含在知识地图本身中。这是知识地图与其他一些工具如CASE、数据库、群件和BPR等软件的一个区别。知识地图不是具体的知识，而是知识的来源。达文波特指出，一张知识地图，不管它是一张真正的地图、知识"黄页"还是结构巧妙的数据库，最终都是不包含知识的知识向导（李亮，2005）。

其次，知识地图的目标是知识源，这些知识源不仅可以是大脑中存储了丰富隐性知识的专家或其他员工，也可以是已经固化在一定载体上的各种形式的文献、数据库。知识地图不仅要揭示知识的存储地，也要揭示知识之间的关系。很多学者认为，知识地图在试图揭示知识之间的关系时，往往会发现以往所没有发现的新关系，从而产生新的知识。例如，Edmond等提到，建立知识地图是一个连接信息或者知识的过程，通常创建知识地图的过程也会产生附加的知识，这些新的知识通常来自发现以前的知识之间的新的联系。知识地图的最终目标是帮助集体员工实现知识共享。知识地图之所以要尽量完整地揭示集体的知识源，是要使使用者在需要知识时，不管这些知识是以显性的还是隐性的形式存在，都能够有效地找到它们。这样做的最终目的是使集体已有的知识能够被所需要的人找到，最大限度地发挥集体知识资本的作用，实现集体知识资源的充分共享（李亮，2005）。

知识地图具有导航性、认识性、分布性和联系性四个主要特点。导航型的知识地图为学习者浏览课程网站内部知识提供导航，展示所涉及的知识之间的连接关系，用于信息构建；认识型的知识地图揭示知识之间的内在联系，是以学习认知规律为基础；分布型的知识地图主要展示知识及其存放位置之间的分布关系；联系型的知识地图是基于学习者社会网络分析的知识地图、课程知识结构图等，利用课程知识之间的内在隐性联系展示课程知识（李艳红等，2015）。

3. 知识地图的功能

对于知识地图的功能，不同学者有不同的见解。Davenport和Prusak认为，其作用是告知机构内的人在何处可查询所需的知识；用作存货清单，表明有哪些知识及其存在位置——可以用作对知识储备库进行评估的工具，展示可以利用的实力及需要填补的空缺。周九常提出，知识地图有助于知识的重复利用，如高校内部非正式组织能有效促进学习（比如学术沙龙、兴趣小组等），有助于建立更为合理的高校知识基础。郑苗、樊治平指出，知识地图指向的可能是知识的位置，也可能是知识，这样就直接或间接地表示了知识以及组织的知识、知识载体、组织各部门或人员之间的相互关系；描述了组织的智力资本，有利于智力资本的培育和评估，使组织成员清楚地了解其角色和任务；用户在权限范围内可以访问和使用知识地图中的知识，对项目运作提供有效的指导，为组织员工提供实现目标的学习路径。康永兴认为，知识地图的作用体现为：搜索导航功能，协助组织进行智力资源的培育和评估，对新员工的培训，隐性知识的挖掘和利用及发现知识缺口。可见学界对知识地图在知识管理方面功能的看法较为一致，概括起来主要有：知识导航、揭示隐性知识、揭示知识间关系、知识共享等。

（二）知识地图的类型划分

划分依据不同导致分类关系复杂，每种标准下的分类都在一定程度上推动了知识地图的研究、应用和发展。特别是近几年，知识地图的指向从“显性知识”转向“隐性知识”，出现了“专家型隐性知识地图”“专家知识地图”“专家个人的知识地图”和“隐性知识地图”方面的探讨，这在一定程度上把知识地图的内涵引向深入，从而更加有的放矢（吴才唤，2012）。

从知识形态方面来分，知识地图分为显性知识地图和隐性知识地图。在知识创新循环过程中，可通过显性或者隐性知识地图找到解决问题的方法（答案），这些方法（答案）可以体现在文字、图表等显性知识形态中，也可以蕴涵在隐性知识主体——人的头脑中（如图3-3-2）。早期的知识图谱、概念图、主题图和基于流程的知识地图均属于显性知识地图的范畴，而目前某些专家库则是隐性知识地图的雏形，只有以此为基础，标明社会网络关系等信息，才是真正意义上的隐性知识地图。知识地图中包含叙述性知识和程序性知识，叙述性知识是静态的Know-what知识，程序性知识属于动态的Know-what知识，而隐性知识地图中有关程序性知识占有比较明显的比重。对于知识地图的分类架构关系，为了阐述更加直观、方便，详见图3-3-3（吴才唤，2012）。

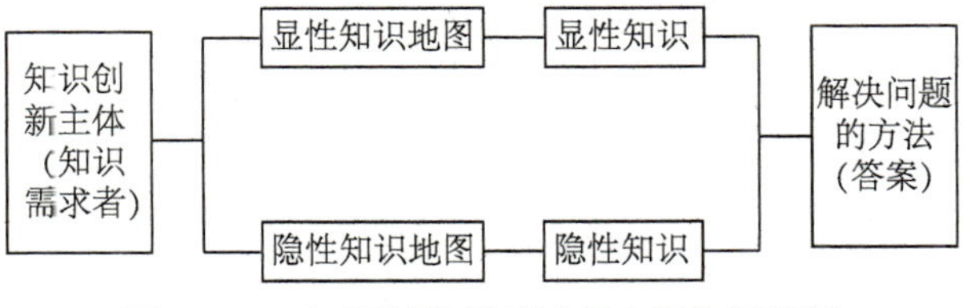

图3-3-2　知识创新循环过程中的知识地图

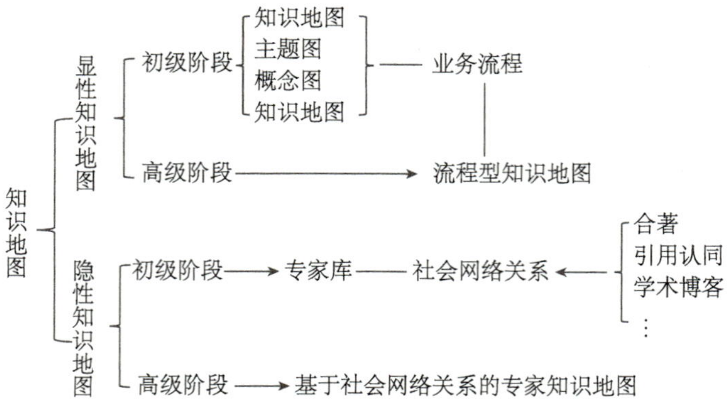

图3-3-3　知识地图的详细分类及发展趋势

1. 知识图谱体现知识之间关系的可视化结果

随着大数据时代的到来，知识呈指数型增长。比起知识获取，人们更加关注知识与知识之间的关系，知识可视化变得日益重要。知识图谱成为一种实现知识可视化的途径。

（1）知识图谱的概念。

科学知识图谱是显示科学知识的发展进程与结构关系的一种图形，它可以用可视化技术描述人类拥有的知识，绘制、挖掘、分析和显示科学技术知识以及知识之间的相互联系。

科学知识图谱属于科学计量学研究的范畴，主要用于以下几方面：分析学科进展及发展趋势；分析学科核心作者群；分析学科核心期刊群体的结构；分析研究前沿、时空分布特征、主要热点领域、动态和发展趋势；分析论文产出的科学家、期刊、主要领域、国家和机构。此外，它还可作为制定科学决策的依据；确定研究的方法和应用领域；考察特定领域内科学研究主题的变迁；分析相关文献所代表的特定领域内的研究主题、主题的层级和关系以及由研究主题所映射的具体研究方向之间的关系；揭示研究主题接近所属领域热点问题的程度；预测特定领域的知识发展趋势等。

知识图谱最早在管理学领域出现，后来向信息科技领域、图书情报领域及其他学科领域发展，如在图书情报界知识图谱又名知识域可视化。陈悦和刘则渊认为，知识图谱是显示科学知识的发展进程与结构关系的一种图形，将知识域可视化最终呈现的图形称为"知识图谱"，并将知识图谱定义为可视化地描述人类拥有的知识资源以及知识资源的载体，绘制、分析、挖掘科学技术知识以及显示它们之间的相互联系，通过组织内创造知识共享的环境，进而促进科学技术研究的合作和深入。简言之，知识图谱是对科学技术知识进行可视化后呈现的结果，标志着一系列可视化分析方法与工具的应用（郭颖涛，2014）。

知识图谱在学术领域基础理论、模式方法、技术等方面得到快速发展，已形成相对完整的知识体系。然而，作为全球范围多学科共同研究的领域，其在许多方面仍存在差异。在研究体系初步形成时期，对知识体系的构建尤为必要的是适时梳理研究现状。

（2）知识图谱的绘制方式。

知识图谱主要通过共被引分析、社会网络分析、多元统计分析和信息可视化技术，对海量的科技文献信息进行搜索与处理研究，将学科领域的结构特征、前沿方向、发展态势用知识图谱直观形象地展示出来。知识图谱绘制的基本方法如图3-3-4所示。

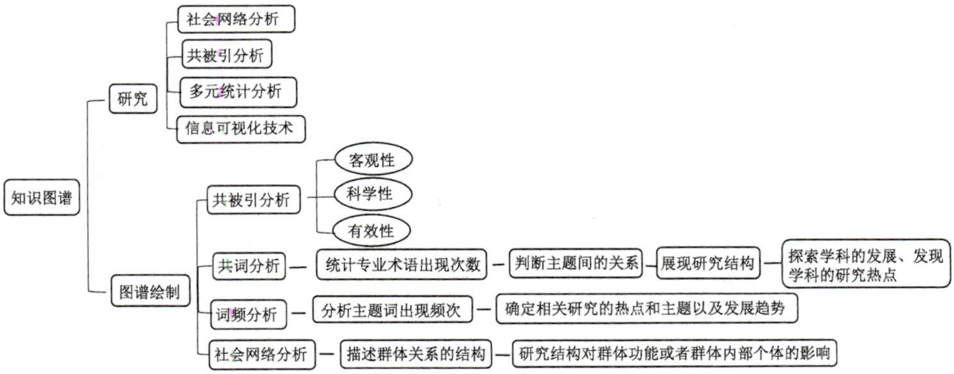

图3-3-4 知识图谱的绘制

共被引分析：著名科学计量学家斯莫尔于1973年提出了论文“共被引”的概念和共被引分析的方法。当两篇文献出现在第三篇文献的参考文献目录中时，这两篇文献构成共被引关系，而这两篇文献一起被引用的频次称为共被引频次。共被引频次越高，说明这两篇文献的研究领域、研究方法等方面的契合度就越高，关系越紧密。同理，把期刊、作者作为共被引分析的对象，就形成了相应的期刊共被引分析和作者共被引分析。期刊共被引分析能够显示学科期刊之间的相互关系及结构特征，同时可以判断期刊的专业范畴进而确定学科的核心期刊。作者共被引分析可以揭示学科专业人员之间的联系和结构特点，以及其从事的学科专业之间的关系和变化趋势。在区别学者个人归纳、访谈调查等主观分类方法中，共被引分析的最大优势在于它的客观性、数据的有效性和分类原则的科学性（郭颖涛，2014）。

共词分析：共词分析是对某一学科领域的专业术语共同出现在同一篇文

献或论文中次数的统计，以此来判断学科领域中主题间的关系、该学科的研究结构、学科的发展和研究热点等，是内容分析法的一种。共词分析法的原理是：利用文献集合中的词汇对，确定该文献集合所代表学科中各主题之间的关系，词汇对在同一篇文献中出现的次数越多，则代表这两个主题间的关系越紧密。通过统计一组文献的主题词两两之间在同一篇文献中出现的频率，便可形成一个由这些词对组成的共词网络，网络内节点之间的远近反映主题内容的亲疏关系（郭颖涛，2014）。

词频分析：词频分析是通过对文献核心内容的关键词或主题词在某一研究领域文献中出现的频次分析，来确定该领域研究热点和发展动向的文献计量学方法。

社会网络分析：社会网络分析是指聚焦社会个体成员之间因为互动而形成的相对稳定的关系，并建立这些关系的模型，力图描述群体关系的结构，研究这种结构对群体功能或者群体内部个体的影响。情报学家通过互联网对出版物研究、引证和被引网络合作关系以及其他社会相互作用，构成无标度的社会网络。通过社会网络分析中的有关概念可以找寻具有重要地位的作品、作者和关键词。近年来利用社会网络分析方法，国内情报学者在知识管理、竞争情报、链接分析、论文合著等方面开展了一系列研究，证明社会网络分析方法可以成功地研究科学合作网络和互联网中的可视化网络（郭颖涛，2014）。

2. 主题图：组织信息与提供导航

主题图是将多种技术相互融合而得出的一种新兴的技术，它是一种智能化的知识索引方式、一种数字化的知识组织方式、一种复杂的元数据表达方式、一种模型化的导航技术、一种灵活的资源链接技术，并且引起了大量国内外学者的关注和思考。分析国内外与主题图相关的文献后发现，他们的研究主要包括数据库的建构、知识构建、知识导航、信息分类与检索、信息集成、学科管理、互联网、语义网等方面（韩永青等，2008）。

主题图主要包括主题图原理介绍、主题图合并算法、主题图合法性验证等几方面的内容。主题图的应用主要集中在数据库的建构、知识构建、知识导航、信息分类与检索、信息集成、学科管理等方面。从研究方法来看，首先要建立模型，用严谨的语言概括主题图技术，了解主题图相关的应用方法，建立主题图模型框架；其次是进行实验研究，确定某一个领域的某个知识点，建立领域本体，用主题图标记，借助国外相关的软件实现主题图的实验研究。

主题图主要用来组织信息，并为信息提供导航。主题图的作用就像书本的目录一样，读者浏览过目录后就可以快速地找到自己想要的信息。由于对不同的索引需要进行合并，由此出现了主题图，后来经过不断的改进和演变，而成为一种电子式导航工具，并逐渐形成了独具特色的理论框架体系，主要包括：一个模型、两个层次、三个概念。这里的“两个层次”是指知识层和信息层，知识层是由主题和关联组成，主题指的就是主要内容，而关联指的是主题之间的语义关系。例如，“罗贯中”“三国演义”“山西太原”代表不同的主题，“创作”“出生于”代表这些主题之间的语义关系，即关联：罗贯中出生于山西太原，他创作了《三国演义》。而信息层通常包括数字资源、文本、视频、音频等。因此，知识层和信息层就构成了主题图的层次模型，如图3-3-5所示（赵宁，2013）。

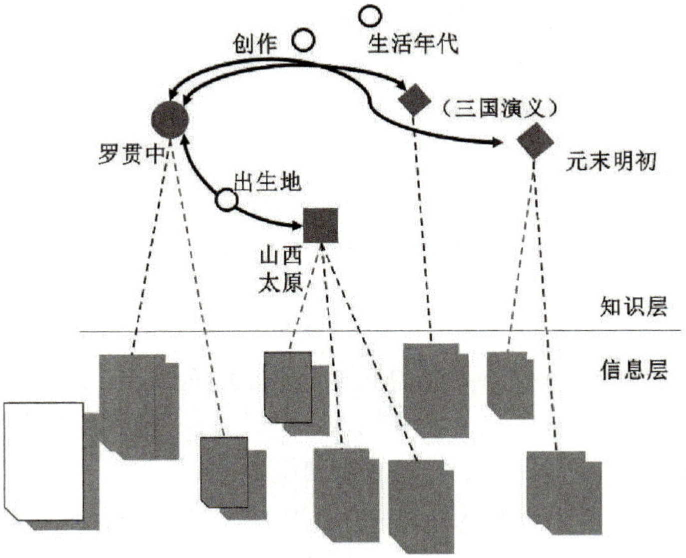

图3-3-5 主题图的层次模型

主题图主要由主题、关联、资源出处等要素构成，而主题、关联、资源出处则是主题图的三个核心要素，如图3-3-6所示。主题图技术通过三要素来组织信息资源并建立索引，精准描述主题之间的关系，建立起语义网，然后在语义网中快速定位需要的资源（赵宁，2013）。

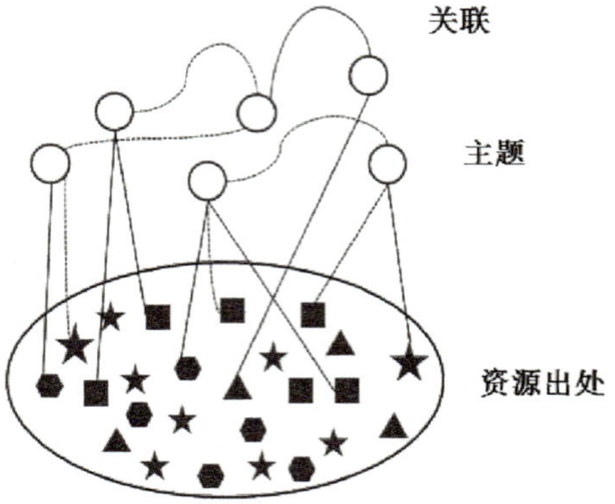

图3-3-6　主题图的基本要素

在主题图中用来表示知识的单元称为主题。不论是抽象事物还是具体事物都可以用主题进行描述，只要它本身是有意义的，如信息熵、信息量、熵模型、最大熵等都可以称为主题，如图3-3-7所示，图形框代表"教学信息处理"课程教学资源主题图，而三角形代表该主题图中的主题。

图3-3-7　主题图中的主题

关联是指主题之间语义关系的链接属性。关联关系可以是一对一、一对多和多对多等三种表现形式，关联是没有方向性的。例如，"罗贯中"和"三国演义"之间的关联关系是指"罗贯中创作了《三国演义》"，而"罗贯中"和"山西太原"之间的关联关系是"罗贯中出生于山西太原"。对于相同的主题，它们的关联关系可以不相同，如山西和太原的关系、城市与省会的关系。关联包含关联成员、关联类型、关联角色等内容。关联成员是关联中的每个主题，而关联类型是指主题相互之间的关系性质，它把具有相同关系的主题合并成一种类型，以便加强主题图的描述力度（赵宁，2013）。

3.概念图表征概念之间的意义关系

概念图又可称为概念构图或概念地图。概念构图注重概念图制作的具体过程，而概念地图则注重概念图制作的最终结果。概念图一般是将某一主题的相关概念置于方框或圆圈当中，再用线条将相关的概念和命题连接起来，最后标明两个概念之间的关系，即概念图是用来组织和表征知识的工具（袁维新，2004）。

最初概念图是用来解释临床访谈数据的，后来作为一种展示知识的工具，是一个由节点、连线和连接词等三个基本要素构成的语言骨架（王璐，2016）。

节点在方框或圆圈中，一般表示事物、事件、情感、感觉、词汇、短语等，实际上代表了一种概念，而概念就是同类事件的共同属性。概念是人们通过实践，从对象中的许多属性中，抽出其特有属性概括而成的，在某种程度上它能反映人的思维方式，是人们对事物本质的认知和提取，也是逻辑思维的最基本的表示形式和单元。概念的形成和发展是科学认识最基本的成果，概念的最基本特性是主观性和客观性、特殊性和普遍性、抽象性和具体性，这些特性辩证统一。学生能够在学习的内容中提取出重要概念，并通过概念图挖掘事物的本质属性，发现概念之间的内在关联。

“连线”是指概念之间具有关联关系，连线上一般是有箭头的，箭头用来指示关系之间的方向，如果没有标明箭头，就默认方向是向下的。两个节点之间的连线上的词，就是连接词，它代表了概念之间的关联，表示了概念之间的意义。

两个节点和它们之间的关系就会构成一个命题，例如，在“雪”和“白色”节点之间加上“是”这个字，表述了“雪是白色的”这个命题。实际上概念图是由各种各样的命题组成的，每一个命题的出现就是对事物的理解，然后通过外显的形式被外界审视。学生用节点、连线、连接词这三者之间的顺序关系，构成不同的命题，以对任意观点或现象进行个性化的定义，所以概念图能够将学习者对某一事物的理解通过外显的形式表示出来。图 3–3–8 就能表示出概念图的结构。

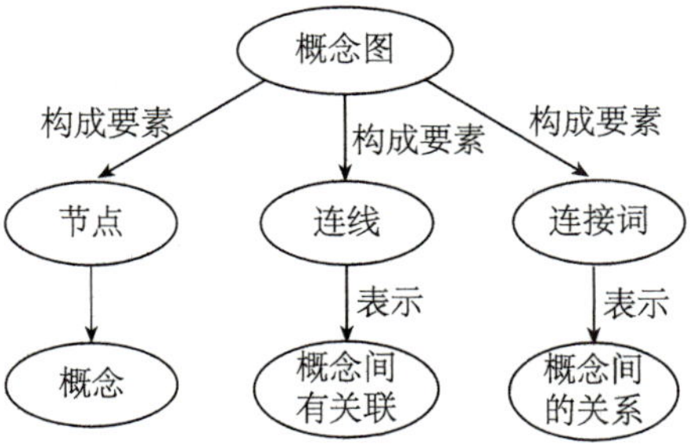

图 3–3–8　概念图的结构

概念图的结构类型是由节点的排列顺序及其连线箭头的方向所决定的，但究其根本，学生头脑中的信息组织方式就是节点的排列顺序和箭头的方向。诺瓦克创立了一种层级结构概念图，他认为处于顶端的概念具有最强的概括性，上一层级能够包含下一层级的概念，层级越下概括性越低。后来有人对诺瓦克的等级结构提出了质疑，他们认为不是所有的知识都具有层级结构，而概念的结构却是根据知识的结构进行构造的。认知心理学更加支持概念图具有不同的结构，认为概念图就是人脑中的认知结构，由此可以看出概念图就是人脑的一种认知规律，其结构的类型应该是丰富多彩的。概念图的结构类型可以分为线性结构、平行结构、层级结构、系统结构等，如图3-3-9所示（王璐，2016）。

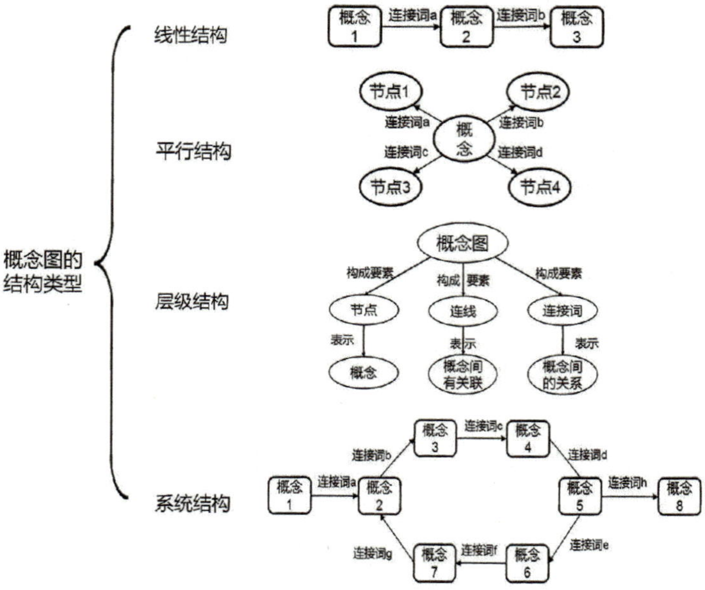

图3-3-9　概念图的四种结构类型

四、思维导图与学习

（一）思维导图：发散中建构逻辑思维

英国学者托尼·巴赞在学习碰到障碍和记忆力受到挑战的时候创造了思维导图，主要是为了提高记忆力、简化笔记方式和改善学习现状（郭艳霞，2011）。

1.思维导图是什么

思维导图是托尼·巴赞为了记笔记而创造出来的方法，它是一种思维工具或思考方式。他认为，思维导图是对发散性思维的表达，也是人类思维最自然的自然功能，是一种通过绘图进行思维发散的工具，是打开大脑无限潜能的万能钥匙，可以应用在生活的方方面面，脉络清晰的思维方式可以改善人的行为表现。

思维导图是一种能使大脑产生发散性思维的方法，其实就是模仿脑神经的网状结构，通过图示展现认知结构和人脑思维图谱，故也可把它称为“脑图”“心智图”或“心灵图”。思维导图与大脑神经网络相比，它们不仅“形似”，而且“神似”，更有一种异曲同工之妙。

思维导图的结构是发散性的。学习的主题在最中心的位置，与主题相关的主干内容作为分支向周围发散，分支由关键词或关键图形构成，各个分支之间会形成连接的节点。另外，不同的内容和分支类别可以用不同的颜色来填充，以便于区分。思维导图通过颜色、图像和符码的使用，能够充分发挥右脑的跳跃性思维能力、形象思维能力、创新性思维能力和高速处理信息能力等，可把它称为“潜能爆发区”和“创造力爆发区”。思维导图充分利用了“左脑+右脑”的“全脑”一起思考的模式，能够最大限度地激发大脑潜能，使大脑得到均衡、协调、全面的发展。思维导图是一种思维工具。思维工具是为了方便学习者而提出来的一种工具、一种学习环境。思维导图展示出一个思维过程，学习者利用思维导图厘清自己学习的思路，并可供自己或他人回顾整个思维过程。同时，思维导图是一种表征知识的工具、一种智能伙伴，会让学习者变得更有逻辑。学习者可以通过思维导图将抽象的事物具体化，提高思维的创新能力和发散能力。

思维导图是一种知识可视化工具。“可视化”指的是将抽象的事物变成具体的事物，能够直观形象地表现出来，从而达到理解知识的目的。知识可视化是指用视觉的表征手段将知识进行形象化和具体化，从而促进知识的创新和传播。它的实质是用图解的方式把知识表达出来，让人的感官能够直接感触。可视化工具可以使抽象问题形象化和具体化，便于学生理解知识概念，这是静态的文字无法达到的。思维导图可以用丰富的图形图像、多种符号线条、各种各样的色彩以及变换的维度等进行构图，将文字材料图式化，将隐性知识显性化，将抽象信息具体化。总而言之，思维导图就是用画图的方式画出自己的思维模式，能够呈现出可视化的知识。对于大多数学习者而言，眼睛看到的才是最真实的，通过视觉的体验才能进入记忆系统。所以说，一幅图片的价值远胜于千言万语（郭艳霞，2011）。

思维导图是使放射性思考更加具体化的一种方法。任意一种进入大脑的信息，无论是记忆的、幻想的、感觉的信息，还是文字、符号、数字、线条、图片、颜色等任何一种可呈现的信息，甚至是香气、节奏、意象等需间接呈现的信息，都会成为一个思考点，然后由这个"种子"不断向四周扩散，形成千千万万的分支，每个分支都是这个主题延伸的产物，代表着与思考点的一层层联系，而分支后的每个连接点又可以构成子思考点，再向外发散出成千上万的分支……直到最终完成目标。思维导图就是依据这种思考而绘制成的，它是放射性思考的具体表现。思维导图的中心主题就是这个"种子"，而后繁殖出茂盛的可见的枝枝叶叶。按照思考的类别看，这是一种将垂直思考与水平思考相结合的思考方式。

思维导图是一种图文并茂的笔记方法。创造思维导图最初的目的就是为了使笔记更加有效率。因为传统笔记不能有效刺激大脑，容易埋没关键词，浪费时间不便于记忆，所以有必要创造一种更加有效的笔记方法，促进学生有效学习。思维导图利用关键字、符号、数字、线条、图片、颜色等要素把作者的构思思路与演讲者的思维过程以及学习者的学习过程用图画的方式表示出来。通过这种思维方式的构图对知识内容进行概括整理，不仅能够加深对信息的理解和记忆，还能利用图中的关键词和图片等要素进行知识的发散，加强联想，丰富知识的框架。用这种方式累积的知识会更具有创新性和灵活性，相比传统笔记在需引用相关知识时要自己重新组织语言逻辑而言，这种笔记方法更能体现自己的观点和想法。这样一来，别人的知识内涵才能真正地成为自己的东西。

总之，思维导图符合人的抽象思维和形象思维特点。人类的思维可分为形象思维与抽象思维，它们是一对形象与抽象的矛盾统一体。形象思维是一种最基本的思维，研究表明，人主要是靠形象思维来记忆的。在人类没有文字的时候，主要靠图画传递信息，后来人类的文字也是靠模仿实物而来的。因此，从某种意义上说，形象思维是不可缺少的，或许比抽象思维更重要。抽象思维又分为创新思维与逻辑思维，它们属于对立关系。有逻辑思维的人，会把东西分类并摆放整齐，但是有时也会因为一些原因而找不到所需的东西；而有创新思维的人，可能会把所有的东西杂乱无章地随意堆积，但他们仍然可以很快地找到自己想要的东西。思维导图就是以生动形象的风格吸引人的注意力，从而突出重点和发散思维，还能激发个人创造力的一种发散工具。观察一幅思维导图，首先要把视角放在中心主题上，无限的放射性思考就是水平思考的表现，然后再按照子主题依次延伸下去，而无限延伸的思考则是垂直思考的表现，如图3-4-1所示。

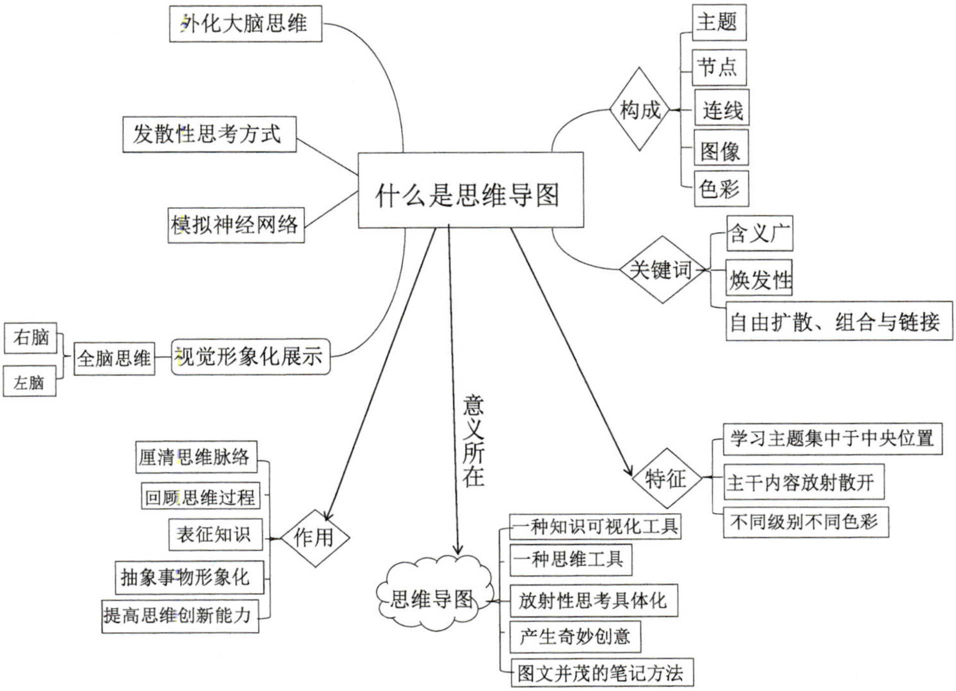

图3-4-1　思维导图概念结构图

2. 思维导图的框架结构

思维导图是由中心主题和层级结构构成的。不同类别的思维导图，其主题内容、节点数量、子主题排列方式以及颜色的填充和线条样式都是不同的，但是中心节点只有一个。思维导图的中心主题与子主题的关系，可以分成两种：从属关系和并列关系。同一级各主题之间的关系是并列、同级的，都是对中心主题的补充和完善（董博清，2013）。

思维导图能够呈现人的思维过程，它强调思维发展的多向性、跳跃性和综合性。由于人的思维可以从任一点跳跃到其他任一点上，而且人们很少能够有规律地从一个知识点过渡到下一个知识点，故要想思维能够整合起来就要思考中心问题，而问题决定思维的目的，目的控制着思维的过程。不同的思维导图就是围绕着不同的中心问题而展开的不同的思维过程（约翰·杜威，2010），因此，思维导图会有各种各样的结构类型，分为发散型、分支型、循环型以及网状型四种类型，具体如图3-4-2所示。

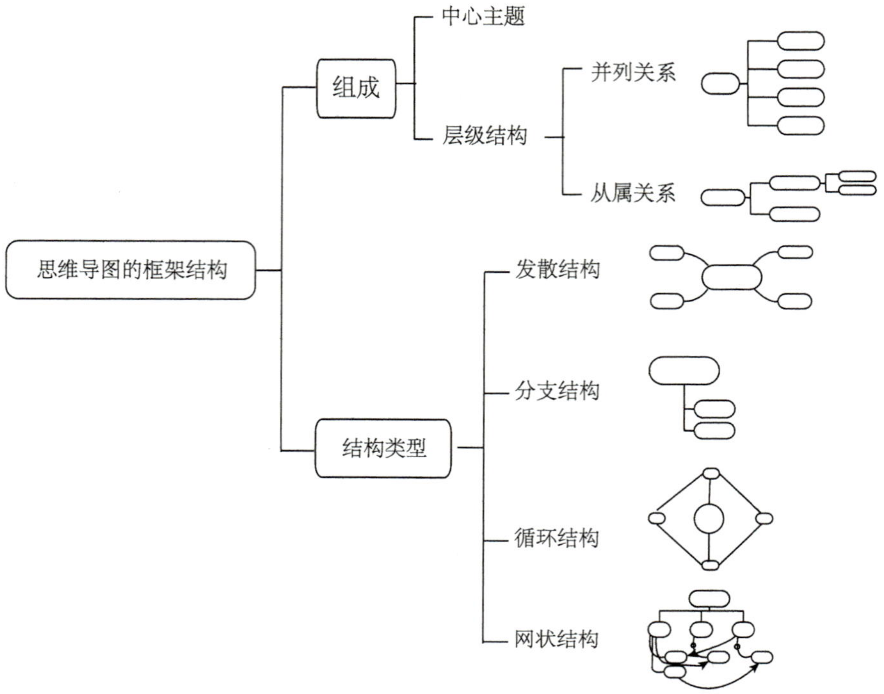

图3-4-2　思维导图的框架结构

（二）基础理论构建思维导图

1.多元智力理论是思维导图的多元体现

20世纪70年代，美国著名心理学家霍华德·加德纳意识到多种智力的存在，最先研究并提出了一种新的智力模式——多元智力模式。多元智力与大脑的工作方式和大脑皮层的能力类似，可以培养和锻炼，因此每种智力都可以发展到一个更高的水平。这些智力包括："数字能力"，即摆弄无限数字世界的能力以及逻辑思维能力；"词汇能力"，即摆弄字词无限组合的语言能力；"空间想象能力"，即协调三维空间内物体的能力；自意识及其爱自己的能力；在大小集体中培养集体意识及建立持久关系的能力；保持身体的"卫生健康"，以及肌肉的力量、肢体的灵活性和心血管健康的能力；发挥各种感官的终极能力和潜力；调动左右脑思考的能力，以及思考得灵活、迅速、有关联、丰富、新颖和富有想象力；热爱其他生物和适应环境，以及具备善良、理解、顾全大局、积极、慷慨的能力。

霍华德·加德纳研究的多元智力理论与东尼·博赞发明的思维导图中蕴含的多元思维内涵相吻合。多元智力理论强调，思维对于每一种智力而言都是一个不可或缺的核心因素，即使是身体动觉智力的发展，也必须以思维的发展为前提和核心（吴志宏等，2003），正如思维导图对多元智力的多元诠释是强调大脑左右脑功能协调发展，并使用全脑思维。除此之外，多元智力观强调教学要能针对学生个体差异，选用适合不同学生个体的教学方法和学习策略，充分开发和发展不同学生的思维优势。

多元智力理论与思维导图的发展相得益彰。大脑思维的表达反映了思维导图具有灵活的构图结构和多变的思维形式的特点，因此思维导图可以给学生自主判断、选择、调节和控制的机会和自由，可以满足不同学生学习和进展的需要，能充分发挥学生的个性优势，促进学生不同思维优势的激发和发展。

2.知识可视化理论为思维导图提供视角

知识可视化在知识管理的应用领域主要解决三个突出的知识相关问题：一是知识传递问题，即如何通过知识可视化解决知识传递不均衡这个问题；二是知识变革问题，可视化为创造新知识提供了巨大的潜力从而能使知识发生变革；三是知识过载问题，应用知识可视化能够有效地应对。除了传达事实信息之外，知识可视化的目标在于传输见解、经验、态度、价值观、期望、观点、意见和预测等，因此可以帮助他人正确地重构、记忆和应用这些知识（赵国庆，2009）。

乔纳森等人认为，思维导图是一种能有效表达发散性思维并用于知识可视化的重要认知工具，因此侧重于用可视化的方法促进认知。思维导图将图形和文字结合，把图像、颜色等与核心关键词建立连接，用相互关联的层级图展现各级主题的关系，充分发挥左右脑的机能，利用人类记忆、阅读、联想的规律，帮助人们在科学与艺术、逻辑与想象之间平衡发展，从而开发出大脑的无限潜能。创作思维导图不仅能够促使学习者理解和掌握图形的意义，有助于形成知识迁移的意识和增强知识创新的兴趣，还可以引导学习者对概念和观点深入理解和正确评价，并建立起与先前知识的联系，促进顿悟。由此可以得出，作为一种知识可视化工具的思维导图具有知识可视化的功能，其实质和价值与知识可视化一致，如图3-4-3所示（董博清，2013）。

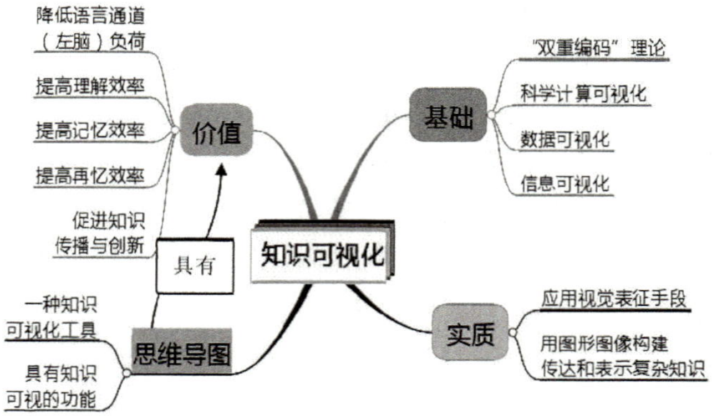

图3-4-3　思维导图与知识可视化的关系

新兴的知识可视化理论使思维导图的研究得到快速发展，为思维导图的可视化功能和应用提供了理论基础支撑，也为基于思维导图的教学应用提供了广泛的基础。它不仅能够直观地呈现教学内容，帮助学生厘清系统化相关知识的逻辑顺序，还可以作为一种有效的问题解决手段帮助学生思考、便于学生理解、易于教师讲授、方便师生沟通，从而提高教学效果。随着信息技术的发展，研究和应用知识可视化的重要性日渐凸显，思维导图的研究内容和研究视角也逐渐深化（董博清，2013）。

3. 格式塔理论使思维导图趋于完整

格式塔心理学是西方现代心理学的主要流派之一，"格式塔"源于德文"整体"的译音，因此格式塔心理学也被称为完形心理学，完形即整体的意思。格式塔心理学主要探究的是人们对整体与部分之间关系的理解。该理论认为在很好地理解整体知识之前，应该先恰当地认识其组成部分，这样不仅有助于弄清各部分之间的联系，还有助于促进对整体知识的理解。而在解决问题的时候，则可以从整体考虑各个部分及它们之间的联系，然后再逐步分析各部分（杜学允，2013）。

德国心理学家韦特海默是格式塔理论的创始人之一，还是现代心理学史上第一个研究创新思维系统的专家。他首先提出了"创新思维"的概念，并认为创新思维过程既不是按照形式逻辑逐步操作，也不是根据联想主义盲目联结，而是符合格式塔的"结构说"理论（杜学允，2013）。

大脑倾向于寻找模式及完整。例如，大多数人在读"1，2，3……"时会努力压抑加上"4"的冲动，这种需要通过词汇和意向来填充空白以寻求完整的固有倾向也称作格式塔。而思维导图可以从任何一个主题关键词出发，产

4.图式理论促进隐性图式建构

图式理论是由心理学家皮亚杰提出的，所谓图式是指知识的表征及存储方式，也就是在学习过程中大脑不断积累起来的知识和经验的结构。随着学习及经验不断增加，大脑中积累的图式种类也越来越多，当大脑将外界获取的新知识与头脑中已经存在的图式联系时，人的认知过程就发生了。由于人类的脑容量是有限的，因此当知识从外界获取后并不是随意地存放，而是按时间顺序、空间顺序、围绕主题等有逻辑的结构形式组合排列在一起的。比如，在阅读理解文章时大脑会根据文章的类型进行区分，把关于记叙文、说明文、议论文等同一类文章的相关知识以组的形式储存在人脑中，所以在解题时，就能够从头脑中调用相应的阅读策略图式结构以灵活应对不同文章中的不同题型，而且在解题过程中大脑里的图式结构会不断丰富。由此可以知道，图式其实是对不同知识的认知模式，而且图式中描述的文字内容通常是已经被高度概括过的表达了事物核心特征的知识。

思维导图作为一种知识可视化工具符合图式理论的规律，因此也能作为图式的一种呈现方式展现知识或思维过程，通过与大脑存储的特点相匹配来促进隐性图式建构，降低认知负荷，从而加强学习者对知识整体结构的理解，实现有意义学习。

（三）思维导图与阅读

记忆对于整个人类而言意义非凡。辞海中对“记忆”的解释为：人脑对经验过的事物识记、保持、再现的过程。对于个体而言，记忆把人的心理活动的过去和现在联结在一起，是人们学习、工作和生活的基本机能，如果没有记忆个体就无法学习，也就只能由本能来控制行为。甚至可以说，没有记忆，人就不能认识到自己，也就意味着人类不再存在。而对于整个人类社会而言，记忆的存在同样意义重大，因为它还意味着知识的传承与人类历史的留存，正因为有记忆和学习，才有现在的人类文明（邵鹏，2014）。

近些年来，在图书市场上出现了一道特别的图书文化景观，图文书的种类变得越来越繁多，形形色色的图文书在一定程度上极大丰富了读者的视野。从某种意义上来说，图是一种全世界通用的语言，因其具有客观性、直观性、写实性等特点，还可以启发人的联想、想象，达到与心灵沟通的程度。图的使用能让我们更快速、更容易地获取和理解信息，但同时也有许多学者认为图的作用有消极的一面，它会阻碍人们对本真世界的深度认知，因此对读书还是读图的争论一直没有停止过。针对这一问题，可以借助图文结合的方式，把思维导图的模式引入阅读中，这样既可以避免在阅读时因信息的繁杂无序而给读者造成认知负荷的缺陷，还能激发人们的阅读兴趣，启发人们思考，让读者在阅读时感觉轻松，养成良好的阅读习惯，从而推动社会阅读的发展（王翠萍等，2011）。

思维导图可使读者对作者的思路了解得更清晰、直观。在阅读活动中，作者和读者可以根据自己的角色和定位创建不同功能的思维导图。作者在创作时，可以先将自己的整体思路及构想以思维导图的方式展现出来，使自己的思想可视化，便于随时调整自己的思路，使之更加完善。作者在完成思维导图后，也可将其附在作品中，成为作品内容的一部分，便于读者快速理解全文，激发读者的想象力。同时，读者在阅读作品时，既可以按照作者的写作思路勾画出思维导图，也可以根据自己的想法对其改善，描绘出自己的思维导图，并通过看自己创造出的思维导图回忆出文章的整体框架结构和重点内容，使思维能被快速激活以激发自己的创作灵感，从而创造出更有新意的作品（王翠萍等，2011）。

思维导图可扩大读者的年龄范围。思维导图本身具有简洁、直观、自然且容易被大脑理解的特点，容易引起读者的兴趣及想象。

思维导图可以促进全民阅读目标的实现。阅读的目的不仅是通过"看"和"读"汲取知识，更重要的是为了引发思考并将所看所读应用于未来的生活实践中。如果每一个社会个体都能养成阅读的习惯，那么这些行为集中起来最终所表现的社会阅读目的就是创造出更多的社会价值。思维导图的应用软件具备的特点和大脑思维结构的特点完全一致，思维像一棵枝繁叶茂的大树，中心概念就是不断生长的树根，向四周扩散出无数个分支，每个分支的思维又会引出更多的分支直到无穷。在这个过程中，内隐知识通过图的形式转化为外显的知识，从而更容易传递、分享与发现新的观点，创造出更多的社会价值。

思维导图有助于减少阅读时间。在阅读一篇文献时，经常是看了一半甚至是看完之后才发现其中的内容并不是需要的，不仅浪费大量时间，还降低学习的效率。而思维导图可以把文献的主题框架及作者的重要观点清晰地表达出来，使读者在阅读文本内容之前只要看一下思维导图就能决定阅读方式，若是需要的内容就细读，不太需要的就泛读或不读，当然还可以只阅读文章的重点段落，这样极大地节省了读者的时间，提高了读者阅读的效率（王翠萍等，2011）。

思维导图是一种阅读引导。从某种意义上说，思维导图也是联系读者与文献的桥梁和中介，因为它能清楚地把文献的整体结构展示出来，通过思维导图的引导，读者既可以快速地了解到文献中哪些是自己需要的部分，还可以延伸自己的思维，把隐性知识表达出来（王翠萍等，2011）。

在快速阅读中，有逻辑的整理思维是一个重要的技能，因为它直接影响到大视野阅读（面式阅读）的理解效果。在眼睛和大脑直映的速读法中，可以非常快捷地直接从文字获取意义，假如能做到快捷地融会贯通和逻辑整理的话，哪怕再有难度的书阅读起来也不怕了（欧派学院，2017）。

绘制思维导图是一种高效的整理笔记的方法，它能直观形象地反映文章的脉络。巴赞的有机学习技巧就具有这样的能力。有机学习技巧包含两大策略，即准备与应用，如图3-4-4所示。

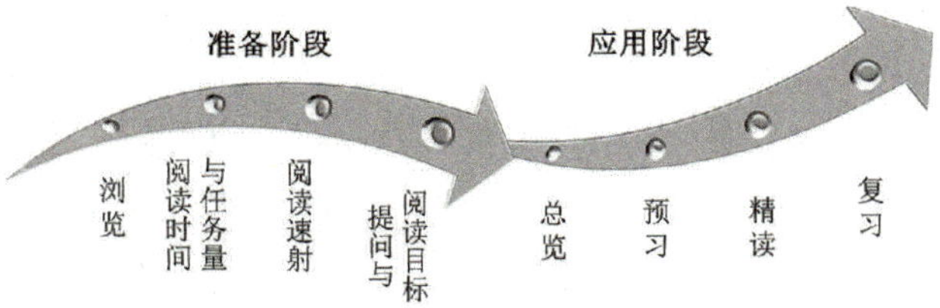

图3-4-4　巴赞的有机学习技巧

快速阅读就是用比平常人快几倍、十几倍、几十倍甚至上百倍的速度进行阅读，用一个成语形容就是“一目十行”。它与传统的慢读需要按照字、词、句来逐字逐句斟酌、细嚼慢咽不同，快速阅读能迅速地从文字材料中获取感兴趣的、对自己有用的信息。这种方法不仅阅读速度快而且捕捉信息的效率高，能在较短时间内获得较多的有用信息。

快速阅读的重点在于要尽可能地加快阅读速度，但绝不只是粗略地浏览或不求甚解地走马观花。换句话说，快速阅读要求的不仅是阅读速度快，而且要求理解程度高、记忆效果好，这样才能在尽可能少的时间内获得尽可能多的有用信息。因此，快速阅读是在精力高度集中的状态下，最大限度地获取有价值信息的一种积极主动的、创造性的理解记忆过程。快速阅读的真正意义不在于阅读的速度有多快，而在于在快速阅读过程中达到快速理解和快速记忆的效果。换句话说就是快速阅读者能在快速阅读的同时还能理解所阅读的内容，并且较为牢固地记住所看到的内容，包括重要细节，即所谓“一目十行，触目即懂，过目不忘”。因此，快速阅读的重要作用是通过提高对知识和信息的鉴别能力、吸收能力和存储能力，进而提高学习和工作的效率，提高成功的比率（欧派学院，2017）。

（四）思维导图与创造性思维

思维是意识的高级形态，思维这种高级的意识，是在感觉材料的基础上对其进行了抽象概括而产生和形成的。尽管思维是一系列的抽象过程，但它仍来自客观外界，它的内容仍是客观的，是客观外界的反映。一般认为，思维是对客观事物的概括和间接的反映过程。思维涵盖着意识的全部内容，是意识的核心。同时，思维又不同于感觉、知觉和记忆。感觉、知觉和记忆是直接接受外界的刺激输入，并对输入的信息进行编码、存储和提取等初级加工的过程，是对客观事物较简单、较直接的反映；而思维则是以感知觉为基础，对输入的信息进行更深层次的加工，形成概念或意象，并利用概念或意象进行判断和推理，从而揭示出事物的内在联系和规律，解决人们面临的各种问题。所以，思维是对客观事物间接的、复杂的反映。

"创造"（create）一词，源于拉丁文"creare"，意思是"做前人没有做过的事情；使形成"。在现代社会中，"创造"一词仍然包含过去的含义，但更多的是指发明或生产；在想象、文学等艺术领域，则指生产有用的、有价值的或是有建设性的、有针对性的东西。普吕克和贝葛多都认为，创造性思维过程包括天赋、发展过程以及个体或群体产生某种有形产品的环境，这些产品在某一社会情境中既新颖又有趣（黄立安，2015）。

当代专家认为，创造性思维是社会建构的产物，而不是仅仅存在于个体内部。多恩等学者提出，文化情境孕育了人类所有的成果，并对其产生影响，它决定了什么样的能力是卓越的。伊森伯格和贾隆格指出，促进儿童创造性思维发展的一种方法是使用工具来思考问题。

1.思维导图教会学生"如何学习"和"如何思维"

（1）培养学习兴趣，调动学习积极性，保持学习主动性。

现今时代教师普遍面临的一大难题就是学生厌学，因为学生很容易被外界事物吸引，导致他们常常无法专心学习，所以教师必须采取相应措施，比如上课用学生感兴趣的教学模式来吸引他们的注意力，让他们自发参与到教学活动中来，达到认真听讲、吸收知识的目的。如果能在教学或学习中使用思维导图，那么效果会更好。首先，思绪可以无限发散，每一个关键词都能通过联想的方法扩展，因此很难漏掉任何一个细枝末节的要素；其次，想象和联想是可以随时随地进行的，采用手绘思维导图的方式是非常有意思的一件事，可以增加学生的学习兴趣；再次，思维导图是根据关联词进行发散思考的，这会把学生的注意力集中于事物的关键点上；最后，思维导图中常常使用的色彩及图形可以充分刺激人的感官，提高注意力和记忆力。

例如，很多同学上课所记的笔记大多都是诸如1、2、3、4……这样的直线型方式，这样的笔记仅仅是按照老师课上所讲内容机械记录的，其中的逻辑性、关联性并不强，也无法将这些重点及时进行归纳总结或者进一步发散延伸，等到课后再进行归纳总结时，由于对上课内容的记忆已经不再完整，因此许多细小的知识点和当时脑海中的一些创造性思维会被遗忘，导致课堂笔记变得不全面、不系统。而用思维导图软件记录笔记，能及时将老师所讲知识记录下来，并将这些重点内容用不同的主题表示层级关系，或用线条连接，或用不同色彩区分，使知识的重点、概念间的逻辑结构以及不同思路之间的关系清楚地用图展示出来。这样的课堂笔记有助于学生课后回顾理解授课内容，而且形象地再现了老师上课的过程，便于课后复习，大大提高了学习效率。

（2）帮助找到适合自己的学习方法，培养自学能力。

在中学阶段，学生的生理和心理特点是好玩、好动、好奇、好问和好胜，并且他们的思维能力开始从动作思维向形象思维和抽象思维逐步发展，而思维导图恰恰符合了中学生的年龄特点和思维规律，极大地激发了学生学习的内外因性动机，帮助学生有效把握知识的本质特征，找到解决问题的关键所在，灵活准确地解决问题，从而提高“教”的质量与“学”的效果；同时有助于学生找到适合自己的学习方法，养成良好的学习态度和学习习惯，提高自主学习能力，实现有效学习。

（3）帮助构建知识体系，明确知识之间的联系。

无论是一节课还是一门学科都是一个整体，中学每个科目的教学内容都很多且杂，但从本质上看它们之间是密切相关的，课程安排也符合中学生的年龄特征和心理规律，这些都能帮助学生克服学习中的畏难情绪，但教师还需要在课堂上让学生理解掌握各知识点之间的关系，以便形成个人的知识体系。思维导图工具对于帮助学生构建学科知识结构起到了非常大的作用。教师每上完一节课要对知识进行总结时，都可以使用思维导图带领学生快速回顾上过的内容，在最短的时间完成最有效的复习。具体方法是：首先让学生在黑板上写下一节课的标题，即思维导图的主题，再将一节课中的所有知识点写出来，即思维导图的副主题，然后使用不同的颜色进行区分，加深学生的印象和对知识点的理解记忆。每一章学完，可以让学生自己画出整个章节的思维导图，每一个单元学完，可以让学生画出这个单元中几个章节的思维导图。长期使用思维导图总结知识可以使学生更好地从整体上理解各个学科的知识结构。

（4）有利于开发思维、提高思维能力。

思维与大脑的关系就像木工手艺与手的关系，木工的技能和人的思维技能都不是天生的，而是通过后天训练提高的，思维导图训练能够全面开发学生的左右脑功能。笛卡尔认为，几何图形是最容易被人们的思维理解的，因此在表达事情上十分有利。例如，在教学活动中，用思维导图把化学方程式及其反应原理用图形的方式展现出来，能够让学生更好地理解相关原理，并能领会知识点背后的思维方法，发挥思维方法在学习过程中的重要作用。

创新源于灵感，成于抽象，形象思维与抽象思维的结合产生创新。思维导图训练就是通过训练学生思维提高学生的反应能力，也就是说使用思维导图能让学生变得更敏捷、更机智。而对一些基础较为薄弱、思维能力较差的学生，使用思维导图可以将抽象的概念原理转化为形象生动的图形画面，不仅能提高学生的学习兴趣，还能培养创新意识，提高思维能力。

2.思维导图让大脑不再"休眠"（思维导图，2015）

（1）游戏中的科学。

巴赞先生关于思维导图的演讲没有从晦涩的理论或数据开始，而是先和70来位参会者做了一个"创造力测试"的小游戏。

巴赞先生请大家拿出一张白纸，在1分钟内写出回形针的用途，越多越好。一阵忙碌之后，巴赞先生又让大家写下了回形针不能用来做什么，同样是1分钟时间。测试的结果是：写出7~8个回形针用途的比较多，而写得最多的是24种用途。这个实验曾在全世界进行过，其结果也大致如此。更有趣的是，大家写出的"不能用"的个数都大于"能用"的个数。巴赞先生笑言在座的人群是个"否定思维"群体。

巴赞先生又让参会者开了一个辩论会，但都是正方，反驳"不可用论"，对最主要的观点"回形针不能做食物，不能做容器，不能做导体"，用"尽可能的原因"来反驳。讨论后，再次统计时，结果改变了。"如果用面粉做回形针，不就是食物了吗？""塑料的回形针不是导体，但金属的就是导体。"……巴赞先生显然很满意这个局面。

"回形针到底有多少种不能用的用途？答案是0！当你认识了这一点，就知道了如何正确地思考。回形针的用途不是24个，世界上任何问题的解决方案也不是24个，而是无限多个，人的大脑也是这样，它的潜能是无限的！"事实上，有研究表明，人类对大脑的使用只占到大脑机能的4%~6%，人类大脑的潜能绝大部分还在沉睡。巴赞先生说，这就是推动他进行大脑、思维研究的动力，他希望能帮助更多的人认识到这一点，并积极地开发大脑的潜能。

（2）从联想与想象开始。

巴赞先生是世界快速阅读锦标赛和世界记忆锦标赛的创始人，现在全世界有几亿人使用他发明的思维导图。他是如何创造思维导图的呢？巴赞十几岁的时候很不喜欢学习，尤其不愿记笔记，因为他认为有些知识没有逻辑性，而且是自相矛盾的，导致笔记记得越多，头脑思维越混乱，最后记忆力和学习成绩都变差。但他在大学一年级时了解到希腊有一套基于联想和想象的记忆体系，能使人准确地记住成百上千的事情。

后来巴赞在研究心理学的过程中发现联想与想象是关乎大脑学习过程的两件重要事情，于是他对大脑的运作越来越感兴趣，并开始关注记忆、笔记和创造力。他希望能够找到一种便于人类日常活动使用的思维工具，而且这种工具一定要和大脑的工作方式相同，这也是思维导图产生的原因。

（3）为普通人创造的思维工具。

思维导图是一款为普通人设计的工具，它结合了左右脑的特点，即左脑的逻辑、顺序、文字、数字以及右脑的图像、想象、颜色、空间、整体等，让平凡的大脑也具有天才般的思考方式。思维导图能吸引注意力，增强思维能力，增强记忆力，还能提升想象力与创造力。

巴赞认为思维导图非常简单易懂：思维导图就是让大脑能够自己和自己对话。他举了很多例子来证明这一点。新加坡有一个小女孩，虽然数学成绩是全校倒数的，却具有艺术方面的天赋，她画的关于光感的第一张思维导图曾经获得全校绘画比赛的第一名，巴赞向人们展示了这幅画。而一个考试从来不及格的男孩画的一幅关于暑假的思维导图使人们认识到这个男孩是非常聪明的，并且懂得怎样思考问题。

3.另一只眼看思维导图

在日常工作和生活中，思维导图可以用于涉及学习和思考的活动中。作为个人，可以使用它来做笔记、记忆、考试、写论文、集中注意力、思考、分析及解决问题；而作为职业人士，可以使用它来做项目管理、计划、会议、组织、头脑风暴、面试等。我们用思维导图做这些事，不仅能提高效率，而且可以增强思考的有效性和准确性，并提升工作乐趣及注意力。

思维导图犹如太极，太极生两仪，两仪生四象，四象生八卦。思维导图与太极一样也是由中心图从中心发散，它可以无限延伸。因此，整个宇宙的产生、生命的产生、文明的产生，就是集中与发散的例子。我们不能神秘化思维导图，因为思维导图只是一种工具而已，它所拥有的力量在于它符合了集中与发散的原理。当我们使用思维导图时，它就自动运用分合之道，把较为复杂的事情变得简单，又把简单的事情梳理得更加流畅并且形象。集中是为了聚集能量，而发散是为了展示它们的能量，与我们的学习过程相比，学习的过程是先吸收而后再运用的过程，如果光学不练，即使学富五车，也只不过是一书橱而已。

在巴赞先生发明的过程中我们可以得知，他参阅了与脑科学、心理学，以及大量前人笔记相关的知识，进而整合抽象出来与之相关的创新思维工具。这个工具之所以能风靡全球，它的背后必定蕴含了某种相关的法则原理。巴赞先生把其归纳为：放射性原理、放射思维、发散思维，又称为非线性思维、辐射思维、求异思维或扩散思维，它们是指大脑在处于思维状态时所呈现的一种扩散式的思维模式，它主要表现为思维呈现出多维发散状，思维视野广阔，如"一物多用""一题多解"等，进而培养发散思维能力。有不少心理学家认为，发散思维是创造性最典型的特点，它是测定创造力标准的主要标志之一（托尼・巴赞，1999）。

思维导图本身就是根据人类大脑的发散性思维设计的，因此在一层层以关键词为核心的向外延伸中，与发散性线条相关的设计更能刺激学习者的大脑，启发、开拓和引导学习者的思维，使知识点不断从一个个"点"延伸为一个个"面"，使学习者的思维向更多的层次、角度无限扩展，在巩固知识的同时，更培养了逻辑思维和联想思维。

思维导图的构成元素不仅有文字，还有图画、色彩和各种自定义的编码符号。这些元素不仅可以充分刺激学习者的大脑，而且可以增加兴奋感和愉悦感，让学习者拥有较为轻松、新奇的学习体验，在最大程度上激发学习者的学习兴趣，提高学习效率。

参考文献

董博清.基于思维导图的中学物理教学实证研究[D].长春：东北师范大学，2013.

杜学允.思维导图在创新型人才培养中的应用研究[D].哈尔滨：哈尔滨理工大学，2013.

郭艳霞.基于思维导图的教学模式研究[D].长沙：湖南师范大学，2011.

郭颖涛.21世纪我国情报学研究知识图谱[D].湘潭：湘潭大学，2014.

海德格尔.林中路[M].孙周兴，译.上海：上海译文出版社，2004.

韩永青，陈卓群，夏立新.国内外主题图应用研究述评[J].图书情报知识，2008(6)：105-109.

黄立安.综合美术活动对幼儿创造性思维发展的影响研究[D].上海:上海师范大学,2015.

李亮.知识地图——知识管理的有效工具[J].情报理论与实践,2005,28(3):233-237.

李艳红,赵波,甘健侯.基于知识地图的MOOC课程开发[J].现代教育技术,2015,25(5):85-90.

南怀瑾.中国文化泛言[M].上海:复旦大学出版社,2016.

倪志英.大学生学习指导[M].哈尔滨:东北林业大学出版社,2003.

欧派学院.开课倒计时7天思维导图记忆与快速阅读[DB/OL].(2017-05-06)[2018-03-21].http://www.xunart.com/c34371.html.

饶红.基于知识元的视觉表征实践研究[D].芜湖:安徽师范大学,2016.

邵鹏.媒介作为人类记忆的研究——以媒介记忆理论为视角[D].杭州:浙江大学,2014.

司莉,陈欢欢.国内外知识地图研究进展[J].图书馆杂志,2008(8):13-17.

思维导图.思维导图让大脑不再“休眠”[DB/OL].(2015-10-16)[2018-03-28].https://mp.weixin.qq.com/s/NbE1KpKhmp0RdRhBqRSwlQ.

托尼·巴赞.思维导图[M].李斯,译.北京:作家出版社,1999.

王翠萍,胡石,宋佳.思维导图在阅读活动中的应用探析[J].图书馆学研究,2011(14):66-70.

王璐.知识理解的概念图教学策略研究[D].成都:四川师范大学,2016.

吴才唤.知识地图研究进展:从显性知识地图到隐性知识地图[J].图书情报知识,2012(6):94-100.

吴志宏,郅庭瑾.多元智能:理论、方法与实践[M].上海:上海教育出版社,2003.

许利秀.知识表征问题的研究[D].太原:山西大学,2014.

袁维新.概念图:一种促进知识建构的学习策略[J].教育学报,2004(2):39-44.

约翰·杜威.我们如何思维[M].伍中友,译.北京:新华出版社,2010.

张新华,张飞.“知识”概念及其涵义研究[J].图书馆情报工作,2013,57(6):49-58.

赵国庆,黄荣怀,陆志坚.知识可视化的理论与方法[J].开放教育研究,2005(1):23-27.

赵国庆.知识可视化2004定义的分析与修订[J].电化教育研究,2009(3):15-18.

赵慧臣.知识可视化的视觉表征研究综述[J].远程教育杂志,2010,28(1):75-80.

赵宁.基于主题图的网络课程知识导航策略研究[D].武汉:华中师范大学,2013.

朱永海,张舒予.知识视觉表征:知识可视化的实践途径[J].电化教育研究,2013(8):17-23.

第四章　基于社交媒体的学习新思维

媒介是人体的延伸。

——马歇尔·麦克卢汉

知识使人变得文雅，而交际能使人变得完善。

——托马斯·福勒

一、媒体、媒介与媒介素养

人类传播本质上是信息的交流和沟通。而信息则是一种抽象物，它必须以符号作为物质载体，才能成为一种我们具体可感的交流内容。能够传递、负载符号的物质实体就是我们所说的传播媒介（赵敏，2012）。

（一）溯源：媒介与媒体的历史、由来

"媒介"，最早出现于《旧唐书·张行成传》："观古今用人，必因媒介。"后沿用于辞海，是指使双方发生关系的人或事物，其解释较为宽泛。针对不同领域，"媒介"有不同释义。例如，在物理学意义上，媒介是介质；在生物学意义上，媒介是载体；在社会文化意义上，媒介则指中介物（赵敏，2012）。

媒介，英语单词"Medium"始于19世纪末，是指使事物之间发生一定关系的介质或工具。而麦克卢汉则指出："媒介就是万物，万物都是媒介。"他强调所有媒介都是对人体中某种器官功能的延伸，是指人与他物发生相关联系的中介。

媒体是媒介载体的简称，有时与媒介的概念相同，媒介的概念要比媒体广，作为一种"媒"之"体"，它含有一种实体的意义，是有形存在的，是构

成传播功能的实体，就是指杂志、报纸、图书、广播、电视等载体及其发行的机构。正如英国媒介素养教育专家布金汉姆教授所说："媒介包括了现代传播媒介的所有范围：电影、电视机、录像、摄影、广播、广告、杂志和报纸、电脑游戏、音乐唱片和互联网。而媒介文本有电影、节目、网站等，通过传播的不同形式进行传递。"（赵敏，2012）相对于媒介的整体抽象名词来说，媒体则是个体具象名词，是指用来传播信息的具体平台。它主要包含两层意思：一是存储信息的实体，指直接面向接收者运载和传递传播符号的物质实体，如光盘、磁盘等媒质；二是传递信息的载体，指传播的总体内容，如文字、数字、图形、声音等（应蓉珊，2010）。

综上所述，媒体和与之相对应的译词"媒介"逐渐在内地得到广泛的应用，如"新闻媒体""大众传播媒体"乃至"第五媒体"等。按照《现代汉语词典》的解释，"媒介"的词义为"使双方（人或事物）发生关系的人或事物"。它主要包括存储和记录信息的实体、信息的终端接收载体和传递信息的载体，着重于与物理形态相关的存在形式。"媒体"的词义为"指传播、交流信息的工具，如报刊、广播、电视、互联网等"。它主要指依托图书、报刊、电影、广播、电视、网络等相关媒介，把图、文、声以及由其组合而成的相关信息进行高效传播和运作的、拥有完整的经营管理权和所有权的机构单位，如杂志社、报社、网站、电视台等，即"媒体"一词更加具有社会化属性。如今，在实际的使用当中，"媒体"与"媒介"的使用有着愈来愈趋同的趋势（黄丽，2008）。

1.新媒体：瓦解个体记忆的幕后黑手（邵鹏，2014）

一部媒介史就是指一部与人类注意力相关的争夺史。媒介的生存竞争就是达尔文强调的"物竞天择"，人们做出"自然选择"，决定哪些媒介可以生存。媒介企业一直在营利机构与社会组织之间相互切换着不同角色。与此同时，媒介信息也背负着消费产品与精神产品的双重属性。对于媒介经营者们而言，受众更是"消费者"与"传受者"两者之间永恒的统一体。对于新媒体应用能力的评价标准，包括用户使用、用户规模、信息内容、使用服务与技术支持等，结合量化指标中的访问量、流量、单次浏览时长与频次和接触时长等，然后再具体到用户操作层面，包括吸引受众长时间不停点击、业余阅读情况与持续使用时长等。在传统媒介时代，媒介的公信力、美誉度、影响力、权威性则因为难以精准测量，而常常被媒介经营者们所忽视。所以，如果说新媒体时代受众自身快速消费式的阅读是个体记忆的"扼杀者"，则新媒体的操作模式与评估标准就成为这种扼杀的幕后"推手"。

为了增加点击量与延长在网时长，新媒体网络传播者用碎片化的信息替代了逻辑化的深度报道，从选择性理解环节斩断个体记忆之间的链条与最终选择性注意，同时他们在页面中制造人为的信息“旋涡”影响和干扰受众对于信息正常的线性理解与接收；最终他们又用仓促的浅层互动使得媒介信息转化为更深层次，使受众记忆变得更加困难（邵鹏，2013）。

2. 媒介信息进入快速消费时代（邵鹏，2014）

受众对于媒介信息的选择性机制不仅包括对不同类型媒介之间的主动选择机制，而且还包括对于不同媒介所提供信息的被动过滤机制。如果我们将不同媒介所提供的不同信息理解为一种产品的话，那么在传统媒体时代，这更加像是一种信息加工后的打包集中销售：印刷媒体将国际新闻、地方新闻、娱乐体育报道、财经新闻，包括求职信息、广告信息、征婚启事等都打包进一份杂志或报纸，并且定期地一次性地销售给受众；而对于广播电视媒介来说，它们则是将编排好的信息放置于固定的时段，并且向特定的受众进行播出与放送；而对于新媒体时代，它们的受众信息消费则更加像是一家大型超市所推出的自助选购过程。当走进超市，我们常常迷失于那些近万平方米空间摆放的十多万种琳琅满目的商品之中。同样，新媒体带来的信息产品爆炸性过剩与增长，更让受众在巨量信息的选择中迷失焦虑。

眼动跟踪是一种以客观方式观察与分析受众选择信息的方法，它通过跟踪受众的眼球活动，从受众的角度出发，了解他们有着怎样的习惯，在关注什么，以及通过这些数据来分析其背后的原因及意义。很早以前，网页设计师们就已经开始利用这种眼球跟踪的方式，来分析受众是如何在新媒体中观看和阅读的。分析发现，几乎没有一个实验对象会像阅读印在纸上的文章那样一行一行地、有系统地阅读网页上的文章，绝大多数的实验对象都是匆匆扫视一下文本内容，他们的目光在页面中跳跃所形成的热图与字母F非常相似。受试者大多数只注意网页前两行的内容，然后目光就沿着屏幕左侧逐渐往下移，越过几行内容，然后停留在半路上。最后，他们的目光会继续向下移，主要停留在页面的左下方。而这与传统“线性阅读”所形成的Z型眼动轨迹不同，F型的眼动轨迹以及沿屏幕左侧的下行路线与消费者浏览超市货架选购商品时的眼动轨迹较为相似，有人将这种浮光掠影式的草草浏览称为一种区别于传统阅读的“强力浏览”方式。

3. 沉浸媒介：重新定义媒介概念内涵和外延（李沁，2017）

媒介正在经历又一场由技术推动的大型转变，已经有媒体形态通过自我革新进化，或凤凰涅槃，或消失遁形。与此同时，新的媒介形态在经济、技术、文化等共同作用下，正在迅速占领人类的生存时空，并且不断打破传统媒介概念的外延和内涵。

对于一些新兴的“媒介”，比如由人工智能技术、VR产生的媒介新形态，不断冲击着人们对媒介的传统认知。新出现的媒介形态，无处不在、无时不在地接收、传播和处理信息，它们不仅具有独特的技术本体、过程、客体、意志和知识等，而且它们也是媒介本身，是新生代的媒介，并且都具有使人进入沉浸感的特征，可将其统称为“沉浸媒介”。

沉浸媒介的出现，使媒介概念的外延和内涵产生了迭代和扩展，于是，又有人称今天为“第三媒介时代”，即“一切皆为媒介的时代”或“媒介彻底融合的时代”。第三媒介时代并不是指网络媒介独尊的时代，因为所有的媒介最终都将“上网”变为网络媒介，媒介和媒介之间将不会再区分“是否在网”，网络的概念因而将会逐渐消失，各种不同的媒介都将在“泛在连接”的节点中找到属于自己的新位置，或开发新功能，成为全新的自己。所以，对于沉浸传播式的第三媒介时代而言，它并不完全是传统媒体的悲歌，与之相反，而是涅槃重生。在传播内容和传播模式方面，沉浸传播的内容则是一个以人为中心的开放格局，它的内容包括所有的新旧媒介，是所有媒介形态和内容的集大成者（李沁，2013）。

对于整个媒介史而言，研究者一直试图给媒介下定义，而“媒体”和“媒介”这两个概念也经常被混用。伴随着沉浸媒介的到来，“媒介”的定义需要重新界定，“媒体”和“媒介”也出现了较为明显的区分。

首先，媒介被定义为技术性的存在。媒介技术学派（也称为媒介环境学派）把媒介定义为与技术性相关的存在。媒介也被定义为传递信息的通道和方式，从本质上而言，这还只是对一种科技视角的定义。其次，以媒介本体与人的关系来定义媒介。技术作为人类本质构成和存在方式的哲学统领，逐步构成了媒介本体论的一个源头和重要分支，媒介、技术、人这几个概念交织前行。媒介与人的关系，本质上就是人的社会关系的体现。再次，以媒介的时代来定义媒介群组。马克·波斯特把媒介时代作为定义媒介的标准，这种方式界定的是一群媒介（马克·波斯特，2005）。媒介决定着时代的特征，而时代也赋予媒介独特的外延和内涵，决定着与媒介群相关的媒介形态，如潜在形态或可视形态。

沉浸媒介的出现，是创新扩散的结果。作为新的媒介，它在媒介形态变化演进规律、创新扩散规律的基础上，呈现出社会与技术、人性与技术共同作用的结果，遵循并充分体现了传播要素从量变到质变的结果和形态。

首先，沉浸媒介成为第三媒介时代的主流媒介。第一媒介时代是单向的大众传播时代，第二媒介时代是互动的分众传播时代，第三媒介时代是沉浸的泛众传播时代（李沁，2013）。换句话说，即第三媒介时代是指以网络和大数据为物理基础的、以沉浸传播为特征的泛众传播时代。

其次，沉浸媒介突破时空，呈网络状而无边界。沉浸媒介无处不在、无时不在，充分体现了时空的均衡特性（李沁，2013），并且将自己与以往的旧媒介逐渐区分开来。即沉浸媒介可以作为各种隐形和有形终端，无声地潜于周边环境中，它通过泛在网络与人类紧密相连，共同组成相关的空间环境，这也就使得人类大环境本身也逐渐成为媒介。对于整个泛在网络，每个媒介终端都是一个节点，而人类可以在这个无边的网络中穿越时空，并且在虚拟与物理两个世界自在漫游。

再次，沉浸是过程，也是结果。从传播方式看，它是沉浸式的，代入式的。而从传播的效果看，它让你沉浸，从而达到一种身心一体的愉悦体验。沉浸传播的无所不能，体现在使工作、娱乐和生活边界逐渐消失，大数据和云计算整合人们生存的一切。

最后，沉浸媒介以人为中心，一切皆为媒介，达到一种泛众、体验、共享、共创。对于媒介与人的关系，沉浸媒介则表现出如下特征：

体验式：传播过程也是体验过程，没有体验就没有完整的传播；

泛众式：全体大数据连接之上，以每个个人为中心；

共创式：媒介内容及传播形态，都由泛众共同创造；

共享式：媒介内容和形式为所有人共有，是共享经济的媒介形态（李沁，2017）。

4.沉浸媒介：共创共享的泛众媒介（李沁，2017）

沉浸媒介是对于所有具有沉浸传播特征的媒介形态的总称，具有以人为中心、无处不在、无时不在、无所不能的传播功能，同时传播者也是接收者，他们共同进入沉浸体验，是共创共享的泛众媒介。在沉浸媒介中，人、环境、媒介互相交融，互为彼此。首先，一切都是媒介，人是媒介的延伸（马歇尔·麦克卢汉，2011）。沉浸于传播时代，媒介等于一切，人也是媒介，一切都是媒介。沉浸媒介是对媒介技术系统性组合与进化的结果，媒介与机器越来越合为一体。当人和媒介的延伸继续进行下去，将会有一个逆转，人会逐渐变成媒介的延伸。其次，将不再有"媒介外"与"媒介内"之分。沉浸传播将会无处不在，"泛在"与"遥在"融合，移动与虚拟并存，充分打破了传统意义上的空间界线，让心理空间与情感空间、物质空间与精神空间、真实空间与虚拟空间等融为一体，并且将媒介范围扩大到人类生存的整体大环境。再次，不再有“社交媒介”这一概念，因为所有媒介都将具备社交功能。人们通过网络直播社交、微信社交、虚拟现实游戏社交等，所有媒介都成为社交平台，都将具备社交功能，即“社交媒介”概念已死，人已成为“沉浸人”，从沉浸社交到沉浸生存。

其一，沉浸媒介走向具象化，媒介物成“浸媒体”。

“浸媒体”是指有沉浸传播特质的具体的媒体形态，是在沉浸媒介技术下出现的全新数字化媒介形态和传播现象，即具有以人为中心、无处不在、无时不在、无所不能的传播功能，信息则由接收者与传播者共同创造，传播者也是接收者，共同进入沉浸体验。目前而言，“浸媒体”的主要代表有网络直播平台、全息影像、增强现实、虚拟现实和人工智能等，如Facebook Live（脸书直播）、Twitter Periscope（推特直播）、Google Connect（谷歌连接）、360全景视频、VR新闻等。浸媒体是提供沉浸体验的媒体，沉浸体验就是浸媒体的本质。

其二，未来沉浸人生的预演舞台走向“泛在直播”。

“泛在直播”主要包括具象的平台实体和抽象的传播模式，它的本质是对Web2.0时代社交网络SNS的视频升级版，将媒介内外打通，将台上台下打通，将媒介与人的生活充分打通。未来人类的生活，就是一场泛在直播。首先，前台与后台、虚拟与物理边界消失。对于沉浸式的泛在直播，它将突破物理与虚拟的界线、前台与后台的界线。其次，泛在直播的沉浸，促进社交娱乐化。在技术内容与形态越来越融合的今天，直播不再仅仅是一种媒体形态，相对而言更是一种社交形式，泛在直播将会具有沉浸社交功能。伴随着大量资本的介入，网络直播向以优质内容吸引同质用户的社交模式转化。再次，从沉浸社交到沉浸生存，所有的一切都在直播中，人们可以将“网络直播”视为“沉浸人”生存中的一个关键点，是生存方式变化的起点。即未来的世界，一切都在直播。

其三，沉浸时代也是虚拟时代，“虚拟”的沉浸走向代入式媒介。

沉浸时代也是虚拟时代，不仅是技术对物理世界的克隆，也是对声音、图像等各种媒介的回归与升级，全息虚拟成像以及沉浸技术促进了虚拟替身的发展。例如，电影《阿凡达》将“虚拟我”的全部形与声进行泛在传播。一方面，虚拟替身带来沉浸感。代入式媒介，如试衣App，用脸型、三围等数字建构“虚拟我”，进而形成“替身”代替人们进入网络虚拟的卖场。甚至植入芯片、穿戴传感器的人等，都是沉浸媒介，即作为媒介的传感设备与人如影随形。另一方面，全息影像的虚拟克隆，让"自己"无限复制。AR与面部检测的结合，让现实生活特定情境中合成新信息、轻松获取互联网信息成为可能。与此同时，信息复制技术将人作为信息的本体，进而用来克隆人。

其四，人与媒介互为沉浸，使人走向"沉浸人"，人内传播终极回归。

人和媒介、人工智能的关系中，人工智能是媒介，最终人工智能与人合二为一，形成"超媒介"。一方面，人工智能是与人类心意最相通的媒介。人工智能从模拟人作为起点，开始揣摩人的心智，帮助人类完成收集并处理信息的工作，如机器人写作、无人驾驶车、扫地机器人等。另一方面，人内传播的回归让人与自己的智慧产生对话并且和解。即人工智能不仅兼容人类智慧，并且还能与人类智慧对话，带来新的思维创造。此外，从人类赋予机器灵魂，再到机器模仿人脑自动学习，最后到人与机器完全沉浸，将会形成人机合一的超媒介。人命令机器的时代正在逐渐远去，而人与机器互相融合的时代即将到来。人工智能，将会是人与自己的智慧取得的和解（李沁，2017）。

技术更新作为强大催化剂，已经给文化、社会和每个人带来深刻影响。我们都可以通过学会认识变革的历史机制和沿革来开始观察未来的可能形态（菲勒德，2001）。对于每个媒介时代而言，都有其强势的传播模式和与之相对应的媒介。对于人与媒介的关系，第一媒介时代是人在"媒介外"，人受媒介影响；第二媒介时代是人在"媒介内"，人与媒介互相作用（菲勒德，2001）；第三媒介时代是人与媒介合二为一。所以，沉浸媒介是一个开放媒介形态，它主要以人为中心，包含所有可以生产、展示、传播和接收信息的、无形的和有形的媒介形态，它是所有媒介的集大成者。人不仅是媒介的积极驾驭者，而且是沉浸媒介的本体。人机合体的"沉浸人"，不仅是沉浸媒介的最高状态，而且是真正的超媒介。因此，沉浸传播关注的是一个没有任何边界的传播。恰恰正是因为边界的消失，让很多以前司空见惯的东西逐渐变成了新的事物。也正是因为边界的消失，改变了很多媒介传播的时空，而沉浸媒介正是在媒介与人类智能的相互融合中，拓展了媒介研究和媒介概念领域的内涵和外延（李沁，2017）。

（二）媒介与媒介素养

1. 媒介素养的内涵和起源

早在1933年，英国学者利维斯、桑普森在《文化和环境：培养批判意识》中首次提出"媒介素养"的概念，其目的是为了维护本国或本民族的传统语言与文化，对媒介内容与信息进行辨别与传承。与此同时，丹麦的一些学校也开始提出并尝试将媒介素养逐步引入中小学的课程中。此后，联合国教科文组织及其他各官方组织正式提倡培养媒介素养。于是，在学校进行媒介素养教育到20世纪七八十年代已逐渐形成规模。后来，很多国家将媒介素养教育逐步纳入学校的课程体系中，并在实践中发展和探索众多的课程教材和教学模式，媒介素养教育逐渐走向了大众化规模（吴德政，2014）。

很多专家、学者都将能力作为起点，将媒介素养理解为一种与技术相关的能力。与此不同的是，有的学者认为媒介素养的重点应该是对媒介信息的甄别和判断能力，是指人们面对各种媒介信息时的所应该具备的各种能力，其中包括质疑能力、选择能力、评估能力、理解能力、创造能力和制作能力以及思辨的反应能力。正如英国媒介素养教育专家大卫·帕金翰教授所说："媒介素养就是指人们使用媒介和解释媒介时所需要的能力和知识。"（吴德政，2014）

媒介素养是指现代社会的人们在面对媒介时所应该具备的素质。媒介素养是一个由多要素构成的复杂系统，它不仅包括对媒介信息的甄别判断，还包括对各种媒介的高效使用。而且，媒介素养不仅指技术上的能力，更重要的是对于道德上的约束，也就是选择媒介的正确性和合理性。因此，可以将媒介素养界定为：媒介素养就是指人们能够主动积极选择、认识媒介，并且合理、正确地利用媒介发展自己的一种能力（吴德政，2014）。具体而言，媒介素养包括四个互相联系的部分。

（1）对媒介的认识能力。

媒介的发展最早始于口口相传，经历了报纸、广播、电视等传统的大众媒介，发展到现在以数字技术和信息技术为依托的新媒体时代。媒介的种类较为繁多，要想充分享受其便利，就必须对其种类有一个较为清晰的了解，并且主动积极地接触各种媒介，这是个人媒介素养的首要前提。此外，对媒介性质的认识也是对媒介的认识之一，媒介所属的阶级性将决定其所服务的对象。目前而言，我国的各种媒介必然是为广大人民和社会主义服务的。

（2）对媒介的利用能力。

对于现代社会而言，媒介已经成为人们学习和工作不可或缺的组成部分。使用和操作各种媒介的能力，逐步成为现代社会人们必备的素质，如使用计算机查询资料、用手机聊天等。但由于新媒体的多元化与便捷性，使部分人尤其是学生沉溺于网络，社会上更是出现了一些媒介道德失范的现象，因此，如何正确合理地使用媒介，避免不正当、沉溺地利用媒介也是当今社会人们必须具备的媒介素养。

（3）对媒介信息的判断甄别能力。

在一个信息爆炸的时代，各种繁杂的信息充斥着生活的各个方面，对各种媒介信息进行正确的甄别和判断，也是媒介素养的一个相对重要的方面。媒介承载着人们学习和生活中所需要的信息，但当媒介传播信息时，有些信息发布者已经把信息赋予了其个人的人生观和价值观，在某种程度上，媒介传递的信息已经不是一种客观的事实，而是信息发布者自己所具备的主观思想。所以作为接收媒介信息的人，就必须对接触到的各种媒介信息保持一定且必要的理性，通过自己的辨别与思考做出自己正确的选择和判断（吴德政，2014）。

（4）通过学习不断提高自身媒介水平的能力。

众所周知，使用媒介能力的高低，将直接左右着人们能否有效利用媒介，所以，必须通过学习来不断提高自己的媒介水平。与此同时，伴随着科学技术的逐渐发展，媒介的更新速度将会越来越快，以固有的一点媒介知识来适应未来的变化是不可能的。人们必须通过学习进而不断提高自身的媒介水平，主动积极地去掌握新出现的一些媒介形式（吴德政，2014）。

总而言之，所谓媒介素养就是指一些建设性地、正确地享用大众传播资源的能力，能够充分利用媒介资源来完善自己，参与社会共同进步。主要包括使用媒介资源的方式方法与态度、公众利用媒介资源的动机、对传媒的批判能力以及利用媒介资源的有效程度等。概括地说，媒介素养的内容主要包括两个方面：一是公众能够充分理解媒介、批判地接受与媒介相关的信息；二是主动掌握、参与媒介的能力并且能运用媒介服务和完善自己和社会公共事务。对于前者，媒介用户是一种被动的信息接收者，而对于后者则是一种主动的参与者（吴德政，2014）。

2.新媒介素养的产生

新媒介不仅塑造个人的行为方式与思维模式，还影响个人与社会，建构着社会文化形态传承的运作机制，新媒介与个人、社会及文化不是单向影响，而是一种循环互动，个人在其中的自主性与能动性是这一循环的核心。数字技术的发展与网络技术为受众创造了“释放”与“赋权”的机会，新媒介的产生创造了民主参与的文化形态，搭建了网络的传播模式与数字平台，改变了传受双方的权利与信息失衡。在这个全新的信息社会中进行数字化生存的公众，其媒介素养总是滞后于媒介科技的发展，所以急需培养与之相匹配的新媒介素养，如果缺乏这种新媒介素养，个人将被社会所淘汰，进而社会将被技术所左右（孙文彬，2009）。

在基于技术的网络空间与数字平台上，新媒介素养极大地丰富了人们的民主权利与平等机会，然而这种机会的享用与权利是建立在新媒介素养基础之上的，相反，如果人们缺乏这种素养，数字鸿沟将会造成更大的不平等，无情地剥夺这一切。新媒介素养可以提高个人的终身学习能力，以此为基础逐渐实现知识的共享与交互。人们参与到公众事务与社会进程之中，通过文化交流分享权利与民主对话，最终实现个人的自由全面发展（孙文彬，2009）。

新媒介素养促进了公众间知识的共享与交流，公众新媒介素养的整体提升将直接拉动社会各部门的发展。这种影响首先表现在科技方面，并将推动知识的发展与创新。同时，新媒介素养提供了平等交流的对话与社会权利共享机制，这必将会推动社会政治体制的民主化进程。此外，新媒介素养还使公众将意义与符号的互动与整体社会文化的构建相结合，这种民主参与、共享交互、平等对话的文化正是构建创新性社会与和谐社会的基础，而新一代的公民将会在这样的文化中，实现社会化并形成学习型社会，并再次通过新媒介素养实现个体的素质教育与终身教育。我们可以看到，新媒介素养是一种推动个人自由全面发展与社会认可，且持续文明进步的重要循环机制，它联系着个人与社会的方方面面（孙文彬，2009）。

二、社交媒体的内涵

根据中国互联网络信息中心（CNNIC）发布的第39次《中国互联网络发展状况统计报告》可知：截至2016年12月，我国网民数量已达7.31亿，手机网民规模达6.95亿，互联网普及率达53.2%，已经超过全球平均水平3.1%。从以上四个数据中可以看出，网民数量和手机用户总数都已经达到甚至超过中国总人口的一半，用手机上网逐渐成为一种趋势。由此可以看出，互联网的普及、手机用户的增加、网民数量的持续增长，为社交媒体进入网民、进入“教”与“学”提供了基础与前提。

社交媒体在知识共享和信息传播的速度与广度方面，极大地拓展了学生获得信息的容量与渠道。学生可以充分了解到与自己所学课程相关的专业知识与素养，还可以了解到更多相关的前沿信息，从而促进自己知识结构的合理构建。贝尔德和费希尔对于社交网络在教育设计和规划中的优势进行了阐释。他们强调，在一些大学中，采用完全网络教学方法与混合教学方法（面对面和网络增强型），都同样为教师和学生提供了大量提升自己学习的机会

(BAIRD等，2006)。此外，万德尔还指出，在21世纪的第一个十年，学校里最令人瞩目的技术发展，也许是那些专门以促进社交功能为目的的公共网站的革新与在线社交网络网站的发展。

社交媒体是集真实性、传播多样性、即时性和交互性为一体的社交网络应用，它给予用户极大的参与和互动空间，具有自主性、即时性、社区化和黏附性等特点。它融互动、交流、分享为一体，使每个用户在社交网络平台上，都有可能成为信息发布者与接收者。在社交媒体中，受众不再只是被动地浏览互联网内容，他们也参与了共同制造、传播互联网的内容与知识信息，并且提供与之相应的服务，具有互动性、主动性、引导性和创新性，越来越成为互联网的真正核心。受众可以自主进行相关内容的创作、交流与分享，可以与同伴充分讨论共同感兴趣的话题、提供建议、反馈意见，他们还可以通过社交媒体自身的强大链接，将多种媒体加以整合，形成与相关内容对应信息的再集散。所以，社交媒体的内容也不再仅由媒体向受众单向传播，而是通过交互活动，进行双向传播；受众和媒体之间互为受众和施众，交互支持（都平平等，2014）。

（一）社交媒体走向与人体的延伸

社交媒体兼有"社交的"和"社会的"两层含义，是建立在Web2.0基础之上，通过无处不在的交流工具与社会进行交往，是彼此之间用来分享意见、经验、见解和观点的工具和平台（曹博林，2011）。基于人类渴望与他人交流的欲望，综观社交媒体的诞生到今天的数字化革命，社交媒体经历了从无到有、从弱到强的发展过程，在发展的过程中经历了自我的不断调适、媒体格局的重塑，并形成了几个鲜明的阶段：从"媒介为王""内容为王"走向"跨界融合""满足需求"；从社交媒体技术驱动，走向伴随生活的人体延伸。当媒介走向Web3.0时代，社交媒体形态、功能遵从便捷与个性化发展，从空间到微博，从分享到众传，从共建到共推，从群落到圈子等，社交媒体在形态方面不断完善，逐渐形成了网民"签到"与使用常态化。同时，社交媒体对网民的影响得到普遍认可与重视，也具有了"人体"的伴随性。同时，"跨界"和"开放"成为社交媒介的主要特征。一方面社交媒体不再只是单一地被限制为即时交往，而是融合了多种媒介形式的商业应用；另一方面，社交媒体平台向其他媒介或平台协作与开放，集视频同步、语音同步等方式于一体，实现着"与你同在"的即时信息交流模式，以移动互联的方式走向与人体的延伸。

社交媒体根据“六度关系理论”，提供多层次、全方位的实时与历时共存的互动交流，以此达到某种目的的社会活动。归纳起来，青少年使用社交媒体的动机主要有以下五个方面：维系远距离关系、信息获取与新闻使用、被动观察、建立新友谊与寻求浪漫关系、图片分享与娱乐。在此基础之上，大多数学者选择某一热门的社交媒体作为研究对象，分析用户在这一社交媒体上的行为和活动及在此平台上营造出的生态和场域，探究该行为或活动产生的影响，如国外将“推特”与“脸书”作为社交工具进行研究，而国内更多的是研究微信与QQ。此外，还有学者研究社交媒体中人们特定行为的特征和具体表现，探所社交媒体与这种特殊行为之间所存在的关系；或将使用社交媒体的特殊群体作为他们研究的对象，分析他们在使用和接触社交媒体的过程中所出现的特点或者产生的影响以及与信息互动模式相关的问题等。

每一次关键技术的突破与普及都会导致社会结构的转型与重构，人们更多的是将“社交媒体”作为一种新媒体发展的语境或背景进行解读。所以，在当今高度信息化的“互联网+”时代，建设“人人皆学、处处能学、时时可学”的学习型社区，必然离不开在社交媒体场域中的学习。人类的学习活动是一个非常复杂的系统，它帮助学习者学会思考、学会学习，主动建构与积极反思在学习研究中的重要内容，即教育的目的就在于促进学习者个体进行有意义的学习。在“百度一下，你就知道”的时代，知识已经失去原先的完整性，它们逐渐变得孤立化、碎片化。

社交媒体强调媒体作为社交的工具与平台，充分彰显了媒介技术空前的塑造力，“现实场、自场、社交媒体场”充分组成了社交媒体信息互动的基本领域。在真实世界与虚拟世界的交互中，分享、交流、互动、圈子文化、群体融合等凸显着社交媒体的创造力与影响力。同时，移动化、私人化、视频化的社交媒体改变了人们的生活环境与生活方式，延伸着不同的人体功能，塑造和控制着人们的交往行为，让地球成为一个相互联系的“村落”，让“卧游”的理想成为现实。

综上所述，社交媒体是基于Blog、SNS、E-mail、BBS等一系列互联网的传播工具，由无数个节点（人）根据自己的喜好、专业、价值观等过滤加工后再进行信息传播的媒体，它用其独有的特殊形式为受众提供互动、交流、联系等相关服务。随着Twitter、Facebook、MySpace等社交网站的兴起，社交媒体的概念已越来越被人认可与理解（段会辉，2015）。

（二）社交媒体的特性与发展方向（李洁，2015）

社交媒体形式繁杂，种类多样，不同形式、不同种类的社交媒体展现其所拥有的不同特征。从不同角度分析社交媒体，其特征也是多种多样。如果以社交媒体功能作为起点，从提供服务和信息传播两个角度分析社交媒体的特征，它分别具有传播高效性、分享性、融合性和个体性、聚焦性、关系性、开放性。具体如图4-2-1所示。

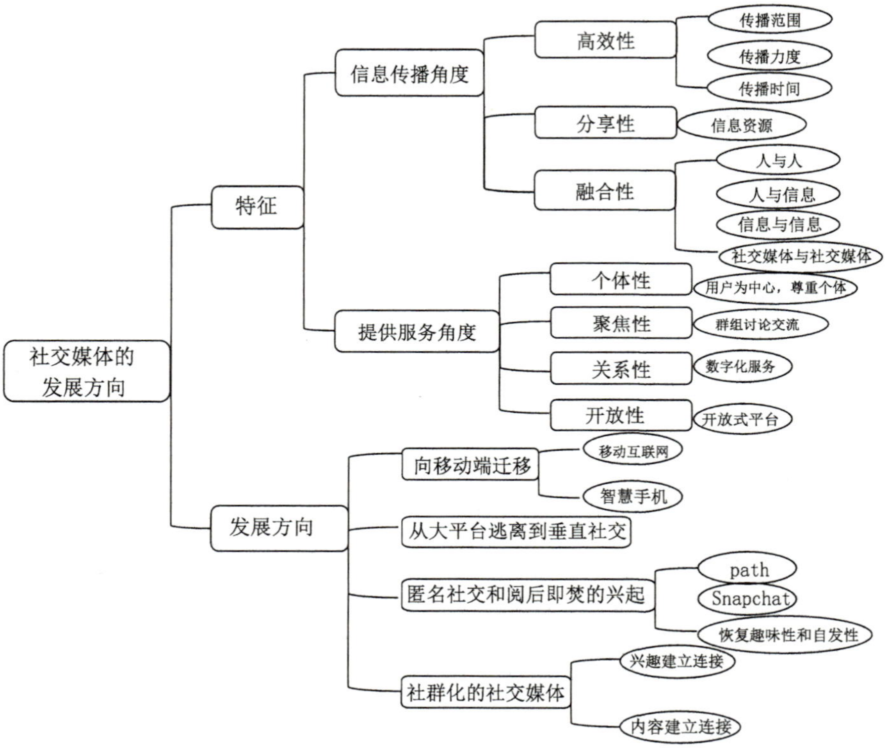

图4-2-1　社交媒体的发展方向

1.向移动端迁移

随着移动互联网技术的飞速发展以及智能手机的普及，"人手一机"的时代已经到来，使互联网用户向移动端迁徙成为定局（李奇，2015）。在移动互联网中，更加注重场景化表达及用户参与，并且手机能产出的内容将变得更加丰富多彩。在不久的将来，伴随着手机硬件水平的逐步提升，手机既可以生产内容，又可以处理内容，这些功能也进一步表明内容能够承载更加丰富的信息。在未来，社交网络一定是移动为先，因为它的核心受众都在移动端，而那些PC上的社交网络产品将会逐渐被边缘化。如在4G时代，腾讯将大量资源投入微视中，就是因为看好手机和网络的发展必将使短视频成为更容易被生产和被消费的内容。通过视频传递的信息远比声音、图片、文字要丰富得多，它带给我们的是沉浸式的场景化表达。所以，下一代社交网络的内容形式将会更加丰富多彩。

2. 从大平台逃离到垂直社交（李娜等，2014）

“互联网+”的价值就在于它消除了中间环节，让生产者与消费者直接面对面，以满足个体需要。最近几年，一大批垂直社交产品纷纷涌现，逐渐形成了燎原之势。大量垂直社交产品高达百万用户量级，有的甚至是千万用户量级。随着垂直社交产品的逐渐壮大，人们希望可以通过垂直社交产品来解决垂直社交的需求，而不是通过其他关系冗杂的大社交平台。在没有被区分的大社交平台媒体上，用户更容易被各种各样的无效信息“轰炸”。随着好友数量的增加，处理信息变得疲惫而低效，成本却逐步增加。不少用户将从社交大平台逃离，转而成为垂直社交产品的用户，逐步推动了垂直社交产品快速发展。

3. 匿名社交和阅后即焚兴起

近年来，私密交友软件Path流行起来后，国内互联网巨头和互联网创业者相继在私密社交领域布局。在微博、Twitter等公开社交网络盛行的条件下，隐私问题经常带给人们困扰。然而Path却不一样，它的用户在匿名的环境下交友，这种方式就很好地保护了用户的隐私，给予了用户不可或缺的安全感。此外，现如今青少年使用Facebook的次数正在逐步下降，使用Snapchat的青少年数量却正呈爆炸式增长。Snapchat使用的数据保存方式是“阅后即焚”（即内容被接收数秒后会自动消失），这种方式在一定程度上重新恢复了社交媒体本应该具备的自发性和趣味性。

4. 社群化的社交媒体

从腾讯科技针对“95后”做的研究报告中可以看出，对于互联网新生代“95后”，兴趣化社交在社交网络中占据了极大的比例，兴趣化社群将会成为下一代社交网络的一个趋势。社群不仅能通过兴趣建立连接，也可以通过内容建立连接。从本质上来说，社交其实就是寻找话题并建立相关连接的过程。所以，通过垂直化内容连接起来的社群具有一定的社交活力。

三、泛在环境下的混合学习

泛在学习是指无时无刻的沟通以及无处不在的学习，它是一种任何人可以在任何时刻、任何地方获取所需信息的学习方式，如图4-3-1所示。

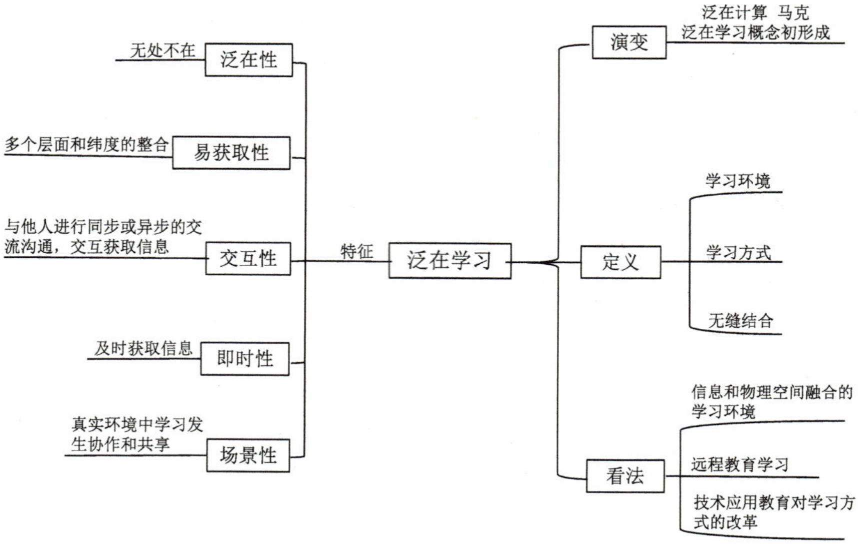

图4-3-1　泛在学习的概念内涵

（一）泛在环境的提出（王成霞等，2016）

早在1991年，美国施乐公司研究中心在介绍"普适计算"概念时，就描述了"任何人不管在何时何地都可以将合适的终端设备与网络连接并获取个性化信息服务的全新信息环境，这种环境称为泛在环境"。与此描述相类似的还有泛在网络、泛在信息环境等概念。尽管我们对这一概念的表述各有不同，但其核心思想都认为这一环境是使人、信息、数据、设备、工具等资源能够更为完全彻底地发挥其该有的作用而构建的一种综合性、普遍性的知识环境，在未来知识型社会中，它也是一种综合全面的数字化信息基础设施。

由此可见，泛在信息环境打破了时间与空间的界限，将用户层面、信息层面、物理层面三个维度进行有机的连接，形成了多样化的信息服务支持手段和无缝融合的应用环境，这是以用户体验与用户需求为中心的全新的信息生态，它标志着未来智能化应用的一种重要趋势。如果从更深入的层面来看，泛在信息环境的意义不仅在于它可以描述理想化的愿景，更是由传统服务向网络服务、静态服务向动态服务、被动服务向主动服务转变的一种客观要求。即泛在环境是由网络设施、软件、硬件、信息资源和人有机组成的新一代知识基础设施，它是一个自然的、无所不在的、易于使用的学习环境，任何人都可以在任何时间、任何地方通过他们身边的便携式设备来获取他们所需要的信息和资源（夏谦，2013）。

南宋时期，著名理学家朱熹就曾提出“泛在学习”思想。现在，基本认同的是，泛在学习来源于“泛在计算”（杨孝堂，2011），如美国学者马克通过对计算机和网络应用进行综合分析后提出，计算机可以做成各种大小，嵌入每件事物中，然后我们可以让计算机通过无线通信悄无声息地为人们服务，而在此基础之上的学习就像空气一样随处可见，理所当然地存在于人们的日常生活当中。即泛在学习是一种学习环境。这种环境不同于日常的图书馆、教室等提供的学习场所，学习者可以打破时空的界限，根据自己的学习情况、所在位置和条件，通过融入日常环境中视觉不可见的、任意的学习设备，不受计算机等复杂操作的限制，将所有注意力集中于学习任务中。

当然，泛在学习是一种学习方式，对于学习资源和支持服务的获得都是随时随地的。在这个空间当中，不仅有学习者与教师之间、学习者与学习者之间的互动，还有学习者与环境之间的互动，因此，泛在学习空间是无缝连接的，它能够实现建构主义观所认同的以人为本的学习方式，学习者的个性和共性都可以得到充分的发展。由此可见，关于泛在学习，一种理解是将泛在学习看作物理空间和信息空间交叉融合的智能无缝学习环境；另一种理解是将泛在学习当做一种新型的远程教育学习模式，它继承和发展了移动学习和数字化学习，是实现终身学习的工具和手段；此外，当以泛在学习理论基础观分析时，它是一种在技术应用教育中对学习方式的改革。

综上所述，泛在学习是一种随时随地都能发生的、无处不在的学习，学习者可以主动积极地通过适当的无线网络技术和工具及时获得想要的学习支持服务和信息资源。其特征包括：以学习任务为焦点，以学习者为中心；需要有泛在技术作为支撑的学习环境；是一种自发的行为，学习者主动积极地参与其中；外界环境条件或学习工具不应该是学习者需要注意或适应的对象，学习者应该多关注学习目标和任务本身（曹双双，2012）。因此，泛在学习具有泛在性、易获取性、交互性、即时性、教学行为的场景性、协作和共享性等。

（二）混合学习：教育技术的下一个目的地（约翰·丹尼尔等，2015）

20世纪末，E-learning并没有达到人们的预期效果，它的发展前景受到了普遍质疑。在这种背景下，混合学习的理念被提出来，它试图将E-learning在线学习的优势与传统教育结合起来。因此，国内外关于混合学习的定义经历了由广义到狭义、由宽泛到细化的过程。

由于在线教育的蓬勃发展以及进入“后MOOC”时代，大多数在线学习者对在线教育的质量与过程持怀疑态度，他们认为单纯的在线教育缺乏了相关的互动性，对学习者的调节能力与自监控要求较高，在线学习难以持续，完成率低。其次，处在“无处不终端、处处皆计算”的信息化环境中，学习者对移动技术和在线教育的需求大大提高，但由于各种原因这些需求却很难满足。“混合”的含义比较宽泛。有的学者甚至将“各种教学媒体的混合”“各种学习理论的混合”等都纳入与混合学习相关的范畴中。这种解释将导致混合学习包罗万象，甚至找不出不是混合学习的学习模式。这样就使得混合学习在实质上失去了变为一个独立概念存在的意义。

混合学习作为一种新型的学习模式，它不仅能够统筹线下学习与线上学习的混合，而且可以实现实时协作学习和自定步调学习的混合，非结构化学习与结构化学习的混合，多种学习环境的混合，多种教学资源的混合等多元学习优势，能够高效地促进教学和课程的变革，克服以往在线学习的种种弊端，所以，应用混合式的学习方式促进课程及教与学方式的改革受到国内外研究者的广泛关注。有学者认为混合学习是未来教学发展的又一个顶峰，它将逐步成为教学的主流模式。

相对来说，多数人强调的混合学习是一种学习模式的混合，即在线学习和面授学习的互相结合。实际上，当前高等教育机构提供的教授方式是混合教授，而学生究竟是如何使用不同媒体进行学习的，却很难界定，所以事实上，混合学习（Blended Learning）和混合教学（Blended Teaching）是不同的(李响等，2016)。

从托尼·贝茨书中引用的教学连续谱（如图4-3-2所示）中，许多人把“Hybridlearning”（复合式学习）和“Blendedlearning”（混合学习）互换使用，但托尼·贝茨对这两个词做了充分的区分。他将面授教学和所有与技术相结合的学习都称为“混合学习”(石铃，2017)。这种结合方式是一种连续谱，一端是不经意地使用一些手头的技术与教学结合；另一端是教育机构有目的、有计划地把面授教学和技术相结合。贝茨将“复合式学习”用来指这一连续谱中特定情况下的混合学习。它不是在偶然或无意间的情境下使用的技术，而是对整个教与学的系统进行重新设计与分类，在在线学习与面授学习之间实现最佳的协同作用。

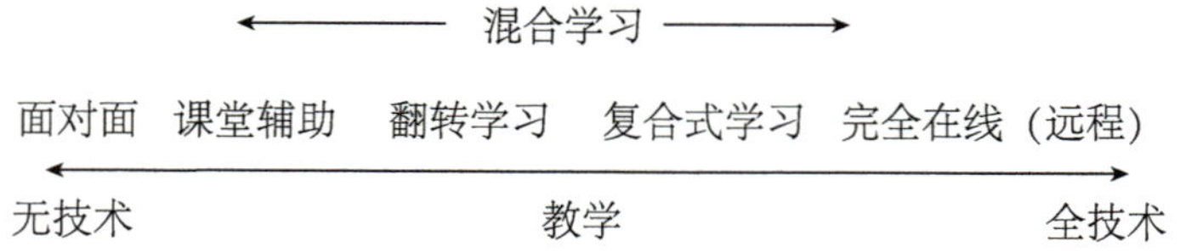

图4-3-2 技术支持的教学连续谱

鲍勃·伯纳德和他的团队对1985—2001年间发表的232项研究进行综述，充分比较分析了参与“教”与“学”和远程教育的学习者。他们从中发现，多数教学方式对学生成绩的整体影响少之又少，但是异步远程教育却对学生的成绩产生了微小却积极的作用。芭芭拉·米恩斯和她的同事基于1996—2008年发表的文章，将面授教学与混合学习进行比较，分析出接受混合学习的学生比接受面授教学的学生表现更好。在这些将传统面授教学和混合学习进行比较的研究中，混合学习的优势较为显著。但是，在那些将面授教学和纯粹的网上学习进行比较的研究中，两者的差距并不明显。

使用混合学习一般需要投入更多的时间，而且需要额外的课程内容及教学资源来鼓励学习者之间互动和交流。因此，从实际上来看，使用混合学习更多的是充分发挥学生学习自主性，而不是简单地把现有的课程放到网络上。所以，在保留面授教学的同时，应该重新设计教学，其中包含额外的在线学习机会，也就是在在线学习和面授教学中实现最佳的协同作用（约翰·丹尼尔等，2015）。

能真正实现在线学习和面授教学是教育的下一个目的，即最佳协同的复合式学习。实现最佳协同的复合式学习需要教育者改变现有的教学方式与教育模式：它不再仅仅是一个教师面对众多学生讲课，取而代之的是教师在面授教学中，注重帮助者、促进者的角色，提供资源，建构场景，让学生自主学习。

混合式学习是一种学习方式，也是一种学习手段，是教育形式的一种选择，是机会，而不是威胁。如果规范与科学地加以引导与应用，它将会改变目前的教育教学模式，学生将获得更好的学习自由，教师也会更好地展现教学艺术。在如今的“互联网+”时代，现有的教育教学模式已经无法充分满足学生多样化的学习需求，泛在学习与终身学习已走上前台，技术为教育提供了新的思维与新的机会。

四、社交媒体支持下的学习

2017年6月6日，凯度在北京发布了《2017中国社交媒体影响报告》。调查结果显示，受访者对社交媒体总体上持正面态度，认为社交媒体让他们的生活变得更好。同时，报告将社交媒体分为九个小类（如表4-4-1所示）。

表4-4-1　社交媒体的分类

序号	分类	举例
1	微信	
2	微博	
3	交友类社交媒体	如陌陌、世纪佳缘、珍爱网等
4	通讯社交类媒体	如QQ、LINE、米聊、无秘等，不包括微信
5	论坛类社交媒体	如百度贴吧、天涯、QQ空间、豆瓣、人人、Facebook等
6	生活类社交媒体	如美团、去哪儿、携程、大众点评等
7	带有社交评论功能的新闻类媒体	如今日头条、腾讯新闻、网易新闻等可评论的新闻App
8	带有社交评论功能的电商类媒体	如淘宝、京东、小红书等
9	带有社交评论功能的视频或直播平台	如优酷、哔哩哔哩、斗鱼TV等

（一）社交媒体应用于"教"与"学"的兴起

1. "互联网+"的不断发展促进"教"与"学"的变化

尼古拉斯·尼葛洛庞帝指出，数字化的生活，将把人类带入一个后信息的时代，互联网已无处不在，渗透到人类学习和生活的各个领域。互联网的发展从门户时代到搜索/社交时代，再到现如今的大互联网时代，在这一过程中各个阶段都给我国的互联网历史留下了不同的时代烙印，不仅推动了中国互联网的发展，更为互联网发展提供了创新的根基，也为教育信息化发展提供了新平台。具体发展阶段如图4-4-1所示：

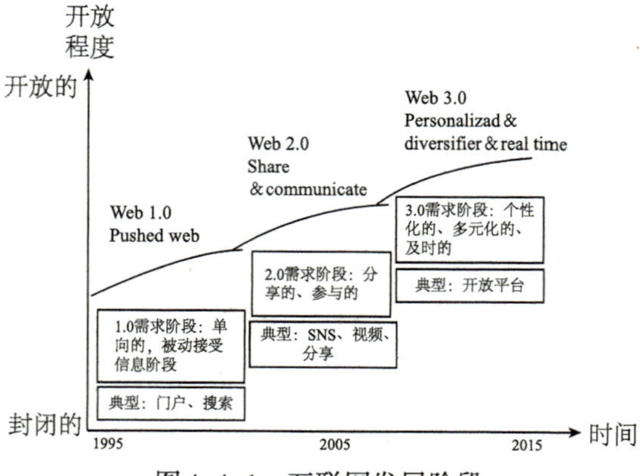

图4-4-1　互联网发展阶段

2015年3月5日，十二届全国人大三次会议上，李克强总理在政府工作报告中首次提出“互联网+”行动计划。“互联网+”时代即实现“每个个体、时刻联网、各取所需、实时互动”。其秉承着“以人为本”的理念，借助于移动互联网，开启了“互联网”+“产物”的潮流。其表现是加法，但实质是在做减法，即直接连接生产者与消费者，消除中间环节。作为用户需求的理解者和提供者，网络需要对用户的需求、习惯等一清二楚，通过对用户资源的筛选以及智能匹配，迅速提供给用户所需要的解决方案。

“互联网+”时代的不断发展促使“教”与“学”的媒体化、网络化、信息化。随着“互联网+”时代的创新发展，信息交流工具的种类、功能等也不断更新，不仅能够交流、传播信息，而且衍生了许多传播形式，成为新型传播工具。这其中最为突出的是社交媒体工具，它以简单快捷的形式进入学生群体中，并逐步走进课堂，成为教师与学生、学生与信息之间的重要媒介。

2. 社交媒体创造了更多学习机会

社交媒体在信息传播和共享方面的速度和广度，极大地拓展了学生获得信息的渠道和容量。学生可以了解到自己所学课程相关的专业知识，也可以了解到更多的前沿信息，从而促进知识结构的合理构建。贝尔德和费希尔对社交网络在教育规划和设计中的优势进行了阐释（BAIRD等，2006）。他们强调，在一些大学中，采用混合教学方法（面对面和网络增强型）与完全网络教学方法，都同样为学生和教师提供了大量的学习机会。此外，万德尔指出，21世纪的第一个十年，学校里最令人瞩目的技术发展，也许是那些专门以促进社交功能为目的的在线社交网络网站和公共网站的革新，因为这些技术的发展为学生的学习增加了很多的机会（WANDEL，2007）。与传统的电子邮件、手机短信等方式相比，社交媒体的通信功能更加强大，信息传递的形式也更为丰富。这就使得学生和学生、学生和教师之间的交流更加自由灵活：交流既可以是实时的，也可以是非实时的，信息可以是文本，但更多的是图像、声音和视频。

3. 社交媒体辅助解决传统课堂“教”与“学”问题

教学是课堂的主要任务，而“教”与“学”是开展教学活动的关键环节（杨叔琼，2006）。袁振国先生曾说过，传统的课堂造就传统的师生关系。传统课堂主要以教师的主动讲授和学生的被动反应为特征，已无法满足学习者的需求。

首先，教学管理难。在“教”与“学”中，教师的任务包括“教”与“管”两个方面，“管”即“协”。

其次，教学交互弱。传统课堂“教”与“学”缺少教学互动。一方面流行的“填鸭式”教学压抑了学生个性化的发展；另一方面，客观的“重教式”导致舍本逐末。

再次，教学反馈少。教学反馈主要体现在“教”与“学”反馈两个方面，即教师的“教”反馈与学生的“学”反馈。相对于信息化重交互过程，传统课堂中的“教”与“学”反馈较少。事实上，学生的学习目标、学习方法、学习内容、学习环境等都需要教师给予评价反馈，学生再根据反馈结果调整学习状态，继续学习，如图4-4-2所示。

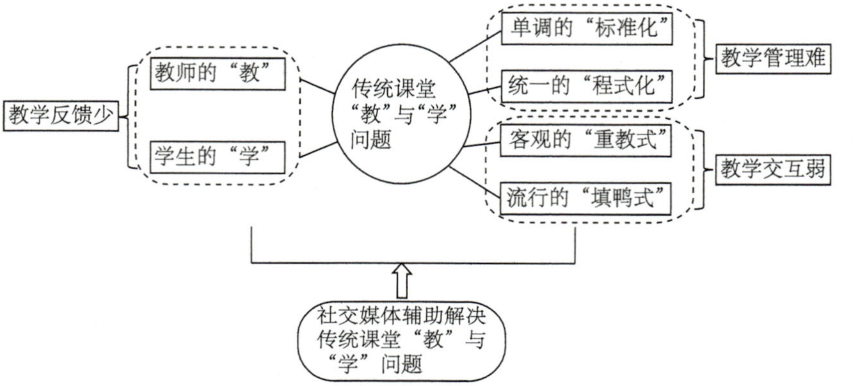

图4-4-2　社交媒体辅助解决传统课堂“教”与“学”问题

不同的社交媒体其功能不一。如QQ、微信等不仅能够提前发布课前资源，突出学习重难点，还能加强师生、生生间的交流互动，提高学生学习的积极性；微信、课堂派能够及时发布教学话题，提供自主分组讨论平台，学生在平台上可以畅所欲言；学生还可以通过微信扫描二维码获得问题答案，将学习资源分享、收藏，便于再次复习回顾。与传统教学相比，社交媒体工具辅助教学，不仅能够改善原始信息收集、获取、更新慢的问题，还能增强课堂及时互动。更重要的是，社交媒体使学习资源可视化、可读化，增加了学生的学习兴趣。通过社交媒体实时辅助“教”与“学”，调整或改善现有“教”与“学”模式，成为当下学校及社会教育关注与研究的热点。

（二）社交媒体教学应用的实践诉求

1. 从理论到实践：社交媒体契合教师的教学方法

在当前学校的“教”与“学”中，教师的教学方法大体上可以分为四种：其一，完全理论式教学。课堂中的教师满堂灌输理论知识，课堂中的学生保持做笔记或者静静倾听状态，教师与学生同在一个课堂，却分属两个“世界”。其二，完全实践式教学。教师按照教案提前安排课堂实践活动，学生根据教案指示投入实践活动中，完成教学任务，学生全程处于活动状态。其三，先理论后实践教学（王燕，2014）。教师通过“教”完成理论的讲解，学生对理论有了初步理解后，再通过实践活动加深对理论的认知。其四，边理论边实践教学。教学过程中，理论和实践相交融，教师对一个理论阐述完就开展相关实践加深理论认知，而后又继续提出新知识，再进行实践，使理论与实践循环往复，直至达到教学与学习目标。

不同的教学方式适用于不同的教学内容，其教学实践模式如图4-4-3所示：

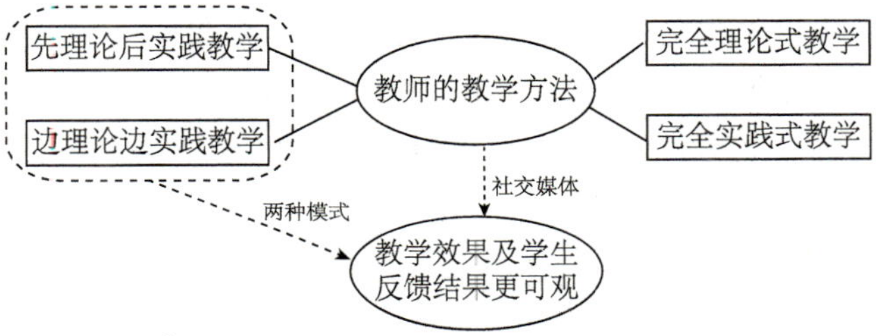

图4-4-3 四种教学实践模式结构图

理论与实践相结合的方式与策略很多，社交媒体作为一种交互技术，其应用比较契合教学实际（佚名，2012），如在教学内容的分享、上传资源方面，能够将理论进行可视化展示；在实践环节，社交媒体不仅提供不受时间、空间限制的分组交流功能，还可以让学生进行“无声”实践，这种“无声”实践应用于“教”与“学”，不仅利于学生独立思考，而且便于教师管理，进行及时解惑。

2.从共建到共享：社交媒体满足学习者的需求

学生课堂学习的主要目的是学习知识，掌握学习方法，构建完整的知识体系。但是在传统“教”与“学”中，学生并不能通过灌输式教学获得学习主动权（李太平等，2008）。原因分析如下：

第一，课前获取资源的机会较少，无法提前掌握教学中的重难点问题；第二，学习分组交流不具有自主性，交流形式单一，很难充分表达每一个人的观点；第三，学生对知识点的理解程度不一，有时无法跟上教师的快节奏教学，尤其是在课堂问答环节，经常对问题的答案一知半解；第四，协作与展示机会较少，即使有交流互动的机会，也是比较单一的课堂提问，不能及时进行有效的沟通，造成信息交流和传递的缺失；第五，在课后可复习、回顾的资源较少，且方式单一，不能满足后进生自主学习的需求，也无法满足部分学生进行有效复习的需求，如图4-4-4所示。

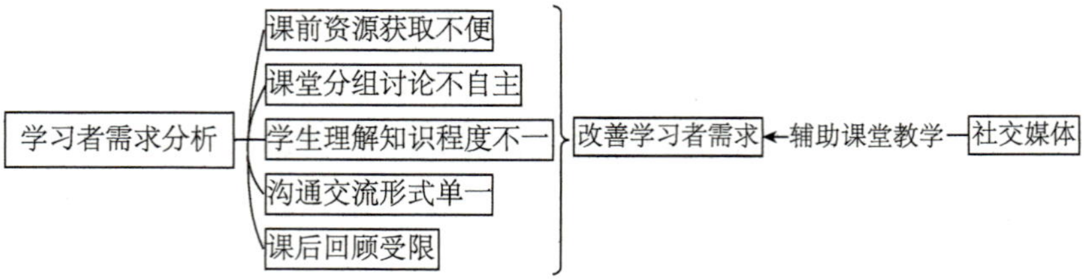

图4-4-4　学习者需求分析

从教育信息化的发展趋势来看，课堂是学习者学习的主要场所，课堂学习也是学习者获取知识的主要途径之一。社交媒体帮助教师探索、发掘新的教学方式，帮助学生构建完整的知识体系，课堂对于教师的教学发展、学生的学习成效都有很深的影响（朱登等，2015）。良好的课堂学习环境是学习者达到学习目标的重要保障，社交媒体作为教育信息化的产物，其形式多样、功能齐全、交互新颖。社交媒体辅助"教"与"学"，能够满足学习者从共建到共享的学习需求。此外，社交媒体还提供了分享、收藏学习资源功能，便于学习者复习、回顾。

（三）社交媒体在"教"与"学"应用中的途径分析

社交媒体在教学过程中存在三种应用途径：教师分配式、学生自主式、课堂交互式（唐兵等，2016），如图4-4-5所示。

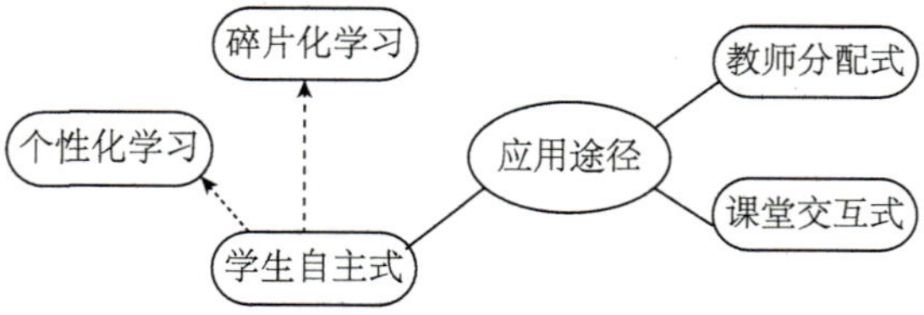

图4-4-5　社交媒体在教学过程的三种应用途径

1.教师分配式：管理教学

教师在教学中的地位不可替代，不仅要在课前收集教学资源，准备教学案例，而且在教学过程中要时刻关注学生学习情况，将教学内容与学生学习连接在一起，控制"教"与"学"的平衡。同时，社交媒体融入"教"与"学"后，教师可根据不同社交媒体应用功能将其合理应用于教学环节，以媒体工具为指导，将学生与知识、课堂联系起来。

教师分配式主要用于教学管理，作为对课堂中学生与教学内容等的约束。多种社交媒体都具有教学管理功能，"微信+课堂派"方式尤为突出。例如，在课前复习过程中，教师可对事先创建的课堂派平台进行班级人员添加，学生通过微信进入课堂派，完成“数字+GPS”定位考勤任务。在学生考勤过程中，教师还可以通过微信发布课堂学习资源，让学生提前了解教学内容，掌握教学重难点，提前预知问题。在教学过程中，学生可根据问题及时向教师提问，并在课堂讨论环节借助社交媒体互动交流，让老师与学生一起答疑解惑。此外，教师可利用“微信+课堂派”方式设置分组，进行小组管理讨论，也可利用社交媒体表现功能随时记录学生课堂表现，实时进行教学评估。即“微信-课堂派”管理方式对于教师参与管理教学内容、指导学生学习、构建信息化课堂环境等都具有较强的实践指导性（朱晔，2015）。

2.学生自主式：反馈教学

学生自主式是一种“开放式”学习方式，它不同于传统教学中的“束缚式”教学，在约束学生学习的同时，也解放了学生天性，集个性化学习与碎片化学习于一体。“QQ+微信”方式能够为学生提供自主学习的课堂环境，通过交流互动提高教学反馈。

关于个性化学习，杜威曾说过，我们试图把每一个学生的成就置于教育的中心（杜威，1993）。“教”与“学”是一个大环境，学生人数众多，个体差异大，教师在教学过程中很难关注到每个学生，也无法解决每个学生的问题。所以，在社交媒体的学习环境中，教师可通过媒体了解学生的随堂表现，也可通过讨论、交流、记录，发现学生所存在的问题并发现问题学生，对学生存在的问题实施线上或线下解答，对问题学生实施特殊教学，为其定制特殊的教学策略，允许其个性化学习，发掘其潜能和优势（曹晓明等，2014）。

从学习者的角度分析，社交媒体辅助“教”与“学”满足了不同学习者个性化的需求。学生在利用社交媒体进行个性化学习时，可将自己的创意和创新理念及时发表在讨论组中，在检验自身观点的同时，也能得到其他同学的可行性建议。此外，对于教师上传至社交媒体平台的课堂作业，学生可针对作业的难易程度逐一完成，找到适合自身的学习方法，在不脱离“教”的前提下，实施个性化学习。

所谓碎片化学习，是指将知识与时间碎片化分割，学习者自由选择时间学习知识的过程。碎片化学习的方式打破了原始课堂学习受时间和空间制约的格局，让学生放松心态，增强了学生学习的自由性（王承博等，2015）。在整个教学过程中，学生自身可利用社交媒体实施碎片化学习。学生的学习总伴随着时间与精力的投入，其不能根据自身的注意力程度去要求老师加快或者放慢教学的进度，由于注意力不集中或者无意识情感的出现都会导致其课堂上学习效率降低。或者，不同学生的理解能力不同，在记录笔记、理解教师教学知识点上也会出现偏差。此时，借助社交媒体的融入，就能很好地解决相关问题：学生可在课后通过媒体共享资源查找遗漏的知识点，也可利用讨论组、讨论群等实时咨询，还可以通过手机拍照、录制视频等供课后进行碎片化学习，并将视频、图像资源共享到社交媒体学习平台，达到共同学习的目的。

3.课堂交互式：交互教学

课堂交互式是一种交互教学方式，利用社交媒体可以将学生分成若干学习小组，开展合作学习。其中，"微信+二维码"教学方式是师生进行"教"与"学"交互的重要途径，主要解决"教"与"学"中教学交互弱的问题。社交媒体满足分组的随机性，可根据"教"与"学"需要，在媒体平台上随机分组。学习者可以同时在不同讨论组内对同一问题发表意见和看法，教师作为学习小组管理者，可申请参与讨论小组，查看小组讨论意见，便于随时指导和反馈。

例如，社交媒体允许小组任何成员上传文件，发表视频、语音、图片等形式的媒体资源，小组成员有权评价彼此的学习成果，并可以在多对多的讨论环境中，同时实施一对一交流，开展相互提问、相互评价，实现学思并重。"微信+二维码"的课堂交互方式为学习者提供了新型合作学习机会，为学习者在交流合作中完成学习任务提供了可能，在降低学习难度的同时，也实现了教学目标。

参考文献

BAIRD E E，FISHER M. Neomillenial user experience design strategies：Utilizing social networking media to support "always on" learning styles[J].Journal of educational technology systems，2006，34(1)：5-32.

WANDEL T. About Facebook: Educational institution responses to online social networking[Z].WCA Conference，Brisbane. 2007，July.

曹博林.社交媒体研究、发展历程、特征与未来——兼谈当下对社交媒体认识的模糊之处[D].武汉：武汉大学，2011.

曹双双.基于泛在环境的无缝学习策略研究[D].北京：北京交通大学，2012.

曹晓明，朱勇.学习分析视角下的个性化学习平台研究[J].开放教育研究，2014(5)：67-74.

丁雪阳，卢锋.高校教师社交媒体教学现状及提升策略[J].开放教育研究，2018，24

(2):97-106.

都平平，郭琪，李雨珂，等.基于社交媒体的网络学科信息交互推广服务[J].图书情报工作，2014，58(2):84-90.

杜威.明日之学校[M].朱经农，潘梓年，译.北京：商务印书馆，1923.

段会辉.微信的媒介营销模式分析[D].济南：山东师范大学，2015.

菲勒德.媒体形态变化：认识新媒介笔记[M].明安香，译.北京：华夏出版社，2001.

黄丽.我国未成年人媒介素养教育的现实动因与实现形式[D].湘潭：湘潭大学，2008.

李洁.国内不同社交媒体间的市场竞争研究——以QQ空间、新浪微博以及微信为例[D].成都：电子科技大学，2015.

李娜，胡泳.社交媒体的中国道路：现状、特色与未来[J].新闻爱好者，2014(12):5-11.

李奇.基于移动互联网的高职计算机应用专业课程体系改革研究与实践[J].教育教学论坛，2015(41):219-220.

李沁.沉浸媒介：第三媒介时代的传播范式[M].北京：清华大学出版社，2013.

李沁.沉浸媒介：重新定义媒介概念的内涵和外延[J].国际新闻界，2017，39(8):34-43.

李太平，李炎清.灌输式教学及其批判[J].高等教育研究，2008，29(7):83-88.

李响，皇甫大恩.混合教学模式研究[J].中国教育技术装备，2016(24):149，152.

马克·波斯特.第二媒介时代[M].范静哗，译.南京：南京大学出版社，2005.

马歇尔·麦克卢汉.理解媒介：论人的延伸[M].何道宽，译.南京：译林出版社，2011.

邵鹏.媒介作为人类记忆的研究——以媒介记忆理论为视角[D].杭州：浙江大学，2014.

邵鹏.新媒体对个体记忆的冲击与影响[J].当代传播，2013(2):80-82.

石铃."互联网+"背景下混合学习模式的构建与实践[J].宁波职业技术学院学报，2017，21(1):22-25，44.

孙文彬.媒介素养内涵演变与发展研究[D].合肥：中国科学技术大学，2009.

唐兵，张黎.基于微信公众号的交互式课堂及教学模式探索[J].现代商贸工业，2016，37(26):189-190.

王成霞，袁俊娥.泛在学习环境下利用微型资源学习模式及成效研究[J].教育教学论坛，2016(42):222-223.

王承博，李小平，赵丰年，等.大数据时代碎片化学习研究[J].电化教育研究，2015(10):26-30.

王燕.基于"先实践后理论"教学模式的"电子技术基础与技能"课程教学设计——以"可调直流稳压电源的制作与调试"为例[J].职教通讯，2014(15):5-7.

吴德政.新媒体背景下的大学生媒介素养提升研究[D].武汉:华中师范大学,2014.

夏谦.泛在环境下多模态信息融合机制与应用体系研究[D].武汉:华中师范大学,2013.

杨叔琼.大学课堂教学研究[D].长沙:湖南大学,2006.

杨孝堂.泛在学习:理论、模式与资源[J].中国远程教育(综合版),2011(6):69-73.

佚名.理论与实践相结合,提高学生学习力策略研究[EB/OL].(2012-02-16)[2018-3-5].https://wenku.baidu.com/view/7f226883bceb19e8b8f6baff.html.

应蓉珊.新媒体对大学生群体的影响研究[D].重庆:重庆大学,2010.

约翰·丹尼尔,翁朱华,顾凤佳,等.理解教育技术——从慕课到混合学习,下一步走向何方?[J].开放教育研究,2015(6):10-15.

赵敏.新媒体视域中的大学生道德教育创新研究[D].济南:山东大学,2012

朱登,刘春玲.关于社交媒体在大学课堂中使用情况的调查[J].教育观察(上旬),2015(4):84-85.

朱晔.论社交媒体在我国外语教学中的应用[J].外语电化教学,2015(4):47-51.

第五章　互联网思维与创造性学习

> 如果错过互联网，与你擦肩而过的不仅是机会，而是整整一个时代。
>
> ——王峻涛
>
> 网络正在改变人类的生存方式。
>
> ——比尔·盖茨
>
> 掌握新技术，要善于学习，更要善于创新。
>
> ——邓小平
>
> 任何研究工作都应有所创新。创新的基础，一是新概念的指导，二是新方法的突破。
>
> ——王鸿祯

互联网时代需要的互联网思维其实并不复杂，将“互联网”三个字拆开来看就是互联网思维的本质。“互”就是“互动”，本质是“民主”；“联”就是“联结”，本质是“开放”；“网”就是“网络”，本质是“平等”。同时，互联网思维也可以分为三个层面：其一，工具化，将互联网看作是工具，降低成本、提高效率；其二，网络化，利用互联网改变运营流程，如电子商务、网络营销；其三，互联网思维，传统行业借助互联网创新运行模式和价值观念。互联网思维已经成为时代发展潮流，如果还不改变思维，就只能面对被社会淘汰的悲惨结局（成都浩旺，2018）。

一、互联网思维启示

互联网已经融入了人们生活的方方面面，“脱网”似乎已成为现代人的一个障碍和挑战。

（一）互联网中国式发展

中国互联网的创始人胡启恒院士曾说过，互联网不是八抬大轿抬出来的，而是从羊肠小道走出来的。其发展历程可以概括为三个阶段：

首先，互联网从"暗度陈仓"到书面推荐，从信息检索到充分的功能访问，从科研推动到商业化萌芽。在这个阶段中，学术需求推动了互联网在中国登陆，是互联网的引入期。其次，互联网的商业模式逐渐成熟，对经济促进作用不断增强，作为信息社会基础设施的地位不断凸显，是商业价值的发展期；再次，是社会价值的凸显期，作为媒介，互联网延伸到基层。自媒体和社会化媒体迅速发展以来，互联网将社会推向了"以人为本"的时代，是促进社会进步的工具，推动着社会各阶层的力量发展。与此同时，政府开始探索网络治理的路径，寻求社会治理与网络舆论合理和谐的互动模式（陈建功等，2014）。

互联网的影响是惊人的，它催生了新的产业、社区和各类信息，使人们能够在全球范围内相互联系与合作，为各行各业提供新的经营模式和思路。同时，互联网思维产生于"网络时代"，之所以受到人们尊敬，不仅因为它具有低成本和共享性特点，最重要的是它公平和透明。

（二）互联网思维

百度创始人李彦宏在2011年首次提到"网络思维"，意思是"根据互联网的特点进行思考"。2012年，小米公司首席执行官雷军也经常提到一个相关术语——互联网思想，其一直试图总结互联网企业之间的差异，并进行结构分析。2013年，《新闻联播》报道了"网络思维带来了什么"，使得这个术语得以公开，标志着对网络思维的社会关注达到了一个新的高度（马海祥，2017）。

简单地说，互联网思维是指互联网时代基于互联网的特点，重新审视市场、用户、产品、企业价值链乃至整个商业生态系统的思维方式，进而扩展到对整个社会生产和生活方式的反思，具有便捷、自由、去中心化、去层级化、个体参与、用户体验至上、数据化思维等特征（如图5-1-1所示）。这种思维方式基于连接的可能性，将每个参与的用户连接起来，形成一个由许多点组成的巨大网络，从而创造出无限的可能性。例如，近年来出现的"余额宝""粉丝经济"和"众筹"平台等都是互联网思维在商业领域的具体应用（刘帅，2014）。

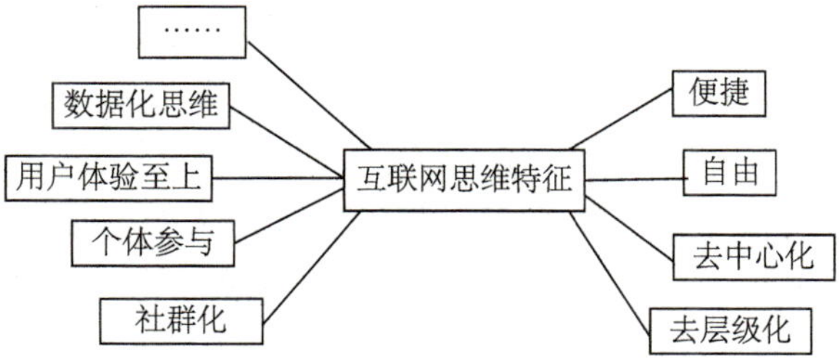

图5-1-1　互联网思维特征

真正改变人们思维方式的是互联网的“聚合”，用户不是无条件地聚集在一起，而是因为共同的兴趣或利益被人为地组织起来的。最大公因子的大小决定了产品最终能聚集的人数，兴趣和利益决定了黏附的程度。与传统的思维方式相比，互联网思维更注重服务，强调人的价值。互联网的发展为我们提供了一种新的思维方式。但就目前而言，它只是在传统思维方式的基础上增加了一种选择。网络时代的本质特征是：互动、连接、网络。互联网思维符合网络时代的本质特征，把整个世界变成一个任意互动、无限连接的网络主体（罗薇丽，2015）。

互联网思维的焦点是思维。互联网只是一个媒介和平台。思维是在外观和概念的基础上进行分析、综合、判断和推理的过程，是人的一种特殊的精神活动。互联网的出现激发了人类思维，改变了思维方式。互联网思维是对后现代思维的超越，主张解构一切。目前，人们按照思维发展的基本路径，从工业时代“大而全”的整体观逐步嬗变为后现代的解构观，进而螺旋式地发展成为互联网思维的全局观。这是实现人类思维方式提升的必然路径，标志着人类思维方式的演进和智力水平的划时代发展，它反映了世界已经被解构并回归到更高层次的整合和系统化。一切都是联系在一起的，新的关系意味着新的可能性（李芒等，2017）。即互联网思维是指人类通过互联网和人类对世界的认识方法所反映的世界的形式，而互联网思维方式是具有互联网思维特点的，其本质是利用互联网思维解决问题，不仅适用于互联网世界，也适用于人类世界的各个方面。

（三）后互联网

只在此山中，云深不知处。看不清真相，不一定是因为离它太远，也可能是身临其中太久，以致什么也看不到。

1. 信息爆炸促使了“浅层阅读”

人的改变总是从认知层面发生。互联网时代，信息爆炸造成信息过度简化。很多年前专家们就担心互联网上的信息超载会给大脑带来太多的负担。事实上，今天我们一天接收到的信息量可能比原始先辈一辈子接收到的信息量还大。然而，似乎人类生来就有一个强大的"信息筛选屏蔽能力"——海量信息引发大脑信息筛选能力"快速进化"。进化从不考虑优劣，进化考虑的是适应性。除了小部分精英外，普通大众对信息筛选的手段很简单。

例如，对于一个中学生来说，闲暇时间，在互联网时代之前，他可能会翻看书架上的《时间简史》，慢慢地打开一个脱离现实思考的世界，激发出新思维的"可能性"。然而，对于后互联网时代的中学生来说，这已经变得如此困难：他们的闲暇时间被游戏和娱乐所占据，对于智力发育尚未完善的小孩来说，他不太可能摆脱娱乐的诱惑，放下手中的游戏去翻阅枯燥的思想类书籍。

因此，总的来说，互联网的泛滥对一大批有待"进一步发育健全人格"的"可上可下"的人来说是极其不公平的，他们极大地推迟了大脑的发展，形成习惯性的"浅层阅读"。

2.信息及服务唾手可得：更多地控制了人们的行为

在自然界中，如果动物在一段时间内一无所获，它将面临饥饿和死亡的危机。人类祖先也是如此，这就进化出了一种被现代人类称为无聊的焦虑感。这也意味着一旦什么都不做，人们就会感到焦虑，这种不舒服的感觉迫使人们采取相应行动。换句话说，人类需要必要的无聊。例如，一个中学生在无聊的时候可能会读经典著作。然而，时至今日，互联网以最低的成本解决了时间和空间的差距，IT企业也在为所有人"无聊的时间"绞尽脑汁，而事实上，每个人似乎都"忙着"：醒来、上厕所、洗衣服、吃饭，甚至和盯着手机屏幕的人交谈等。一旦脱离网络，许多人就会出现易怒、抑郁的症状。

英国著名意识科学家苏珊·格林菲尔德在《头脑变化》中提到：互联网并不是在创造更智能的机器，而是在创造更蠢的人类。著名科技记者皮埃罗曾提到，人工智能超越人类有两种方法：一种是让智能变得更聪明，另一种是让人类变得愚蠢。如果想测试一个人是否属于"成年人"，最简单的方法就是"断网"一周，观察他是否会"不舒服"，并验证他是否有能力"享受安静的独处"。

3.社交媒体：既毁了社交，也毁了媒体（李少加，2017）

在互联网的众多应用中，"社交媒体"对"人类文明"的改变可以说是最大的。社交媒体对社会的最大贡献可以说是"社交"和"媒介"的优雅终结。

（1）社交媒体扼杀了社交。社交应用的初衷和互联网一样很美好：创建一系列不受时空限制、低消耗、共同协作创造更多社会价值的虚拟社交空间。然而，正如物理世界中“有序总是自发地向无序演化”一样，一旦人类聚集在一起，体现的“宏观群体本能”，似乎也具备将“中立化工具向负面方式使用的倾向”。人是社会化动物，社会交往是人的属性，这已经成为人们的刚性需求：个人只有从亲朋好友的真正情感互动中才能获得自我感、存在感、归属及安全感。

然而，随着社交媒体的发明及不断优化，特别是神奇的“点赞”功能使社交网络逐渐演变成了个人“虚荣”的放大器。人们可以以非常低的成本创建一个虚拟的、良好的自我形象，比如选择一个特定的角度拍下照片，然后发布出来，而真正的情感和社交则是非常麻烦的。当然，不能否认这种虚假的社会有很大的商业价值：人们愿意花很多钱体验“丰富多彩”的生活。如果没有朋友圈，旅游业将会受到重创，更不用说社交媒体在广告市场每年投入的高额费用，以及社交媒体的大数据和新业务联合衍生的更多业务了。直接互动带来的情感体验永远无法被社交媒体上冰冷的图文和表情交流取代。

（2）社交媒体扼杀了媒体。在后社交媒体时代，判断一篇好文章或坏文章的标准不是社会价值，而是简单地通过市场机制简化成的阅读量和分享量。当前，很多社交媒体只提供“八卦”和“博人眼球的信息”。社交媒体的演变滋生了更多的浅层次阅读，又进一步促成了认知衰退。当然，这一切并不归咎于互联网本身，因为对大多数人来说，互联网绝对是好的。

“进化论”的“进化”两字很容易让大众产生误解：好像进化意味着更强、更好。但事实并非如此，这里“进化”仅意味着“更好地适应环境”。然而，进化论毕竟只是“自然界逻辑”，但时下无论职场人士、创业者甚至一些商界大佬，却在基于对进化论一知半解的情况下错误地解读了商业的进化逻辑。人类是自然界中唯一具备“符号思维”的生物，这种思维赋予人类除了被动适应之外，更多的是主动改造环境以求得更好的生存（李少加，2017）。

（四）教育中的互联网思维

“互联网+”的概念赋予教育和学习以新的形式，从而为人类创造了一种独特的方式来反映教与学的现象。作为生活在“互联网+”时代的群体，我们必须理性反思在网络时代该如何看待事物，如何适应自己的思维方法，不断创造新的思维方式和新的教学思维模式，并有效地利用这些模式来探索新的存在（李芒等，2017）。

1.依托互联网体系完成转向

当仔细审视大自然或人类历史或自己的精神活动时，摆在面前的第一个事物是一幅取之不尽、交织在一起的各种联系和相互作用的图画。马克思主义关于普遍联系的经典论述，虽诞生于一个多世纪以前，但历史和现实证明，它是一种科学的理论，至今仍有很强的生命力。联系意味着相关，相关性思维是"世界普遍连接"和"互联网特征"原则的延伸，是在解决和处理问题时看到的事物本质和内在规律，以一种理性的方式将看似彼此无关的事物联系起来。故相关性思维的深刻意义在于它能够打破人的固有思维模式，从不同的角度观察事物，更多地探索和产生新事物。

在互联网背景下，相关性思维强调的是所有事物的相互联系已经从理想变为现实，有效关联产生的前提是人们思维中的第一关联，这是一个思维实验的过程。目前，人类思维的内容和过程非常零散，极大地增加了人类建立自己的理解体系，形成抽象概念、价值观和人生观的难度。人类大脑将思维材料系统化，并利用自己的系统来理解和改造世界。系统化是对科学专门性的一般性批判。作为人类，如果不能建立自己的思维方式，如果大脑中的材料是具体的和支离破碎的，那就没有办法深入思考。学生的零散学习不利于形成知识体系和整体的学习观，因此，教师需要采用相关性思维，与学生共同努力，按照自己的逻辑对这个支离破碎的世界进行再加工，形成自己独特的思维系统。

互联网作为一种现代技术系统，已经成为个人生存的巨大"座驾"，个人就像太空船中的宇航员一样，不得不将许多"权利"交给一个技术系统。这种转移关系是很自然的，例如，现代人把钱存到网上银行，通过手机买卖，从物质的角度来看，这个过程实质上是一个在银行不确定的计算机网络系统中储存一些代码的问题。想象一下，如果银行不确定计算机网络系统崩溃会发生什么，个人的财富将如何确定？互联网的智能化特征越明显，就越能理解人们的需求，并根据人们的需要提供相应的技术支持。在这种环境下，越来越多的人把自己的功能委托给网络。于是，网络教学系统通过对学习者学习路径的跟踪和对其提交的学习材料的分析，得出学习者的学习成绩等基本情况的描述，这是教师将学习评价委托给网络教育系统的案例。

从教师发展的角度看，教师只有信任现代技术体系才可以把人们从小概率事件的恐惧中解脱出来，把理想变成现实。在教育生态学中，教育者充分相信学生的本质，赋予他们人类文明的传承和繁荣；在教学过程中，教师充分肯定学生的能力和期望。在自我成长中，教师充分利用现代技术的优势，提高效率，改善自我体验，提高幸福感。

人与世界的关系不仅是预先形成的，也是生成的。教师现有的知识体系是一种原有的存在，但人类不会永远停留在现有的认知水平上，必然会走向一个更深更有意义的“可能世界”。因此，教师不仅是知识的守护者，也是引导学生“创造现实”的指导者。互联网技术使人们比以往任何时候都得到更多的信息。在思维、学习和教学过程中，人们很容易产生突如其来的理解和思考。这正需要注意的生成性思维。因此，“教育是生成的”不是一个简单的口号，而是为了促进人类的进一步发展。

从网络环境下教师发展的角度看，“生成”主要是关系的生成、意义的生成以及现象的生成。

关系的生成。在本体论意义上，物体是真实的、自成一体的、完整的、自然存在的，但是事物作为实体是自给自足的、封闭的、孤立的。互联网最吸引人的地方是这些封闭的、孤立的部分利用互联网的连接功能，连接在一起，形成一种关系，以增强自己的生存能力。如教育制度与社会其他方面共存，具有不可预测性、不确定性和偶然性。事物之间有无数的排列和组合方式，在“关系”产生之前，它们的功能是非常有限的，而且很容易磨损。“关系”在互联网上趋同，看似很弱，但潜力是无法估量的，“弱关系”起着非常强大的作用。因此，不能因为它“弱”而忽视它。例如，不管是以学生为中心的教学还是以教师为中心的教学都是不全面的。中心结构本身就存在问题，不能真正理解和解释教学活动。教学是由教师和学生、学生和学生以及相关人员组成的一种教学关系，其中产生了教学活动的全部结果。教师善于重构各种教育要素之间的关系，这是教育智慧的体现。尤其是在互联网时代，课堂越来越趋于立体化，这将更有利于师生、学生形成互动的教学关系，同时，教师也必须充分利用互联网技术，实现教育现代化（顾钺，2016）。

意义的生成。互联网时代一个重要的问题就是如何将层出不穷的新事物纳入自己的意义世界。帮助学习者生成对世界的理解，是一名教师的责任。当前，教育不是将固有的世界观体系复制到学习者心中，而是让学习者产生自己的“意义世界”。人的终极价值不在于事物，而在于人本身，这种价值既不是人的理性价值，也不是人的自觉价值，而是人的自由自觉的生产性的生命活动及其全面发展，这种生产性的生命活动就是实践。因此，作为一名教师，应该注重“新鲜”的客体，把无尽的事物带入个体意义世界，这个意义世界并不遥远，它存在于学生周围的现实生活中。

现象的生成。现象是事物的外部联系和表面特征，是事物本质的外在表现，它表现为存在和存在的结构。事物本身不能表达自己，人类对它的理解构成了它的表现形式。事物总是以比人们所知道的更多的方式表达，所以人类的认知是无止境的。教师将"符号的意义"和"意识的意义"转化为学习者能够理解的现象，"生成"不仅是对事物本身的探索，也是教育的责任（佚名，2017）。互联网是产生现象的理想工具。在这个平台的帮助下，教师和学生相互交流，当思想进入对方的不确定意识中时，意义很快就明确了，学生定义的思想变成文本，记录在语音或微视频中。从这个意义上说，生成是从无形到有形的转变。

由于受关系、意义和现象几个因素的影响，在教学过程中，优秀教师会认识到"教是为了不教"是教学目的和教学艺术的最高境界，教师扮演的角色是汽车的点火器，学生才是发动机。正如苏格拉底所说："教育的智慧在于唤醒。"优秀的教师不仅能够清晰地传授知识，而且能够更好地利用知识作为平台，培养学生的各种智力因素和非智力因素，这是教学水平的飞跃，是教师和学生应该在课堂上做的事，使课堂充满生机和活力。学校存在的理由是对学术的一种富有想象力的探索，从而在知识和生活激情之间架起了一座桥梁（张广财等，2008）。教师应激励学生，与学生进行互动讨论，使学生获得方法上的收获，适当提高课堂教学的深度、难度、广度、强度、高度和温度。在生成性思维模式的指导下，教师和学生应该能够体会到教学所带来的激情、兴奋、愉悦、满足和快乐，这是其他人类活动难以替代的，如图5-1-2所示。

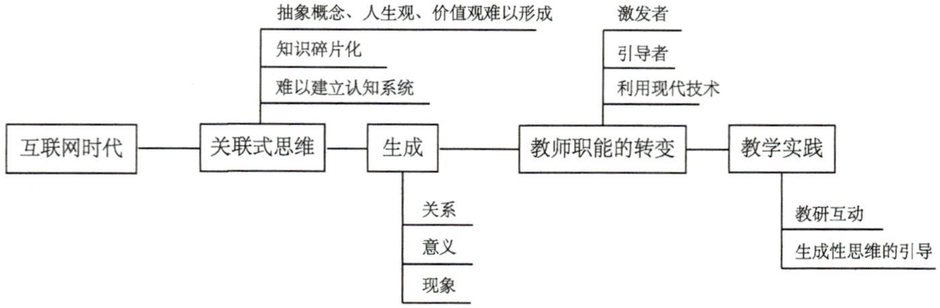

图5-1-2　依托互联网体系完成转向模式图

2.辩证的收获与分享

为了形成包纳性思维，互联网时代要求个人以"包纳"的方式对待世界。包纳不同于简单的包容，后者可以是"不明确地反对"，但"置之不理"，可能是一种软阻力或一种高调的感觉。包纳意味着尊重他人的理性和价值，保持着“对所有可能的世界都开放的创造性思想”（赵汀阳，2004）。

在互联网时代，每个人都是世界的主人，有句话说：“全部人类历史的第一个前提无疑是活生生的个体的存在。”任何控制他人思想的企图，都只能存在于局部的空间和时间中，之后肯定会受到鄙视。现实生活中，教师往往具有鲜明的个性和强烈的自我意识，是最具自我意识的群体之一。所以，互联网思维启发了我们，教师不应等待包容，而应拥抱世界。

包纳相互激励，不确定动机和潜力。“包容性增长”的概念由亚洲开发银行率先提出，其最初含义是“确保机会均等的社会包容性以及能减少风险，并为最弱势群体带来缓冲的社会安全网”（罗勇，2016）。真正的学者和他们各自的思想和理论是平等的，应该相互包容。正如胡适所说：“宽容比自由更重要。”也就是说，其他人一些不明确的理论和观点，其内涵和外延可能远远超出了我们一般、简短的想象和判断。如果只是停留在肤浅的知识或直觉的水平，你往往会做出错误的判断，因此，要“虚心涵泳”。反对别人的意见之前，首先要彻底了解别人的意见，如果不接受，便要真正熟悉。真正的学者可能有不同的学术观点，但他们都有着共同的需求和严谨的学术精神。通常，一位学者的价值不应影响另一位学者的价值，也不能判断其所采用的技术和方法的优缺点，只能说双方之间存在分歧，或者在这一问题上存在分歧。此外，持不同观点的人可以谈论自己的观点，但应该从内心尊重他人的观点，其他人的存在是他们存在的条件，应该“善待他人定义的知识”。事实上，宽容就是自由，也只有这样，才能获得真正意义上的“自由”。

教师面对的是具有各种“可能性”的年轻学生，教师应提高自身对学生差异的包容能力。未来社会的主要建设者是新生代的学生，所以教师对学生灵魂的影响，间接地影响着未来社会的形成。而拥有可能性才会有转向现实的可能。教师的角色是将学生的不确定性、可能性转化为现实，这种转化的前提是教师意识到学生之间的差异性，并理解和接受学生的多元特征。同时，教师必须充分认识到，成功的标准已经不是单一的，在互联网时代每个学生都可以取得不一样的成功，诚如“天生我材必有用”。所以，如果教师还不在思想上做出改变，那么在一定意义上，教育就会破坏学生的基本力量，使学生的人格世界崩塌。

3.在有限的互联网中求变

“大而完整”是工业社会的基本特征，为了适应这种特征，人们充分利用海绵式思维方式来反映客体，这种思维方式就像把海绵放入水中，最大限度地吸收水分，为未来生活最大限度地接受更多的信息、积累更多的知识。吸收的水量则是衡量努力效果的指标。

在信息量已经大到了“虚无”程度的互联网时代，工业时代所推崇的海绵式思维方式注定要被淘金式思维方式所取代。因为海绵式思维的终极目标是对信息的占有量，而这种信息的占有会让我们被巨大的信息海洋淹没。在“百度一下，你就知道”的时代，海绵式思维方式明显不占优势，也无法再被学校教育所推崇。

淘金式思维是指充分发挥自己的主观性，对信息的价值作出主观判断，对信息加以取舍，获取必要的信息。“淘金”的过程是主观认识的主动识别、提取和加工过程，也是追求重要思想的过程（尼尔·布朗等，2013）。

大数据时代“因果关系让位于相关关系”成为共识。“分类-本质”思维是西方古典思想的典型特征，源于人们对自然宇宙的敬畏，试图把握事物的普遍规律，控制事物的因果关系，从而获得安全感；而“关系-变化”思维是现代思想的典型特征，它并不是试图找出每一种事物的本质，而是认为事物通常是相互联系的，变化是永恒的。因此，现代人越是了解自然世界，就越能意识到人的渺小，从而承认自己的有限性和世界的变化。

互联网给人类社会带来了深刻变革的可能性。从主体的角度看，人们应该注意现代思维方式的转变，既要承认变化的客观性，又要积极把握变化，即所谓的“求变思维”。同时，互联网技术给人们带来的便利是无止境的，人们可以通过鼠标和键盘做大量的工作，这一特征极大地助长了人们的“惰性”。人的身体被日趋“固化”，已是明显的事实。事实上，人的思维也在不知不觉间被“固化”，最终使得人的行为方式也在被“固化”。然而，如果不改变行为，一切都将保持不变，不会产生新的价值，那么所谓的跨界只是一种想法，而不是一种行为。人们应该有改变世界的热情，有成为世界第一的勇气，顺应潮流，改革教学内容和方法。改变教学方法的意义不限于提高教学效率，培养抽象思维，培养自身的社会性，其深层意义在于它能促进人类社会意识形态的进步。

4. 互联网让思维走向开放与共享

互联网思维中的可追溯性思维是网络时代必备的思维方式，即具有独特的固定力、判断力和求真精神，主体可以在信息浪潮中储存精华，辨别虚假事物，保留真实事物。当前，网络上的教学信息是混沌的、不明确的，被转发后容易产生“三人成虎”的效应。所以，教师必须有自己的智慧，坚持“怀疑一切”和“打破砂锅问到底”的精神才能为学生打下坚实的基础，做好把关人的工作。

教育充满人性，哈佛大学前校长陆登庭说：“一所大学如果不能在各个重要的学科领域都竭尽全力，包括对于探究人文价值、社会结构及其历史发展等多种社会形态以及人类传统、文化和世界观起核心作用的人文学科领域，它就不可能真正成为一所杰出的大学”。

“分享自己，收获世界”，互联网让信息走向分享，形成分享式思维（温美韫，2016）。“分享”是指将属于自己的、具有“好”特征的事物（物、思想、感悟）给予他人享用。鼓励分享的名言、习语很多，赞扬分享精神的故事也很多，但关于“分享”问题的理论分析，无一例外地会引发“利己”和“利他”的辩论，这一争论在生物学、社会学、人类学、伦理学甚至哲学领域都有表现。亚当·斯密在《道德情操论》中认为同情之心是基本人性，但在《国富论》中却将人的行为动机归结为自私，这一矛盾被称为“斯密之谜”（苏伟，2006）。借用休谟批判霍布斯等人极端的人性自私论的话，即“人性具有利己与利他两个方面，两者在人性中分量相当”。“利己主义”和“利他主义”实际上是统一的。人的不确定性行为总是以目的为导向的，“普遍连接”将目的分配到“目的地领域”，包括自我和他人。因此，没有绝对的利己主义和利他主义。基于此，可以看出，当我们与他人分享自己的时候，我们也会分享他人。因此，分享是互利的，是共同的繁荣；分享是开放的，让世界趋向大同。新的发现、新的想法、新的需求都会在共享的过程中产生，都会在人际互动或社区互动中充分表达自己。

互联网的本质特征是连接一切。分享是连接的核心意义，是共同思考和“去中心化”的前提。互联网不仅可以传播个人行为，分享个体知识，更重要的是群体智慧也可以通过共享获得。例如，个人的知识通过互动、演变、修改与分享，促进产生新的想法并进行聚合，逐渐转变为群体知识。

分享则活，封闭则亡。因此，教师需要将传统思维方式转变为一种新的分享思维，可以称为“师”的思维，这是互联网时代教育的一个重要课题。同时，强调个人的能力，增强个人的影响力也是非常重要的，只有提高个人的独立性和个人才能，才能真正实现共享与合作。

在“互联网+”时代，人们对互联网的认识已经超越了现实思维的水平。几乎没有人坚持认为自己与互联网无关。人们已经开始从“信息风险”的角度来看待互联网的作用。人们对互联网已经进入了有限思维阶段。人们认识到互联网技术的作用也是有限和有条件的。互联网不是万能的，不能解决所有问题，教师必须充分认识到互联网不是教育唯一的救星。技术工具论者总是强调在教学的每一个环节都用上它，但是在很多情况下技术用了还不如不用。因为在课堂上技术的使用产生积极影响的同时，也会产生消极影响，其价值不在于技术本身，而在于教师如何应用，故“技术的价值在于掌握技术的人”。

例如，有的教师要求学生在课堂上使用智能设备，却不允许学生相互交流。实际上，面对面交流才是最佳互动方式，不仅能锻炼学生的语言表达能力，而且在与别人交流的过程中，学生会获得真实的情感体验。就目前的情况来看，信息技术已经在课堂上展现了它的精彩之处。教育是一种精神范畴的事物，是人与人之间交往的过程。起源于美国的“翻转课堂”，实际上是两位美国山区中学教师为了给没来上课的学生补课所采取的无奈之举。还有不少学校虽然建立了未来教室，但是教学的方式和内容并没有发生改变，只能说是“徒有其表”。因此，用不用信息技术不是问题，问题是怎么用，如何用。

二、创造力与创造性思维

皮亚杰强调教育的基本目标是培养具有创造新事物能力的人，他是具有创造性和擅于发明的发现者，而不是简单重复前人已做之事。在知识经济时代，方法与思维是使人走向成功、迈向卓越的艺术。因此，创新方法是智者的事业，创新思维是竞争的关键和成功的利器。

学习的本质是丰富与提升自己的创新智力，学无止境，知识创新和方法创新永远是学习者学习生涯中的全新事业。知识创新以学习的创新为起点，独特高效的学习方法体现着一个人的创新精神和创造能力，而卓越的创造性学习能力（学习中的创新能力）则预示着一个人未来的竞争潜力、发展潜力和成功潜力（吴进国，2000）。

（一）创造力：制造他人的未知

创造力是人类特有的一种综合性本领，是指创生新思想，洞察和创造新事物的能力（张屿，2017），是由知识、智力、能力及优良的个性品质等复杂多因素综合优化构成的，是成功地完成某种创造性活动所必需的心理品质（邓建华，2013）。

真正的创造活动总给社会带来有价值的成果，人类的文明史实质上是创造力的实现结果（萧枫等，2012）。如今，由于侧重点不同，对创造力的认知大致分为两种倾向：一是它不是一种能力，而是一种或多种心理过程，进而产出新颖且有价值的成果；二是它不是一种过程，而是一种产物。一般而言，创造力既是一种能力，又是一种复杂的心理过程和新颖的产物。

有人认为，在创造潜能得以充分实现的前提下，创造力较高的人通常有较高的智力，但智力高的人不一定具有卓越卓异的创造力。据西方学者研究表明，智商超过一定水平时，智力和创造力之间的区别并不显著。创造力高的人对于客观事物中存在的明显失常、不平衡、不充分的矛盾现象感受性强，易产生强烈兴趣，能抓住易为常人漠视的问题，并且在解决问题实践中具备推敲入微，意志坚强，自我意识强烈，能认识和评价自己与别人的行为和特点（黄炳基，2015）。一般来说，创造力与一般能力的不同之处在于它的新颖性、独创性及发散性思维。而发散性思维就是一种个人无定向、自由地由已知探索未知的思维方式。美国心理学家吉尔福德指出，当发散思维表现为外部行为时，就代表了个人的创造能力（赵如雪，2016）。

可以说，创造力就是个体用自己的方法将新奇想法付诸实践从而创造出新颖的、别人未知的东西的能力。知识、智能、人格是创造力的三大基本构成要素。

知识，包括接受知识的能力、记忆知识的能力和理解知识的能力。吸收知识，掌握专业知识与实际操作技术，积累实践经验，运用知识分析问题、解决问题是创造力的基础。任何创造离开知识都是空中楼阁，丰富的知识有利于创造性设想的迸发和对设想的科学分析、鉴别与简化、调整、修正，并有利于创造性方案的实施与检验。此外，还有利于克服自卑心理，使个体拥有敢于创新的勇气（王子宜，2016）。

智能，是智力和多种能力的有机组合。它既涵盖敏锐而独特的观察力、高度集中的注意力、高效持久的记忆力和灵活熟练的操作力，也包括创造性思维能力，掌握和运用创造原理、技巧和方法的能力等。这是构成创造力的重要部分。

人格，包括感觉、意志、情操等各方面内容。它是在一个人生理素质的基础上，在一定的社会历史条件下，通过社会实践活动逐渐形成和发展起来的区别于他人的独特而稳定的思维方式和行为风格，是创造活动中所展现出来的创造素质。

优良的个性品质如积极向上的进取心、强烈的求知欲、坚忍顽强的意志力、独立饱满的思考精神等，是发挥创造力的重要条件和保证。总之，知识、智能和人格是创造力构成的基本要素，它们相辅相成，共同决定创造力的水平（李毅红，1998）。

（二）创造力及创造性思维

创造性思维即发散性思维，在遇到某一问题时，这种思维方式可摆脱现有知识的限制和传统方法的束缚，并从多角度、多侧面、多层次、多结构去寻求问题答案。其思维路线是非线性的、扩散性的、开放性的，同时，它解决问题的方法不是一贯的，而是在多种方案、多种途径中去探索、尝试、抉择。

所谓创造性思维，从功能上看就是指具有创新功能的思维活动，从结果上看就是指产生创造性成果的思维活动。创造性、新颖性、非重复性、超越性、价值性是所有创造性思维都具有的共同特点（孔庆新等，2008）.

1.创造力学习方法

构成人的创造力的因素众多，其核心是创造性思维。创造性思维又可分为辐射思维与集中思维。所谓辐射思维，就是充分发挥人的想象力，突破原本知识、方法等的束缚，思维呈多维发散状地寻求问题的不同解决方式的思维方法，主要是指想象、推测的过程（张敬泉，2013）。所谓集中思维，就是对各种创造性设想进行分析、梳理，最后再依据理论、价值观等进行评价的一种思维方法，主要是指分析、聚合，实行正确评价的过程。辐射思维与集中思维，人人皆有。只是对一般人来说，较习惯于集中思维，而忽略辐射思维的重要性，总想获得问题的唯一正确答案。所以，若想进行创造性学习，必须十分重视辐射思维能力的培养，在学习中，将"求同"与"求异"统一起来，辩证地对待"同"与"异"，把学习中有所创新地发现问题、提出问题和解决问题作为创造性学习所追求的目标，继而把创造性作为学习的目标。创造和学习彼此交融，创造需要深度的学习，深度的学习需要创造性学习方法，学生应当有针对性地学习、应用各种学习方法，进行创造性学习（佚名，2012）。

（1）立体思考思维。认识对象的一切方向、一切联系和"中介"，纵串横联，立体思考，从事物方方面面的联系上，去发现问题及与问题相关的各类关系，从而获取解决问题的办法。对不同的学习内容，从不同角度进行分析判断，探究纵、横系列和它们相交叉而形成的立体系列，使学习兼有深度和广度，展示创造的前景（皮尔松，2003）。

（2）探源索隐思维。追溯偶然发现的原因，在注重知识掌握的同时，探源索隐，追究导致前人发现与缔造定律、定理和公式的思路；从寻求事物的各类原因中，探索创新的思维方式，激发自己提出解决问题办法的灵感。事实上，具有创新精神或智力高的人，更加注重探源索隐（刘蔚玲等，2009）。

（3）辨异求同思维。学会质疑，善于辨析，从辨析中打开思路，不钻营唯一正确的答案，而是“逼迫”自己采取不同的思路达到相同目标；从辨析中，发现新问题、新情况，发现原本问题的新的解决办法，使自己的创造欲在执着追求中受到激发，塑造自己创造性解题的思维惯性，发挥创造性思维。

（4）纲要浓缩思维。尽力编制学习撮要，浓缩学习要点，使“点的记忆”演化为“线的记忆”，构成知识网络。学习撮要应突出个人见解，跳出书本的框架和教师的讲授，延伸发展，发现问题与创造紧密结合。纲要浓缩，博约相宜，重点突出，形象直观，拟制简便，应用广泛，便于复习，利于创造。浓缩学科中的精华结穴之处，颇显个人功力，是一种以小博大、事半功倍的好策略。

（5）趋势外推思维。任何事物在发展过程中，过去、现在和未来都有着潜在联系。因此可以根据过去和现在的信息，在学习中探究影响事物发展的基本因素、限定条件，推测事物未来发展趋势，从而制定恰当的对策。在外推过程中，可采用“智力激励法”，以专题讨论方式，通过充分自由的扩散外推思维进行信息催化，启迪与激发大量的创造设想，形成综合创造力。同时，在讨论过程中，主题鲜明，克服通常讨论中相互评价系统和自我评价系统对萌发创新思路的抑制作用，达到不拘一格降“创意”，激发创造的目的（安克秀，2007）。

（6）类比模拟思维。在学习中，要擅长从自然界或已有成果中，找出与对象相类似的东西，加以仿效，创生出新的东西来。从个体成长过程看，模仿是创造的先导，但我们追求的并不是单纯模仿，而是在模仿中进行创新。学生在学习中，要培养自己动脑动手、模仿创新的能力，从类比模拟中求创新（辛昕，2010）。

学习有法，但无定法。任何一种学习思维都不可避免地带有自身局限性，万能方法是不存在的。以上所谈仅是对创造性学习思路的系列提示，并不是创造性学习方法的具体模式，真正有效的创造性学习方法是在每个学习者的学习中基于学习者个性需求创造出来的（如图5-2-1所示）。

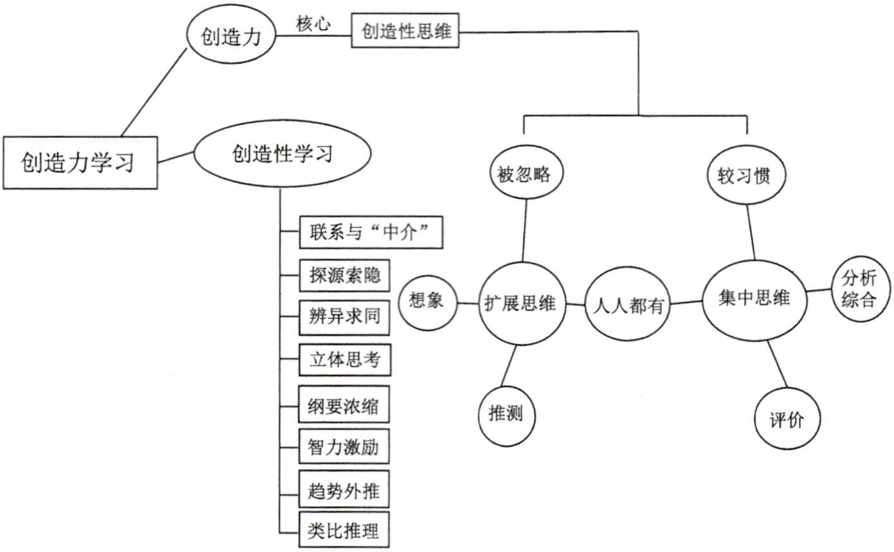

图5-2-1　创造力学习

2. 创造力学习原则

创新是一个民族进步的灵魂，是一个国家兴旺发达的不竭源泉，不论是产品的全新打造或服务模式的突破创新，还是现有产品的升级迭代或技术的循序创新，其起点都是最初具有创造性的创意想法（刘新梅等，2013）。创造性想法的萌生是以个体或组织前期的知识储备为基底的，组织知识是能够影响创造力水平的直接要素。另外，知识的积累是通过锲而不舍地学习实现的。组织的学习行为从根本上决定了组织内新想法产生的数量和质量，因此组织学习成为决定组织创造力水平高低的核心因素之一。

组织创造力是指在一个纷繁复杂的社会系统下，组织产生一系列新奇的、有价值的想法，形成与新产品、新服务、新工艺、新过程等有关问题的解决方案，它反映组织产生新颖并且有用的想法的能力。因此，组织创造力的大小直接影响组织创新的成效和创新产品的成败（黄华伦，2015）。

个体社会化与社会个体化的实现需要教育，这是教育所关注的主要问题。自创造学兴起以来，“创造力具有可教育性”似乎成为一个不容置疑的真理。纵观教育科学论著，不难发现，多数教育著作都是从创造力的“必教性”开始立论，对作为教育理论问题基石的“可教性”却熟视无睹，因此，可教性成为一个想当然的问题。然而，现实中“不知可教性为何而论必教性，不明可教性之原理而特论教育之如何”（刘冠华，2007），这种不明缘由、舍本逐末的行径有失教育的根本。

创造力是一种高级的心理活动和心理品质，其发展的心理机制很是复杂，它既关乎人的感觉、知觉、记忆、思维等认知风格，也与态度、动机、情感、意志等个性品质紧密关联（刘冠华等，2010）。在诸多因素中，对创造力的发展起关键作用的当属思维与动机。思维是创造力产生的源泉，一切创造活动都源于思维，借助于思维的概括性和发散性，人们可以超越经验和环境的障碍，去探知世间万物，实现创新创造。动机是创造力产生的内生动力，它对创造活动起着激发、导向、调控的作用，创造活动得以成功展开既需要思维这个思想源泉，同时也离不开活动本身赖以存活的动力系统（刘红梅等，2008）。

（三）知识建构促进创造力与创造性思维的培养

1.知识活力源于思维激活

智慧从人的思维过程中产生，并通过人的思维集中展现。而创造的基础和核心环节就是思维，特别是创造性思维（李朝旭等，2011）。人脑借助于思维，对客观事物在大脑中反映的概念进行分析比较、推理判断，进而抽象和概括出新奇的创造性成果。在完成创造的过程中，思维的广阔性与深刻性、独立性与批判性、灵活性与逻辑性都为思维的创造性提供了必要的支持和物质前提，如图5-2-2所示。

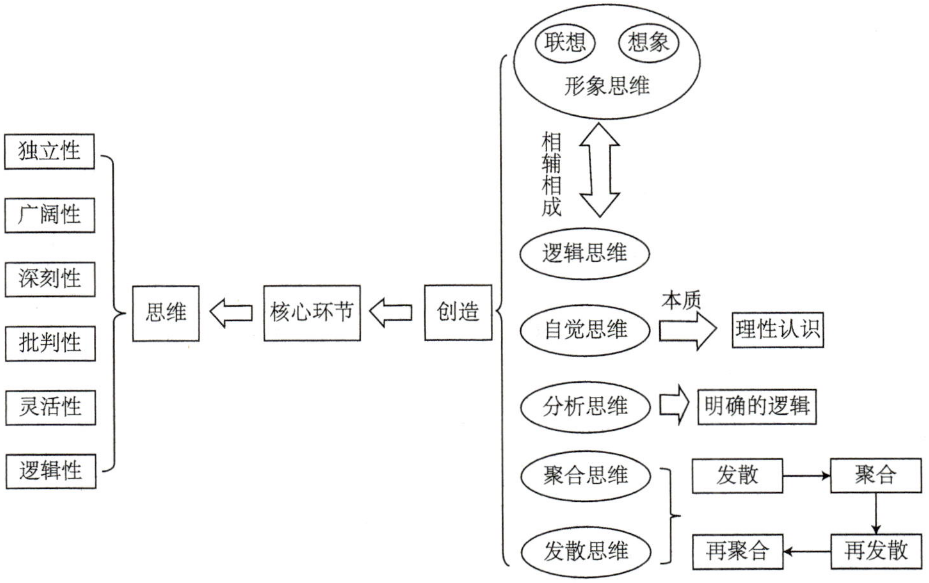

图5-2-2　创造性思维组合与特点

首先，创造是形象思维与逻辑思维的有机统一而非截然分开。人们对客观世界的认识是从感知开始的，对客观事物整体及各部分属性的感觉的综合，就在人脑中生成了对该事物的知觉，知觉把客观事物的整体形象保留在人脑的记忆中，就形成了表象，进而升华成概念。从感觉、知觉到表象，再到概念，既是搜集资料并进行初步加工整理的过程，也是人们认识客观事物不可逾越的起始阶段。在获得感性认识的基础上，个体借由逻辑推理，将对具体事物的感性表象上升为意象，将记忆中的形象表象作为思维材料，以联想和想象的方式对其再现、分解和重组，创造出新形象的思维过程与方法，就是所谓的形象思维。形象思维是引发联想、萌发想象以至启发灵感和激发直觉的重要思维形式，在创造活动中起着关键性的作用。联想和想象作为形象思维的重要组成部分，是每个人与生俱来的思维本能，具有极大的自由度，在创造活动中必不可少。爱因斯坦就曾强调，想象力比知识更重要，因为知识是有限的，而想象力囊括着世界上的一切，蕴含着进步，是科学的实在因素。虽然形象思维在创造性活动中扮演着重要角色，但它本身也离不开逻辑思维的辅助与协同。没有逻辑思维严格缜密的分析推理和逻辑判断，缺少一个"去粗取精、去伪存真、由此及彼、由表及里"的思维加工过程，完全忽略逻辑思维的作用而仅凭灵感或想象去获取创造性成果实属天方夜谭（刘冠华，2007）。另外，就创造性思维的过程来看，形象思维与逻辑思维是相互渗透、相得益彰的，而非泾渭分明的。由此可见，创造是形象思维与逻辑思维的有机统一，是形象思维到逻辑思维再到形象思维的循环往复的辩证发展过程。

其次，创造是发散思维和聚合思维的有机统一。创造过程离不开逻辑思维，但从另一个角度讲，创造是在符合逻辑基础上的超越。因为只有跨越"逻辑"的思维定势，人的思考才会茅塞顿开、豁然开朗，萌生出创造的种子。突破思维定势，从不同角度、不同途径去探索解决问题的方法，就是发散思维，这种思路就类似太阳光一样向外辐射，是发散的、多维的与立体的。因此，发散思维可以使人思路活跃、思维敏捷，常常产生别出心裁的独到见解（刘冠华等，2010）。至此，创造的过程并没有结束，它需要把这些不同的思路在分析综合的基础上推理演绎，做出最佳的选择以期待创造的灵感，这就需要聚合思维的参与。发散思维与聚合思维协调共生，共存于创造的全过程。所以说，创造是发散思维和聚合思维高度统一、高度协调的产物，是"发散、聚合到再发散、再聚合"的循环往复过程（李迅，2007）。

再次，创造是直觉思维与分析思维的有机统一。直觉思维是一种不经过规范的分析活动，不依靠周密的推理和论证，而仅从感性材料中直接捕获、蓦然领悟到问题的真义和解决途径的思维（北京师联教育科学研究所，2005）。这种思维模式是跳跃式、突然性的，是一瞬间将长期的学习、经验的积累与对事物的感知、理解迅速融会贯通，最终以顿悟的形式把创造成果展示出来。与分析思维相比，它没有明显的逻辑规则，径直地走向结果，然而，在茅塞顿开之中却包含了“理性分析”的思维过程。创造结果虽然以直觉的形式表现出来，但实际上，它已经在头脑中经过了逻辑程序的分析思维的高度精简、内化和运行，因此，直觉思维虽具有非逻辑思维的特点，但其本质上却是一种理性认识形式（宋文红等，2004）。相对来说，直觉思维与分析思维各有所长，各有所短，所以创造活动的开展必须要让两种思维取长补短，有机联合，才能绽放出创造的火花。

思维的生理根基是大脑，具有一定的可塑性。大脑神经元的数目多达140亿个，而实际利用的只有一小部分。大脑中深藏的庞大潜能为思维发展提供了广阔的空间和无限的可能性。所以创造力来自创造性思维，而思维水平的高低又依托于人脑中知识系统的结构情况。即经过大脑精细加工以及长期学习累积起来的知识系统可以使思维更加灵活、迅捷。由于大脑对大量信息的多重加工、对神经细胞的反复刺激，使原本的突触联系进一步强化，同时大脑又将那些散布的、孤立的知识进行整合、重组，建设起新的知识系统，这样在头脑中产生的图像更加完整、真切。在此过程中，思维便得到了成长和强化，因此，诸多教育家和心理学家都把学生的思维训练看作教育的一项重要任务，以培养和提高学生的创造力。如1939年，奥斯本提出了著名的“头脑风暴法”；1975年，英国学者德波诺开设了“年轻总裁训练班”；随后，许多国家都相继实施了创造教育，设置了思维训练课程。这些教育实践充分说明了思维训练对创造性思维能力的提高是有用的，思维训练是可行的，思维具有可塑性。

创造力是一个由多要素构成的多维复合体，创造过程不仅是智力因素显现的过程，更是一个非智力因素显现的过程，动机是其中重要因素之一（王欣等，2012）。各种动机理论一致认为，动机是形成人类大部分行为的动力基础，一方面，它通过其他个性特征影响着创造力；另一方面，它作为创造过程中的即时动力直接推动着创造活动的展开（冯鸿滔，2006）。恩格斯曾指出，就个人而言，他的行为的一切动力，都一定要经由他的大脑，转变为他的实现愿望的动机，才能使他真正行动起来（安云凤，2001）。

从根本上来说，创造来源于需要。马斯洛认为，动机表现出先天固有的层次，动机的最高层次就是自我实现的需要，就是使自己深藏的潜能得到充分挖掘和利用，进而实现自我价值的需要，再化作人们的创造动机。个体创造力只有沿着个人天赋优势的方向发展，个人才能体验到最高层次的满足。马斯洛自我实现的创造动机说肯定了创造力的动力机制，但他忽略了社会环境因素对创造活动的影响（俞晨怡，2013）。

事实上，动机若想在创造活动中具有始动功能，必须有这一动机所要达到的一定目标活动的外界动因，如果不具备这一条件，动机只能是一种愿望，而不能成为始动因素。有了内在需要，再加上外在诱因，就产生了具备始动功能的创造动机，而这种动机必须是内生性动机而非附属性动机，它必须来源于心理内在的力量，没有外在功利性目的（杨光等，2000）。只有具备了更崇高、更自愿的创造动机作为内部心理动力，才能形成稳定卓越的创新意识，才能把具有一定程度复杂性、挑战性和未知性的任务当成一种具有强化性的刺激，才能思维灵动，思想发散，不受桎梏，敢于超越，善于创造。因此，只有当我们被任务本身带来的愉快和满足所激励时，才更容易激发原动力。

综上所述，思维和动机两个层面的发展原理、规律为创造力教育提供了心理学上的依据，从而明确了创造力是可以通过教育手段培养和提高的。创造力具有可教性，教育是培养人的活动，创造力教育则是一种培养人的创造力的活动。然而创造力的形成和发展并非教育的必然结果，它借助于教育，同时又要受到人的生理、心理和社会环境等各方面因素的影响（张峰，2013）。但是，教育又是创造力发展的一个主导条件，对创造力具有可教育性的科学认知，将有助于准确、全面地认识创造力的发生机制，领会创造力的本质和规律。同时还能使教育者从不同层次、不同水平、不同角度去认识创造力这个复杂的心理结构系统，尽可能地去开发和发挥人的创造潜能，把创造力的培养变得具有可规划性、可操作性，最终促使人类创造力的发展从他律走向自觉（张知远，2002）。

2.提高知识序度，在思维与工具的结合中创新

知识创新是在全面、有序的知识体系基础上实现的，而零散、杂乱、孤立的知识是难以进行高效创新的。因此，创造性学习与创新性思维的基础项目之一，就是不断提高知识序度（梅修林，2010）。

运用节奏学习法掌控科学用脑规律，在"多频道开发"中实现知识序化，在知识序化基础上实现知识创新。人的生理基础决定着大脑吸收和加工知识信息的过程必须遵照一定的作息时间规律，大脑有节奏地学习、休息、娱乐，才能做到张弛有度、效率倍增。

课程交叉融合设置，加之时间节奏合理，使得大脑对信息的摄入、理解、记忆、加工呈现随机的、动态的和非完全连续的状态，存在一定的时间间隔，突出时段性（王后雄，2003）。大脑的这种零星积累、动态存贮、记忆与遗忘交互的特点，决定了个体每一小学习时段知识信息的存储是相对有序的、有效的；而每一个大学习时段内的知识信息存储是相对繁杂的、凌乱的。处于无序状态的知识，会使大脑产生闭塞感，思路难以开拓，知识信息难以被充分激活和利用。无序状态的知识，必须有机凝合成高效、有序的知识结构，形成有条理的知识体系，并独具眼光地发现各门学科知识之间的规律性联系，才能达到在知识创新过程中运行自如的境界（庞黎明等，2005）。

检验和测量学习质量的指标之一是知识序度，即知识的有序程度。要擅长把碎片化学习的知识不断序化，使之井然有序地、牢固地刻留在记忆中，以便在创新思维和实践中灵活运用。同时，高序度的知识信息是优化、构建知识结构的前提，也是知识得以创新利用的前提（杨俊，2011）。凌乱无章的知识是无法有效创新运用的，高序度的知识才能实现知识的聚变创造效应。许多人读书很多，但由于不注重或不善于提高知识序度，不善于在归纳、总结和提炼中使知识系统化、有序化，导致很多知识都处于朦朦胧胧或略知一二的初始阶段，以至于出现“开卷什么都懂，合卷什么都不记得”的无序现象，因此，这种杂乱交织的无序知识是难以在使用中形成创造性结果的。

知识序化是大脑思维对知识信息进行深度加工的结果，故零散的知识是在思维深度加工中实现知识序化的。系统、有序的知识是高效创新的前提，如别林斯基就曾指出：“科学最基本的特征是系统性。”把握学科知识的系统性，实际上就是对某一门或几门学科知识内在联系的规律性有比较全面、系统的掌握，并对所掌握的知识进行融会贯通、系统集成，形成整体序化。所以，要使知识系统化、有序化，就要培养时常梳理知识，使碎片化的知识不断系统化、序列化的治学品格。通过归纳、整理、分析和提炼，把混乱的东西体系化、有序化，从中发现各门学科知识之间的内在联系的规律和创新奥秘，是一种颇有成效的知识创新型学习方法（孙林坡，2009）。

知识序化才能高效创新（于鸣镝，2002）。在信息时代，要善于借助计算机网络等先进的信息化工具协助大脑进行知识序化。提高知识序度，使知识系统化、有序化的主要学习方法，一是要善于把节奏学习法和定期整理法相结合。其原理是利用大脑信息编码机制，使短时记忆的知识信息通过思维的深加工而转化为长时记忆。具体来说，就是在温故知新的定期或适时复习中，以适合自身特点的独特记忆分割，通过自己独特理解和创新思考，对所学知识进行提炼式整理、精炼式简约，善于发现各门学科中原理、定律、公式之间内在联系的规律性，别具一格地进行融会贯通。同时，综合集成式整理，运用形象思维、抽象思维、发散思维与收敛思维等思维技巧，使知识信息的质量与序度同步提高。二是通过层次阅读法进行序化。阅读中善于把精读与泛读、浏览与摘读、高速阅读与重点精读有机结合起来，学会使用思维导图工具做笔记。此外，善于运用独特的实践风格对知识进行创造性运用，在运用中实现知识的转移式、渗透式特殊序化。所以，对知识进行多维、多元序化，采用各种方法进行互补序化，努力驾驭多维序化，可使知识不断飞跃到更高的有序境界。

3.创造思维方法，促进思维风暴

思维方法，是促进创造性思维培养的技巧与策略，常用的方法如图5-2-3所示。

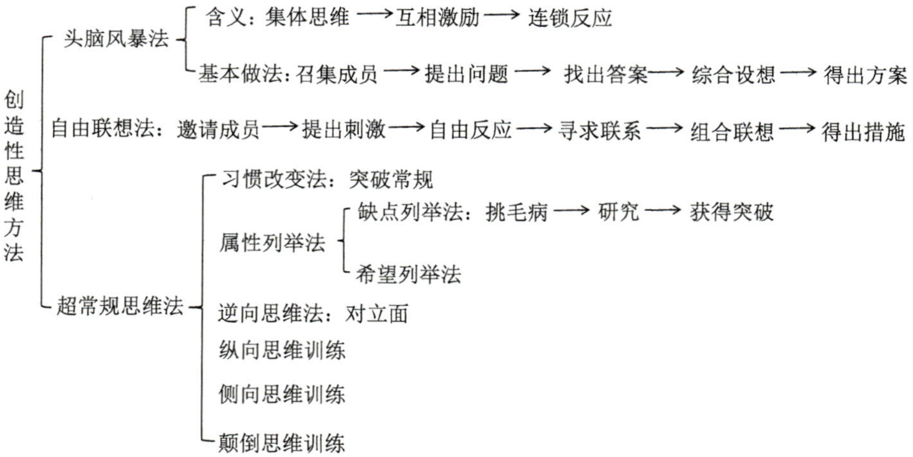

图5-2-3　创造性思维方法图示

美国创造学家奥斯本率先提出头脑风暴法，是指利用集体思维的方式，使思维相互激励、碰撞，发生连锁反应，以激发创造性思维的方法（赵锐等，2004）。如在研究性学习中，研究者召集课题小组成员或邀请对此课题有一定研究兴趣或水平的学生和老师参加，研究者抛出问题，随后鼓励各成员自由地、尽量多地提出问题解决的答案，并且不对答案做任何评价，各抒己见，直到所有可能想到的答案都穷尽为止（陈喜凤，2004）。最后，课题小组成员把各种有关问题解决的答案、设想进行分析、综合、评价、总结和改善，进而得出最有价值的问题解决方案。这种方法能有效避免因怕受到批评而可能拒绝提出具有重要价值答案的现象发生，同时能够大大拓宽解决问题的思路。

自由联想法的做法则是研究者邀请老师和学生，并给予一个关键性的刺激，被邀请者根据自身经验积累和知识储备，运用联想的方法，以不同的方式、从不同角度自由反应，尽力寻求和建立事物之间独到而富有意义的联系。联想过程中，研究者对任何看法和意见先不予评论，而后将各种联想的成果进行整合，最后得出对课题解决富有成效的措施。

创造性思维有异于常规性思维，为了激发思维，可以采用非常规的思维策略。首先，采用习惯改变法。每一个人都有自己独特的知识经验、思维方式和学习习惯，有的人倾向于从大命题着手展开演绎推理，有的人习惯于归纳总结，从而形成自己的观点，有的人喜好于观察中收集第一手资料，再经过分析加工使之上升为理性认识等（俞国良，1996）。这些思维习惯都有自己的优点，也有自己的不足，如能转换思维方式，改变思维习惯，突破惯常的行为方式，采取一些非常态化的方式去思考问题，那就可能收获意料之外的成功，如田忌赛马故事，就充分体现了思维习惯的改变对于问题解决的重要作用。其次，运用逆向思维法。即克服传统思维，而从问题的对立面甚至完全相反的方向去寻求问题解决的方法。这种另辟蹊径的思维方式实际上往往能够获得意想不到的思维成果（杨昌彦，2005）。例如，因为青少年防御能力低，易受不良行为影响，所以青少年犯罪问题的解决应重在预防，从源头抓起。然后，反过来看，成年人心智成熟，免疫力强得多，但犯罪行为仍时有发生。如此想来，可以逆向思考，不仅青少年要接受社会规范教育，而且要从体制机制上填补犯罪漏洞，完善相关法制，双管齐下，最终才能取得良好的效果。

（四）创造性思维的实践反思与逻辑基础

1. 在探求问题中提升创新性思维

创造性思维能力是一种能创生、创新成果的能力，其重要品质表现为思维的独创性、变通性和流畅性，它是人脑的一种高级机能（程方平，2004）。20世纪中叶以来，思维科学和脑科学的研究结论展现了人脑潜能的可开发性和丰富性，不仅为人们培养创造性思维能力提供了生理和心理的坚实基础，也为创造性思维能力指出了培养方向和路径（贾黎斋，2004）。

依据思维科学和脑科学的研究成果，我们不仅认识到人身心潜能的丰富性和可开发性，而且也了解到右脑开发的重要性。培养创造性思维能力的基本途径就是发展学生的直觉思维能力和形象思维能力，促进学生学会用全脑来思维，即开发创造性思维的潜能需要大脑左右半球协同活动（陈延军，2004）。当前脑科学研究表明，人的大脑是由左右半球组成的，而且两半球的功能是完全不同的。左半脑控制语言、计算、分析、逻辑、抽象以及对时间感觉等思维功能；右半脑控制综合、直观、表象、音乐以及对空间感知和理解等思维功能。在思维方法上，左半脑是连续的、垂直的、因果式的；右半脑则是整体式、并行的、发散的。在具有功能差异的两个大脑半球之间，有两亿多条神经纤维相沟通，以使左右脑的功能相互配合、相互补偿，从而保证大脑达到高度统一。这从生理功能上就证实了创造性思维能力的发展，无法单靠两半球中的任何一个活动获得，这突破了人脑左半球是优势半球的观念，于是人们开始普遍重视左右脑思维功能的平衡发展（谢翔，2001）。

创造性思维能力的发展是直觉思维和逻辑思维相结合的产物。脑科学以及思维科学的研究证实，创造性思维能力的发展，需要缜密的逻辑思维能力及直接理解和判定的直觉思维能力相结合，促进产生新的方法、新的形象和新的思想（黄炳超，2015）。特别是右半脑的认知风格，关系一个人的创造性思维能力，其认知风格凭借知觉敏锐、跳跃猜测、记忆广阔、善于联想、富于想象等特点，使人们直觉思维的作用更加突出。首先，表现为易于突破原本的思维定势，建构新的观念和结构；其次，表现为直觉思维的丰富想象和自由联想，对思维主体各个思维因素的调动能力，使大脑的各个部分共同作用于思维过程，生成一种新的关联；再次，直觉思维频繁借助于视觉图像，而不是原理概念来体现对象的结果。视觉图像不完全等同于具体的感性形象，它是一定程度抽象化的形象，正是这种视觉图像所具有的综合特性，使其拥有从整体上把控对象的能力。

理性与非理性思维的有机统一造就了创造性思维能力的发展。理性思维主要指人的学习活动，是通过逻辑推理方法认识事物本源的一种精神活动过程，其生理机制都在大脑左半球；非理性思维是指人的非条理化、非逻辑的活动，是借助于本能、欲望、需要、意向、动机、情感、信念等各种非理性精神形式，依靠想象、猜测、直觉、联想、灵感等各种非理性方法，表达主观情感和认识客观事物本质的过程，其生理机制主要在大脑右半球及皮下中枢系统。

创造性思维能力的发展是理性思维和非理性思维的有机统一和协调发展。大脑右半球的非理性功能通常带有特性追求价值取向，为大脑左半球的理性逻辑推理供给燃料与制造动力，使人在创造性活动中，表现出饱满的激情、广泛的兴趣、自我提升的内在需要、坚忍的意志，对创造性活动起着带动、维持和调节作用。理性思维因为有了情感、意志、需要等非理性思维的支持而立足于坚实的心理基石之上，非理性活动由于理性思维的支撑而得到深化和提高（冉祥华，2004）。

人的创新性核心在于培养创造性思维能力，思维科学和心理学研究证实，人类普遍存在创造性思维能力，虽然人的创造能力有先天性差异，但就个体的发展而言，皆未达到先天禀赋的极限（蔡宝来，2002）。所以，教育应该关注正在发展中的学生，他们的创造潜能是需要教育者来挖掘的。挖掘成功，充满创新精神的思维何尝不能够发展。这务求教育工作者坚定树立学生是学习主体的思想，把学生看作具有个性内心世界和庞大生命潜能的活的个体，尊重个体的人格，鼓励学生大胆求异，敢于质疑，勇于探索，积极表达新思想、新方法，让学生成为科学知识的“再发现者”。教学的真正精神所在就是，由激发学生的创新意识开始，通过创设有利于学生自主学习的情境和活动，使得学生的创造性思维和生命潜能得以充分释放（鲍振霞，2005）。

为培养学生的创造想象能力和表象想象能力，提供学习的依靠点，需要采用纲要信号与发展性活动两种形式。一是纲要信号，它用数字、字词、线图或其他符号组成各式图、表、句子或公式，简明扼要、画龙点睛地压缩或扩展教材内容，形象、生动、直观，而且具有艺术性。它所起的效果，有如整个教学过程的启动引擎，可以唤起学生以往知识经验和储存的信息图像，通过语言和图像感知的作用，让学生进一步再造想象和创造想象（刘永新，2001）。这不单单有助于学生理解静态知识内容，也易于激发出学生新的联想、结构与思路，使学习和探索活动具有创造性。二是发展性活动，即发展个体的“感觉形式”，发挥听觉和视觉等器官活动。在教学过程中，教育工作者要采用多种教学方法、使用多种教学形式和手段，通过让学生全身心地投入师生间、学生间、小组间的多向交流与互动，促使学生在探究表达、操作运算等活动中理解、深化知识，并尝试新的方法，发展创新能力。

2. 开发创造力，做思维的“越轨者”

当今科学技术发展表明，现代和未来文明的真正财富将越来越表现为通过创造力的开发，实现对客观世界的认识与改造。这就要求家庭、学校和社会在教育过程中，重视人的创造力开发，培养每一个人的独立思考能力和创造发明能力，使潜在于每个人身上的创造力得到充分发挥，为社会创造出更多的财富。

创造力是人们在社会实践过程中，通过感性体验与理性思考，以不同的质量与强度表现出来的创造能力（谢宗豹等，2004）。首先，创造力不是个别天才人物才具有，生活在现实中的一切正常人都具有；其次，人们先天的某种禀赋只是为创造力开发提供某种前提条件，起重要影响的是后天的教育环境和自身的主观努力；再次，创造力是一种积极进取的心理活动，消极的心理活动不构成创造力；最后，创造力受智力（技能、能力等）和非智力（动机、意志、情感等）两个方面的因素影响，并通过新颖、独特的成果体现出来（苏振芳，1994）。

创造力存在于所有具有正常思维的人身上，但并非所有具有正常思维的人都善于创造发明。因为创造力需要经过后天的开发，形成观察问题的敏锐性，且创造始于观察。但是那些仅仅是表面的观察是不能收获创造性果实的，只有对周围细小、不易察觉的线索进行深入细致的观察，并从敏感的问题中得到启发，触类旁通，“闻一知十”，深入考察才可能有发现与创造（燕京晶，2010）。

巴甫洛夫曾说过：“不学会观察，你就永远当不了科学家。”要想充分开发自身的创造力，必须学会观察，培养细致入微的观察能力。在人们觉得理所当然的事情上，发现问题、超越常规、不受束缚、冲破障碍和解决问题，这是创造力开发的必经途径。苹果落地、水蒸气冲动壶盖……这些司空见惯的现象，一般人视若无睹，但牛顿和瓦特却超越常规，能敏锐地找出关键点，从而发现了万有引力定律、发明了蒸汽机。达尔文对自己曾做了如下的评价：“我既没有突出的理解力，也没有过人的机智，只是在观察那些稍纵即逝的事物并对其进行精细观察的能力上，我可能在众人之上。”

探索问题的求异性至关重要，那些常规的、固定的思维方式应该丢掉，避免束缚人们潜在创造力的开发。只有那种出其不意、独特的认知方式，才能别出心裁地对各种司空见惯的事物进行综合概括，产生出新颖奇特的创造性成果（董同彬等，2010）。开发创造力就要有敢于打破传统，大胆探索未知的精神，做一名勇敢的“越轨者”。因为具有高度创造力的人，其思考方式和行为表现都异于常人、偏离社会常规，并具有大胆探索客观世界和无惧权威束缚的精神，是一个无畏的“越轨者”。一方面具备推论过程的压缩性。它是指在思维活动中，能用一个概念替代多个概念。例如，“力”这个概念，就包括了“运动”“转移”“相互作用”等概念。关于思维活动中的这种压缩性能力，著名数学家华罗庚就提出，通过阅读来掌握书籍内容是一个“从薄到厚”和“从厚到薄”的思维过程（方均斌，2010）。另一方面具备奇特的想象力。在现实生活中，具备独特、新奇的现象思维并不一定都能创造与发明，它也可能是一种违背客观规律、不为社会需要的胡思乱想。创造与发明不仅需要丰富、奇特的想象，更要以客观世界的需要为定向，要求发明者在理论与实际之间做有效的、自由来回的“反馈”调节，既能做到情感迸发地纵横构想，又不丧失理智，既可以浮想联翩，又能见机回到现实，既要思绪奔放，又要理智沉思。此外，定势思维的变通性也是创造力发展的一个重要途径。美国学者邓克尔用实验证实人的心理过程中有一种“功能固定性”（又叫思维定势）。思维定势会成为思维的桎梏，形成思维的囚牢，束缚了人们创造性思维的发展（张士军，2000）。然而思维的变通性与之相反，能最大限度地使人们突破思维定势。对于思维灵活、善于观察的人来说，会有更多的机会想出解决问题的好办法。与之相反，思维僵化、不变通的人，即便是专家或权威，遇到独特的、新奇的思路也会失之交臂（薛晓东等，2008）。

“熟能生巧”是一句包含深邃哲理的谚语，表示解决问题的纯熟性。其中的“巧”就是指一种创造性的活动，是以客观事物的规律为基础的。从“熟能生巧”可以看出，“巧”是在“熟”的基础上完成的，同时也展现了对于客观规律的认识，必然是在“熟”的基础上达到的。在思维过程中，“熟能生巧”实际上是把解决某个问题所取得的经验用到类似问题上（许映建，2006）。

恩格斯说过：“一个民族想要站在科学高峰，就一刻也不能没有理论思维。”思维是心智活动的核心，社会想要发展，想要观察客观世界，必须运用分析、综合、比较、抽象、概括等思维形式（萧枫等，2012）。牛顿也强调：“思索、继续不断地思索，以待天曙，渐渐地见及光明……如果说我对世界有些微贡献的话，那不是由于别的，只是由于我辛勤耐久的思索所致。”著名昆虫学家柳比歇尔指出：“没有时间思索的科学家，是一个毫无指望的科学家。”爱因斯坦也指出：“发现一个问题往往比解决一个问题更重要，因为解决问题也许仅仅是一个数学上或实验上的技能而已，而发现新的问题、新的可能性，从新的角度去看旧的问题，都需要有创造性的想象力，这才是科学的真正进步。”

具备独立思维能力、善于观察的人最善于发现问题和解决问题，他们勇于冲破迷信，大胆猜疑，无所畏惧地向科学权威的缺陷挑战。人的思维往往会产生一种惰性，即把原有的学说道理看成不可侵犯的正确标准，这非常容易控住人的思维。发明家凯特林说过：“阅读传统教科书会使人墨守成规，而摆脱陈旧的规则和解决这一问题本身一样费劲。”因此，培养人的独立思维能力至关重要，有助于突破传统观念囚笼，要从多形式、多途径去挖掘人的创造力，重视人自身潜在的思维能力（苏振芳，1994）。

三、智慧教育：教育走向新征程

（一）智慧与智慧技术内涵

智慧是能准确、灵活地理解和解决问题的能力，其英文Wisdom一般解释为：利用已有的知识经验做出好的、有利的决定和判断的能力。首先，智慧不单是一种高阶思维能力，而且是一种复杂问题解决能力，具有分析判断、发明创造的能力，反思、创新与批判是哲学智慧层次（王玉龙等，2014）。其次，智慧的核心精神是伦理道德和价值认同，是利用人们的智能、创造力和知识以成功达到"共善"。所以智慧就是在一定时空框架下，实现利人利己的"善益"。再次，智慧重视文化、认知、行为、体验的融合统整，因为智慧含有多个构面，它具有完整的可预知性、可达成性与可定义性等（祝智庭，2012）。

与智慧相对应的一个概念是智能。智能是在特定社会文化环境中，解决问题或制造物品的能力。解决问题的能力就是根据一定的预期目标，找到实现这个目标的正确路径的能力（林春丽，2009）。显然，智能注重认知、推断、分析和问题解决能力，它推崇一种更为纯粹的理性思维能力，而智慧则更加重视（默会）知识、智力、创造力的统一运用以及心智运算向现实实践的转换，注重伦理道德和价值观在学习、工作和生活实践中的把控作用。智慧是人类先天遗传与后天学习相互作用的结果，而后天学习对智慧的发展作用更为巨大。因此，需要为人们创设优质的学习环境和社会环境，用以促进学习者的智慧成长。技术在创设学习环境上具有得天独厚的优势，已突破了传统的班级授课环境。随着已有"数字土著"（成长于数字化时代的人）成长以及新生"数字土著"诞生，他们在学习方式、认知方式、行为风格、情感模式方面与"数字移民"有根本性区别，客观上要求新型的学习环境和教学方式以契合"数字土著"新奇的学习风格、体验方式以及价值取向。因此，信息化时代的智慧教育与农工业时代的"求智教育"在基本概念、方式方法、现实环境上具有明显差异。

从当前国际词频分析上看，智慧教育是技术支撑的智慧教育。1972年，Smart一词首次被解释为"智能型的，并具有独立工作能力的技术设备"。"智慧"的含义有两层，一是对事物的见识，二是对事物处理的能力，而这种见识和处理能力都具有创造性。因此，在某种程度上来说，智慧教育专指信息技术支持下的为发展学生智慧能力的教育，并用Smart来代替Wise / Wisdom一词，即Smart Education。

我国著名科学家钱学森先生早在1997年就倡导“大成智慧学”，预见信息化对智慧发展的关键影响，其英文名称为“Science of Wisdom in Cyberspace”，其中Cyberspace即网络交互信息空间。2008年，IBM首席执行官彭明盛在《智慧地球：下一代领导议程》中初次提出了“智慧地球”的理念（李慧方，2016）。“智慧地球”表达了IBM对于如何运用先进的信息技术构建出一个新的世界运行模型的美好愿景，即凭借新一代技术让地球上任何东西（所有物理对象、过程或者系统）都能够被感知化、智慧化和互联化，人类世界也随之转变，向更小、更平、更智慧的目标推进（崔晓慧等，2016）。

（二）智慧环境使学习趋向“具身”

1.教育环境：从智能教育走向智慧教育

为了满足教育信息化、学习方式泛在化与智慧化的新诉求，创建符合时代特征、满足个人发展需要的教育环境已成为必然趋势，也成为建构性学习和教育技术研究的重大课题之一（杨子艳等，2016）。2000年以来，国际普遍开始为获得崭新的教育发展而提出相应的要求，智慧学习环境的出现就是必然的时代召唤。技术的发展推动E-learning、B-learning转向移动学习与泛在学习的数字化学习环境，尤其是物联网技术的发展，用技术支撑起了智慧学习环境的建设与发展（程玫等，2013）。再者，学习者对高端学习环境发出了积极响应。随着世界信息化高速发展成长起来的“数字土著”在学习风格、能力偏向上与“数字移民”存在相当大的差异，他们所获得的信息和学习的知识经常会超过其老师。因此，一般的数字化学习环境很难再满足“数字土著”的需求，于是更高端形态的智慧学习环境就应运而生。相应的，学习也有了更多可能性（程玫，2014）。

2.智能教育与智慧教育：从智能化到适应性

“智慧教育”与“智能教育”均出自英文“Smart Education”。由于两者侧重点不同，人们在翻译、引用时出现了稍微的差异，在大部分文献中两者有着相同或相近的含义，但也有个别文献将“智能教育”译为“Intelligent Education”（王玉龙等，2014）。关于智能教育有三种主流观点：一是认为智能教育是新一代信息技术创造的智能化的教育手段，重点是技术手段，如蒋家付（2011）认为智能教育就是为了全面提升教育质量与效率，利用新技术进行感知、识别、处理和分析各种教育过程的信息，为教育参与者提供快速的决策和反馈评估；二是认为SMART是由自主式（Self-directed）、兴趣（Motivated）、能力与水平（Adaptive）、丰富的资料（Resource enriched）、信息技术（Technology embedded）等词汇构成的合成词，认为智能教育是一种以学习者自身的能力和水平为基础，兼顾学生的兴趣，通过信息技术的熟练应用，获得丰富的学习材料的教育；三是认为智能教育是指在传授知识的同时，培养人们的智能的教育，其观点直接指向了教育的目的，与智慧教育相似。

在此基础之上，我国学者祝智庭（2012）提出了较为完整的智慧教育的概念，即从教育信息化方面分析，智慧教育是指运用物联网、移动网络、云计算等新一代信息技术，通过建立智能学习环境，运用智慧教学法，促进学习者进行智慧学习，提升对人的成才期望，培养具有高智能和创造力的人。

总之，智慧教育即在新一代信息技术（如物联网、云计算）的基础上，构建一种新的教育模式和教育形式。智慧教育方法是先进信息技术综合、深入、全面的应用，智慧教育的前提在于智慧学习环境的建设、智能系统和产品的开发和应用，而智慧教育的直接目的在于提高教学效率、科研水平、管理水平，其根本目的在于培养学习者的创造力、批判性思维能力、解决问题的能力等高阶思维能力，即发展学习者的智慧（彭澍，2016）。从智能教育与智慧教育的比较来看，前者更注重智能的技术性，后者更注重技术手段的适应性（刘中月等，2017）。

3. 智慧教育的功能与价值：技术的合理性与实践的理解性

在如今"互联网+"环境下，在发展智慧教育的同时，应该注意如下问题：

首先，适切技术下的"合理性"。随着"互联网+"教育背景的不断深化，各种新兴信息技术不断涌入课堂，面对如此种类繁多的信息技术手段，教师必须合理恰当地运用现有技术，而不是一味盲从。虽然技术能帮助教师更加高效、便捷地呈现教学内容，但是它并不能代替人类的主体性，不能取代教师的传统地位，而是会提高教师的专业性。如在多门学科的课程标准中，大多从宏观层面上要求运用信息技术，而没有具体落实到教学内容的某一点上，虽然人们知道教师在教学中应运用信息技术手段，但不知道在哪里使用，如何使用等。因此，在"互联网+"教育背景下，教师需要懂得如何合理恰当地使用信息技术来促进学生发展、提高教育教学质量，还要有解决教学难题的主体智慧。

其次，工具理性下的"利他性"。利他性也叫做以人为本，是指教师在处理教育技术各种矛盾、冲突、关系时，应该以促进学生的发展为出发点，提倡以价值来评价人。教育技术活动中，人不应被物化或奴役，而应该解放人、发展人，要辩证地处理“技术”与“人”之间的关系，并始终牢记人才是一切活动的出发点和最终目的地（郝兆杰，2012）。工具理性包含两个方面：一方面是指在借助技术的教学中，要以学习者的全面发展、境界格局的提升、生命价值的实现为最终目标；另一方面是指在开发、设计及使用技术的过程中，要充分发挥人类的主观能动性，要避免“工具至上”，摆脱对技术的依赖心理，辩证地对待技术，充分利用主体智慧来促进学习者智慧生长。

再次，多元智能下的“创造性”。即以培养创新型人才（具有创新精神、创新意识和创新思维的人）为智慧教育的主要目的。创新型人才是指不盲从于书本知识，敢于挑战权威，敢于质疑，敢于以全新而富有个性的眼光进行独特思考，能以科学的精神、独特的视角、综合性的思维和创新的意识审视固化的事物的人才。所以教师的教学智慧应该尽可能多地关注未来和未知的世界，突出创新意识的觉醒，创新的持续性、创新实践的指导、创新目标的实现和创新成果的评价等都能较好地促进学生各方面创新能力的发展（吴晓静等，2009）。

毋庸置疑，“互联网+”本身就是人类创新思维所生成的一种典型案例，互联网更是集结创新性高科技的产物。没有创新的设想就没有现在的互联网，更不会产生“互联网+”计划。因此，教师在使用互联网支撑下的信息技术时，也应加以创造性地灵活使用，如创造性地对课堂进行翻转，创造性地切入学科核心知识，创造性地阐述对事物的理解，创造性地抛出疑问等。依据多元智能理论，在教学中，教师要强调教学设计的多样性，学生的智慧和创造力的发展可以通过寻找不同智力的切入点来实现。同时，教学设计应该包括各种创造性的复杂学习任务，让学生的大脑时刻保持在高度积极的状态，目的是使教学更有创造性，使教学更有智慧，进而更好地培养创造性人才（乐伶俐，2003）。

最后，教学实践中的理解性。智慧教育的理解性，即从“知道”走向“理解”。明确来说，教育者生活在“互联网+”教育背景之中，在这个世界里有海量为教育共同体所公共享用的免费教育资源以信息、知识和智慧的形态分布在教育科学和教育实践等各个领域。尤其是各种教育理论和信息技术，作为个人，教育者或多或少地“知道”这些，但是知道并不代表着“理解”了它们，它们也不能代替个人所具有的教育经验。艾略特早就发出了“我们在信息中失去的知识在哪里”的呼喊。莫兰则发出了与之相呼应的另一呼喊——“我们在知识中失去的智慧在哪里”（埃德加·莫兰，2004）。确实，当我们不能理解时，再多的教育资源也只能具备“教育信息”的身份，那些未被理解的教育资源很难在实践中加以运用。事实上，这就是教育理论与教育实践相互分离的问题所在。解决这一问题的方法是促使教育工作者理解何为公共教育资源。因此，理解是智慧教育的一个重要特征。从“知道”走向“理解”的途径主要是运用，而运用的前提则是理解，正如伽达默尔所说的那样，“解释和运用都是理解，没有理解，运用无非是纸上谈兵，没有运用，理解也就无从谈起”。理解教学资源并不代表教师不需要在理论和技术上进行变革，而应在理解的基础上，充分利用已有的资源进行创造性变革（如图5-3-1所示）。

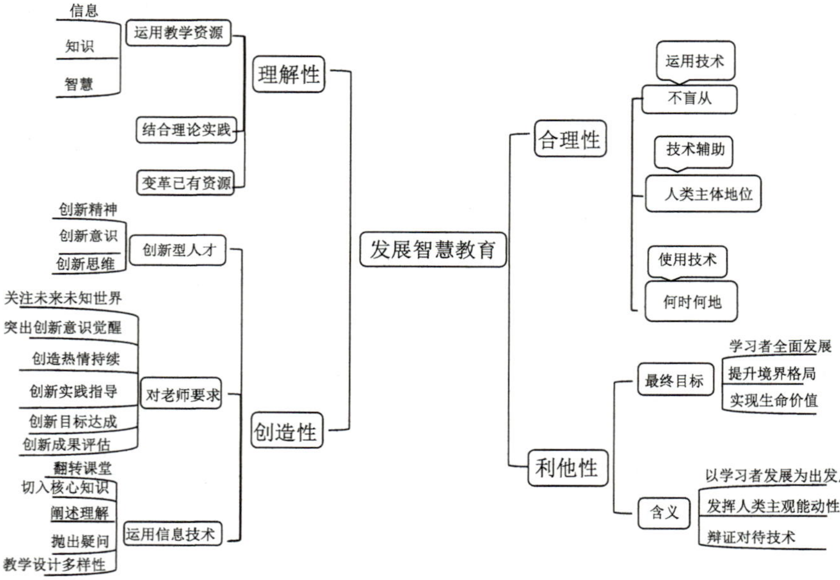

图5-3-1　智慧教育发展特性

（三）“互联网+”时代的到来催生教育的变革

李克强总理在2015年政府工作报告中首次提出“互联网+”行动计划，意味着“互联网+”开始向国家战略方面提升。同年5月，习近平主席在第一届国际教育信息化大会中也强调：“当今世界，科技进步日新月异，互联网、云计算、大数据等现代信息技术深刻改变着人类的思维、生产、生活、学习方式，深刻展示了世界发展的前景。因应信息技术的发展，推动教育变革和创新，构建网络化、数字化、个性化、终身化的教育体系，建设‘人人皆学、处处能学、时时可学’的学习型社会，培养大批创新人才，是人类共同面临的重大课题。”（张蕊，2016）随后，第十五届中国教育信息化创新与发展论坛，就以“互联网+教育”为主题探索现代信息技术与教育的深度融合，从而推动我国教育信息化进程进入一个新的阶段（逯竹，2016）。“互联网+”是指一种以大数据、人工智能和云计算技术为代表的新的信息技术，而“+”则代表互联网融合于各行业并起到变革作用，互联网的渗透促进了传统产业的变化和发展。

然而，教育是最保守的传统产业之一。从教育部倡导的“三通两平台”工程到数字化校园、微课、慕课、网络备课、网络教研、一师一优课、一课一名师和仿真实验实训等项目的实施，学生的自主学习能力并没有得到明显提高，学生的学习压力仍没有得到显著缓解，教师的教学模式也没有发生实质性变化（丁余仙，2017）。不能简单地认为教育是无法发生变化革新的，只能说过去的互联网发展不足，对教育的冲击力度还不够，远不能够从根本上改变教育的生态环境，更新教师的教学思想（曹绍峰，2016）。然而，当信息技术进入生活的各个方面时，“互联网+”思路开始促进教育教学的创新改革，让移动学习、泛在学习和新媒体学习等新的学习方式逐渐渗透到人们的生活和学习中，让学习时间和空间更加自由化，学习内容和学习风格更加灵活，尤其增加了学习的主动性与独立性（田雪，2016）。

“互联网+”所形成的是一种新形态。对于“互联网+教育”，存在不同观点，有人认为“互联网+教育”是互联网技术在教育中的应用，使教育教学成果更加有效，高质量资源分配更加均衡（秦虹等，2016）。

“互联网+教育”意味着利用网络技术、多媒体技术等现代信息技术发展新型教育形式，是以现代电子通信技术为基础的教育，它以学习者为主体，学生和教师、学生与教育机构在各种媒体的互动下进行系统的教育和沟通联系。把“互联网+教育”定义为一种新型教育形态，反映了“互联网+教育”的本质，其不仅是互联网技术在教育中的应用，也不仅是教育利用互联网技术建立各种教育和学习平台的体现，而是把互联网与教育进行深度融合，是促进教育进步、提高效率和组织变革、加强教育创新力和生产力的具有战略意义和全局性的教育改革。当然，“互联网+教育”不会取代所有的教育，人们的思维、情感和个人生活不会被先进的视频教育和人工智能所取代（郝连科等，2017）。

新形态的“互联网+教育”，首先，形成跨界连接。“互联网+”中的“+”表达的就是一种跨界，是两者之间的连接，在跨界连接的基础上创造出一种新的形式。与此同时，“互联网+教育”使学校、地区、国家和世界各地的教育走出来，实现了真正的开放。其次，促进创新驱动。"互联网+教育"体现了互联网思维作用于教育的整体性和局部性的创新，使教育发生质的转变，且教育的生态绩效具有多元性与多样性、充满着进化与质变（马雅琳，2017）。再次，重组优化关系。"互联网+教育"打破了原有的关系结构，优化了结构，从根本上改变了教师、教育机构和学习者之间的关系，使其提升到更高层次（郭健等，2017）。

（四）混合学习：线上线下优化学习

20世纪末期，E-learning效果没有达到人们的预期，人们首次提出了混合学习（Blended Learning）的概念，试图结合传统教育和E-learning在线学习的优势。关于混合学习，其定义经历了一个从宽到细、从广到窄的过程（曾明星等，2015）。从"混合"一词的定义来说，其含义是宽泛的，如"各种教学媒体的混合""各种学习理论的混合"等。这种解释导致混合学习包罗万象，甚至没有一种学习模式不是混合学习的，这使得混合学习在本质上失去了作为一个独立概念存在的意义。

随着对混合学习认识的深入和大量混合学习著作的诞生，人们逐渐将重点放在面对面学习和在线学习的结合上，尤其是2006年出版的《混合学习手册：全球化视野、本地化设计》（周赟，2016）。德里斯科尔曾指出混合学习的广泛含义正体现出了其无限可能。如今，经过十多年的发展，混合学习已经从广义上的"混合"，逐步向狭义的"混合"过渡，特指"面对面学习和在线学习相结合"的学习方式。

混合学习模式，是指用来明确展示混合学习的过程，阐明混合学习的各个环节，并对混合学习相互关系与作用的一种描述方式（罗九同等，2014）。关于混合学习模式，根据驱动方式不同，可以分为以下三种：

一是技能驱动模式，是将自定进度的自主学习与教师的在线指导相结合（李亚峰，2016）。在这种模式中，学习者与教师通过社交媒体、电子邮件和其他形式进行交互，教师的指导是有效学习的重要组成部分，监督、评价成为混合学习的主要策略（林红霞，2007）。因此，自主学习与教师的引导相结合是一种有效的混合学习模式。二是态度驱动模式，是将传统的课堂学习与在线协作学习相结合。该模式将协作学习的内容、属性和预期效果通过网络技术协作进行混合（陈小娜，2012）。三是能力驱动，是指学习者与专家共同活动并通过在线交互以获取隐性知识。这种"隐性知识"是通过对专家的观察与交流获得的（林红霞，2007）。因此，这种模式包括学习者与专家实时共同活动，并通过在线交流工具进行交流和互动。

四、创客、创客理念与创客教育

创客是一类勇于创新，努力将自己的创意转化为现实的人。“创”意味着创造；“客”指的是从事某种活动的人。创客是从英语单词“maker”翻译过来的。它来源于麻省理工学院微观装配实验室，此实验室以创新为理念，以客户为中心，以个人设计和个人制造为核心内容，参与实验的学生是“创客”(何年，2016)。

（一）创客与创客理念

在中国，“创客”和“大众创业、创新”是连在一起的，尤其是那些有创新想法，开始自己事业的人。创客的核心理念是用户创新，是为全人类创造更美好的生活。掌握生产工具是创客运动最重要的标志，他们是一群玩创新的人，即一群秉着坚持创新，坚持实践理念，愿意分享和追求美好生活的人(郭昕，2016)。

以创客为代表的创新2.0模式，是基于从个人通讯到个人计算，再到个人制造的社会技术发展脉络，试图构建面向应用的融合，从创意、设计到制造的以用户为中心的创新环境（佚名，2014)。“创”的含义是开始做、创造、首创、开创、创立，表明创客的生活态度积极向上，同时有一种通过行动和实践去发现问题和需求，并努力找到解决方案的含义在里面；“客”则有客观、客人、做客的意思。客观，体现的是一种理性思维（夏自钊，2013)。人与人之间的一种良性互动关系优势体现在互相来访做客，开放与包容的精神往往贯穿其中，在行动上开放与包容就表现为乐于分享。

1. 创客促进创新、实践与分享

没有共享理念，就没有人类社会的全面进步。分享和传播知识是每个人应尽的义务。分享是一种乐趣，是一种良好的品格和习惯，剽窃和盗取他人成果不是分享的本意，不尊重他人劳动成果就更不意味着分享。分享必须建立在尊重首创精神的基础上，鼓励创新和分享模式。创客体现的是一种“做”中学，“玩”中学：

“玩”是一种状态：放松、惬意、自由；

“玩”是一种实践：不但要动脑，还要动手；

“玩”是一种分享：与他人一起玩，才更有趣，更有意义；

“玩”是一种境界：当越来越多的人加入创客一起玩时，世界将因“玩”

而改变（张志勇，2017）。

通常，多人的思想才会凝练成一句语言，多人的语言才会转化成一次行动，只有日常坚持不懈的行为才会成为习惯，许多人长期修养的习惯成为文化，而坚持一种文化思想并践行之，它终会成为一种信念。从这种角度去看创客，说它是一种称谓不如说它是一种信仰，科学技术的发展在改变人们的交流时，也在改变个人设计和个人制造（佚名，2015）。

创新、实践和共享是创客的共同特征，但这并不意味着他们都是一个模子印出来的。相反，他们有着各自丰富的兴趣和不同的专业特色。一旦他们聚在一起，协调和发挥自己的长处，他们就会迸发出巨大的创新力（陈骞，2015）。作为创客中的主体，创造者是创造的精灵，善于发现问题，积极改进方法，整理归纳出创意点，提出创新的需求；设计者是创客中"灵力"的拥有者，他们可以把所有的创意和点子转变成详细的、可操作的图纸或计划；而创客的实施者是创客中的战斗者，没有他们强大的行动，一切都只是虚幻的，只有勇敢战斗，才能达到既定目标（郝世界，2016）。

孩子们喜欢在纸上乱涂乱画，用橡皮泥捏各种形状，用积木搭建奇特的房子，这是学校创客的起始，也是学生创造力和创新精神培养的主要方式（何世忠等，2014）。所以今天的创客运动，无疑会改变学校教育的一些习惯，增强个性化，并以一种新的方式鼓励创造性和创新，是一种依靠全新的数字技术来设计、生产、共享和打破时空进行学习的方式与手段（马娜娜，2016）。

2.创客促进创客空间的发展

在美国，创客文化从政策到实践层面已经开始在教育中站稳脚跟，其教育改革和培养科技创新人才是以创客教育为主要抓手的。如奥巴马总统提出要创新教育以提高学生的STEM（科学、技术、工程、数学）学习水平。正如他在演讲中提到，希望所有人都思考创新的想法，激励年轻人从事科学和工程事业。随后，2012年初美国联邦政府就启动了一个新项目，向1000多所美国学校引入"创造空间"，配备数字开发和制造工具，如开源硬件、3D打印机和激光切割机等（何海仁等，2017）。

创客们创造、交换、分享知识和资源，进行项目合作的场所被称为创客空间。为了适应基于项目和实践的学习，部分K12学校也试图在图书馆创造一个新的空间，或者改造原有的教室，即如何将创客空间融入现有的教育项目成为创客教育的关键点。所以创客空间对于学校来说，不仅是创意空间，也是课程实施的学习环境（何世忠等，2014）。在课堂上，教师要将教室视为一个动态的创客空间，鼓励学生创造对象、发明技术、分享创意。同时，动手操作、开放与共享、大胆尝试、反复设计、注重审美、强化个性、自主控制是创客教育的重要因素。

在个性化学习时代，创客与创客空间相辅相成。学生不仅可以通过在线学习获取知识，而且可以在学校的创客空间进行自由创造和制作。从这个意义上说，创客运动将成为学习变革的下一个支点。

3. 创客促进学习回归自然属性

回顾“创客”，它起源于最原始的人类边学边玩的时代，是融合较多教学原理的学习形式，如“学习动机”“学习情境”“团队合作”“及时反馈”“失败是成功之母”等教学原理，在某种程度上都倡导了一种创客精神或创客文化。学习者积极去发现问题和解决问题，形成创造力，成为未来教育的方向，它微观上有助于学生实现自我，宏观上是未来科技进步的支柱（张指南，2015）。

从学习者的角度看，传统教育中的学习是按照知识点进行学习，是被动的学习，而不是学生按照自己的意愿与兴趣进行主动探索。而创客教育倡导的是一种“生活即学习”理念，如“做椅子”“制造自行车”“制作银戒指”“用图案做切割板”等这些生活中的具体实践，当这些课程进入学生的世界，会形成“生活中学习无处不在、无时不在”的现象。当然，不同时代的人们所需要的技能是不同的，时代对科学技术的需求从来没有停止过，但在教育领域，技术是一种教学工具，我们需要做的是用技术来帮助人们，而不是被技术支配。心中有人在，才能服务人。

（二）整合虚实学习环境：未来课堂间的协同合作

1. 未来课堂的概念界定及特性

未来课堂在名称上有“智慧教室”和“未来教室”两大类，是一个整合了技术和软硬件环境，能提供一些可供选择的方法和策略来满足所需目标的课堂。它不提倡简单地记住信息，而是鼓励形成一个学习计划，允许学生一起工作，分享经验和教训并概念化学习。所以未来课堂也是一种学习环境，是利于创新的教育场景，是技术建构下的课堂管理与教学环境。

有学者认为，未来教室在教学中将过去的单向教学转化为师生互动的学习模式，激发和提高学生的学习兴趣，从而启发学生的创造性思维。同时，学生有更多的自由选择权，可依据自己的喜好选择学习及探索的方式，在多个管道中汲取知识。有学者认为，未来教室可以被定义为高度信息化、交互式和集成化，适合信息集成和数字化学习的教学环境。在未来教室里，教师除了加强教学外，还可以在教学、评价、诊断、互动、讨论、探究等方面运用多种教学策略，除了强化教学效能和评价学习有效性外，还可以提高学习者的问题解决能力、创造性思维、批判性思维、交流与表达、信息应用等关键能力（陈卫东等，2012）。

未来教室将高新技术融入教育，创造新的互动教育环境，构建以学生为中心的学习模式，目标是更好地培养学生分析问题与解决问题的创新能力（黄伟进，2015）。所以在未来的课堂上，学生可以积极地探索学习，使学习无时无处不在，也可以跨班际、校际甚至国际（谭玮，2016）。即"未来教室=无所不在的学习环境+智能教育平台与资源系统+随机教室+远程实验室+高交互性教室+连接教室"（张际平等，2010）。

在技术层面，未来课堂将是利用新一代信息技术改变传统学校课堂的学习环境，是融合多媒体教室、计算机教室、微型教室和校园虚拟实验室的一种新的教学环境。它采用多种技术，包括电子白板、数码笔、电视墙、无线网络、数码摄像机等，使学生能够充分体验新技术、新媒体带来的便利，以及利用新技术学习的乐趣。

在未来课堂上，建立师生双向互动的教育与学习模式，不仅可以激发学生的学习动机和创新探究精神，而且可以丰富学习内容，便于教师教学。从这个角度说，未来课堂是一个宽泛的概念，不仅包括教师的教学工具、学生的学习环境等，更重要的是包含一切学习需要的各种资源与软件。英特尔全球教育总监Brian Gonzalez认为未来课堂是一个"颠倒的课堂"。这意味着教育家给学生更多的自由，把知识传授的过程放在课外，让大家选择最适合自己的方式接受新知识。把知识学习过程安排在课外，课堂上学生、教师之间就有更多的时间交流和沟通（陈卫东等，2012）。

未来课堂是相对于传统和现代的课堂而言的，它以人本主义、互动论、环境心理学等相关理论为基础，在智能空间、云计算、人机工程学等方面得到支持。它以互动为核心，充分发挥课堂中所有要素（人、技术、资源、环境、方法等）的作用，实施教与学，促进人的认知、技能和情感的学习和发展。人性化、混合化、开放性、智能化、互动化和生态化是未来课堂的特点。以人为本的技术设计和应用的人性化是未来课堂的目标，正式学习与非正式学习的结合、虚拟课堂与真实课堂的混合，以及不同类型互动的混合等多种形式的混合学习是未来课堂的具体内容。开放性主要体现在课堂教学组织形式的开放和教学资源的开放。智能化则体现在未来课堂应是一个智能化的学习空间，具有自然、便捷的交互界面，以支持教与学主体方便地获得未来课堂设备的服务。生态性则体现在未来课堂是一种平等、和谐、开放的生态系统。

未来课堂的教与学的过程是以学生为中心的、自主的、个性化的。在学习内容上，不管哪个领域，都有必要学习批判性思维、复杂问题解决、合作及多媒体通讯的专业知识和能力；从技术对学习方式的改进来看，以泛在技术环境为特征的未来课堂可以通过不同的技术支持不同类型的学习，技术为全方位学习打下了关键的基础，使学习资源可以通过正式的学习和非正式的学习得到有效利用；从学习主体的广泛性上，未来课堂提供灵活的信息呈现方式、知识表征方式和活动参与方式，为所有课堂教学和学习主体提供服务，使所有人都能够得到合适和有效的支持。

2. 未来课堂：智能学习环境

智能学习环境是数字化学习环境的高端形式，是社会信息化背景下学生对学习环境发展的需要，也为有效促进学习、教学方法改革提供了支撑条件。智能学习环境的目标是使学习场所能感知学习情境，识别学习者的特征，提供适当的学习资源和方便的交互工具，自动记录学习过程并评价学习成果，以促进学习者有效学习（陈益锋，2015）。智能空间是智慧学习环境的一种实体形式，也是实现智能学习环境的基础。它嵌入在计算、信息设备和多模态传感设备中的工作或生活空间中，具有自然方便的接口，方便人们获得计算机系统的服务。所以智能空间作为信息时代的产物，是具有动态、主动、可思维、开放、多变等特性的建筑空间。

未来课堂是一个智能学习空间，应包括能识别和感知课堂主体以及他们的动作和目的，理解和预测这些主体在完成教与学任务过程中的需求；课堂主体能方便地与各种信息源进行交互，他们携带或使用的移动设备可以无缝地与未来课堂的基础设施进行交互；能提供丰富的信息展示，即提供未来课堂中的经历记录，以便检索和重放，支持更多人进行协作学习与远程交互（程敏，2015）。

智能学习空间是一个丰富而互动的环境。在未来课堂这一智能学习空间中，大量的计算设备、多模态交互技术模块和态势感知模块被嵌入和隐藏在实际的物理环境中。这些模块相互协作，主动为用户提供服务，使智能空间立体化，成为一个连续的交互通道。即智能学习空间就是技术整合于教室及教学活动，为课堂教与学活动的顺利开展和学习者良好的个性化学习提供支持，注重学习者创新能力和创新精神培养的一个技术、环境、人、资源各主体相互协调的学习空间（张德干等，2006）。

参考文献

埃德加·莫兰.复杂性理论与教育问题[M].陈一壮，译.北京：北京大学出版社，2004.

安克秀.浅议中学语文教学对学生创新精神的培养[J].贵阳市委党校学报，2007(4)：62-62.

安云凤.新编现代伦理学[M].北京：首都师范大学出版社，2001.

鲍振霞.高中语文阅读教学中创新思维能力的培养[D].沈阳：沈阳师范大学，2005.

北京师联教育科学研究所.现代科技与人文大观——心理学趣谈[M].北京：学苑音像出版社，2005.

蔡宝来.基于学生创造力培养的教学——创造性教学[J].天津市教科院学报，2002(1)：43.

曹绍峰.当互联网"遇见"教育[J].发明与创新(教育信息化)，2016(11)：37-39.

陈骞.创客创行未来[J].上海信息化，2015(7)：81-83.

陈建功，李晓东.中国互联网发展的历史阶段划分[J].互联网天地，2014(3)：6-14.

陈卫东，叶新东，许亚锋.未来课堂：智慧学习环境[J].远程教育杂志，2012，30(5)：42-49.

陈喜凤.高中研究性学习中学生创造性思维培养的研究[D].扬州：扬州大学，2004.

陈小娜.浅析混合学习理论[J].青春岁月，2012(24)：183.

陈延军.培养学生的读写表现力[M].北京：北京教育出版社，2004.

陈益锋.初中化学教学与未来教室的融合初探[J].初中生世界：初中教学研究，2015(4)：57-58.

成都浩旺.互联网思维的本质[EB/OL].(2018-07-01)[2018-08-21].https://wenku.baidu.com/view/c84f890951e79b89680226cc.html.

程方平.脑科学·潜能开发与多元智能[M].北京：学苑音像出版社，2004.

程玫，单美贤.关于"智慧学习环境"的研究综述[J].现代教育技术，2013，23(9)：25-28.

程玫.智慧学习环境中的学习行为分析研究[D].南京：南京邮电大学，2014.

程敏.智慧教室的设计与构建[J].实验室研究与探索，2015，34(6)：248-252.

崔晓慧，朱轩.信息技术环境下智慧课堂的概念、特征及实施框架[J].继续教育，2016，30(5)：50-52.

邓建华.从释意学派"口译三角模式"看口译的创造性[J].沈阳农业大学学报(社会科学版)，2013，15(5)：606-609.

丁余仙.对小学科学网络教研的探索[J].赢未来,2017(5):286.

董同彬,胡蓉.哲学与人生智慧——新编哲学基础教程[M].武汉:华中科技大学出版社,2010.

方均斌.华罗庚的读书“厚薄说”给数学教育的启发[J].数学通报,2010(7):5-12.

冯鸿滔.普通心理学[M].北京:中国人民公安大学出版社,2006.

郭健,冯征.互联网与大学数学教育融合下的教学新常态——以宿迁学院为例[J].中外企业家,2016(35):219.

郭昕.众创模式与企业成长战略转变研究[D].上海:上海师范大学,2016.

郝连科,鲁淇.“互联网+教育”的创新模式构建研究[J].长春大学学报,2017,27(4):74-78.

郝世界.新时代背景下大学生创新创业研究——以构建创客空间为视角[J].当代经济,2016(23):96-97.

郝兆杰.以人为本的教育技术价值取向研究[D].郑州:河南大学,2012.

何海仁,何飞燕.基于创客教育的中职电类专业教学模式探讨[J].现代职业教育,2017(17):34-35.

何年.创客教育新亮点[J].教育,2016(41):29-30.

何世忠,张渝江.创客运动——学习变革的下一个支点[J].中国信息技术教育,2014(9):5-7.

黄炳超.斯腾伯格创造力理论对大学生创新能力培养的启示[J].继续教育研究,2015(1):94-96.

黄华伦.研发项目团队创造力影响因素研究[D].哈尔滨:哈尔滨工业大学,2015.

黄伟进.基于未来教室的教师教育教学模式研究[D].芜湖:安徽师范大学,2015.

贾黎斋.大学生创造力的培养途径探析[J].华北水利水电学院学报(社会科学版),2004(3):90-92.

孔庆新,孔宪毅.试论创造性思维的定义、特点、分类、规律[J].科学技术与辩证法,2008,25(2):25-31.

李朝旭,等.思维与创造[EB/OL].(2011-06-30)[2018-06-21].http://www.xinli110.com/xxlp/rzxlx/rzxl/201106/232538.html.

李慧方.教师智慧学习的交互式平台建构研究[D].重庆:西南大学,2016.

李芒,李子运.论高校教师十大互联网思维方式[J].电化教育研究,2017(8):5-12.

李少加.后互联网:无聊已死、社交危机、故事崛起[EB/OL].(2017-08-30)[2018-05-25].https://36kr.com/p/5090412.html.

李少加.后互联网时代的重大启示[EB/OL].(2017-08-28)[2018-05-22].http://www.sohu.com/a/167871039_505837.

李迅.名校学案思想政治人教版选修4科学思维常识[M].福州:福建教育出版社,

2007.

李亚峰.基于SPOC的混合学习模式在高职专业基础课中的改革与实践[J].计算机教育,2016(10):124-127.

李毅红.创造力的培养[M].北京:北京大学出版社,1998.

林春丽.多元智能理论对我国高校人才培养的启示[J].高教论坛,2009(12):50-53.

林红霞.运用多媒体课件促进儿童社会化的混合式学习研究[D].上海:华东师范大学,2007.

刘冠华,车晓明.思维与动机:创造力具有可教育性的心理学阐释[J].高教发展评估,2010,26(1):94-99.

刘冠华.创造力的可教育性研究[D].大连:大连理工大学,2007.

刘红梅,张云,刘冠华.创新教育与大学生创新能力培养研究[C].天津:天津市社会科学界联合会,2008.

刘帅.什么是互联网思维?[J].红旗文稿,2014(17):38.

刘蔚玲,崔朝红.语文创造性学习方法的研究[J].中国教育技术装备,2009(2):30-30.

刘新梅,白杨.组织学习影响组织创造力的知识获取路径研究[J].管理科学,2013(2):51-61.

刘永新.高中生物学课堂教学策略研究[D].济南:山东师范大学,2001.

刘中月,任剑锋,罗威,等.智慧教育视角下的CSCL研究[J].中国教育技术装备,2017(12):92-94.

逯竹."互联网+"时代对教育的影响探析[J].福建质量管理,2016(15):222.

罗九同,孙梦,顾小清.混合学习视角下MOOC的创新研究:SPOC案例分析[J].现代教育技术,2014,24(7):18-25.

罗薇丽.互联网思维在环境艺术设计教学中的应用[J].青年记者,2015(32):104-105.

罗勇.从包容性增长到可持续发展[J].中国报道,2016(10):29-31.

马海祥.互联网思维是什么?[EB/OL].(2017-02-28)[2018-06-02].http://www.mahaixiang.cn/hlwsw/1796.html.

马娜娜.HTML5时代的创客式学习新革命[J].时代教育,2016(16):8.

马雅琳.未来学校的变革路径——"互联网+教育"的定位与持续发展[J].神州,2017(21):238.

梅修林.浅谈有序原理在初中科学教学中的应用[J].学问:现代教学研究,2010(7):68.

尼尔·布朗,斯图尔特·基利.学会提问[M].吴礼敬,译.北京:机械工业出版社,2013.

庞黎明，吕林雪.创造性思维与艺术设计开发——课程教学阶段性总结[J].天津美术学院学报，2005(7)：13-17.

彭澍.论信息技术在智慧教育中的应用[J].科技展望，2016(17)：24-26.

皮尔松.一生的护照[M].北京：新世界出版社，2003.

秦虹，张武升."互联网+教育"的本质特点与发展趋向[J].教育研究，2016(6)：8-10.

冉祥华.美育与创造力[M].郑州：河南人民出版社，2004.

宋文红，薛振田，董振娟.现代创造教育论[M].青岛：中国海洋大学出版社，2004.

苏伟."亚当·斯密之谜"的破解：毛泽东开创的"公私兼顾论"——论毛泽东的经济伦理思想的核心内容[J].毛泽东思想研究，2006，26(6)：46-50.

苏振芳.创造力开发的哲学思考[J].福建师范大学学报(哲学社会科学版)，1994(4)：27-32.

孙林坡.中学数学竞赛中的构造性思想方法研究[D].郑州：河南大学，2009.

谭玮."未来课堂"的生本式学习模式研究[D].重庆：西南大学，2016.

田雪."互联网+"环境下的新型学习方式应用研究[J].软件导刊：教育技术，2016，15(3)：45-46.

王后雄.论中学生学习化学的难度及其成因[J].化学教育，2003，24(11)：7-11.

王欣，周泓.中国近十年来创造动机与创造力关系的实证研究述评[J].学理论，2012(18)：209-210.

王玉龙，蒋家傅.智慧教育：概念特征、理论研究与应用实践[J].中国教育信息化，2014(1)：10-13.

王子宜.学生创造力现状与培养的研究[D].上海：上海出版社，2016.

魏永红.善教、利导、寓智高中美术教学之微探[J].教育界，2012(22)：158.

温美韫.互联网思维的"分享"概念在广播节目中的运用[J].新闻传播，2016，14.

吴进国.创造性学习与创造性思维[M].北京：中国青年出版社，2000.

吴晓静，傅岩.智慧课堂教学的基本理念[J].教育探索，2009(9)：11-13.

夏自钊.创客："自时代"的造物者[J].决策，2013(6)：26-28.

萧枫，姜忠喆.锻炼学生思维力的智力游戏策划[M].沈阳：吉林出版集团有限责任公司，2012.

萧枫，姜忠喆.与学生谈能力培养[M].吉林：吉林出版集团有限责任公司，2012.

谢翔.体育对创造性思维能力开发的功能[J].北京体育大学学报，2001，24(2)：286-288.

谢宗豹，林蕙青.医学思维与创新[M].上海：上海科学技术出版社，2004.

辛昕.学习中创意思维的自我训练[J].资治文摘(管理版)，2010(3)：37-38.

许映建.中小学生创造素质及其教育建构研究[D].重庆：西南大学，2006.

薛晓东，许宣伟.创新性思维的自组织机制探析[J].电子科技大学学报(社会科学版),2008(2):6-9.

燕京晶.中国研究生创造力考察与培养研究——以现代创造力理论为视角[D].合肥:中国科学技术大学,2010.

杨昌彦.图形与广告[M].北京:北京交通大学出版社,清华大学出版社,2005.

杨光,齐胜欣,刘永生.组织行为学[M].北京:北京工业大学出版社,2000.

杨俊.浅谈当代军事人才的创新能力[J].读写算:教育教学研究,2011(33):308.

杨子艳,杨旭琴,杨万娟.智慧教育环境模型构建研究[J].中国教育技术装备,2016(8):1-3.

佚名."创客"更是一种时代精神[J].现代制造工程,2015(2):2.

佚名.创新的新纪元[J].中国经济信息,2014(23):64-65.

佚名.论高校教师十大互联网思维方式[EB/OL].(2017-08-30)[2018-04-21].http://www.souhu.com/a/168368444-529108.

佚名.一般性思维学习方法[EB/OL].(2012-07-31)[2018-05-26].https://wenku.baidu.com/view/b8715de5524de518964b7db7.html.

于鸣镝.知识序化论:关于图书馆学研究对象的对话[J].现代高校图书情报学刊,2002(3):5-8.

俞晨怡.从自我实现到自我超越——马斯洛思想的转变[J].学理论,2013(27):45-46.

乐伶俐.教师的创造性及其培养[J].东南亚纵横,2003(4):76-79.

俞国良.创造力心理学[M].杭州:浙江人民出版社,1996.

曾明星,李桂平,周清平,等.从MOOC到SPOC:一种深度学习模式建构[J].中国电化教育,2015(11):28-34.

张德干,班晓娟,郝先臣.移动多媒体技术及其应用[M].北京:国防工业出版社,2006.

张峰.创造力是小学语文学习的基石[J].读写算:教育教学研究,2013(40):314.

张广财,于苏娜."怀特海式大学"理念及其对我国现代大学的启示[J].泰山学院学报,2008,30(4):115-117.

张际平,陈卫东.教学之主阵地:未来课堂研究[J].现代教育技术,2010,20(10):44-50.

张敬泉.关于学生创造性学习能力培养的探讨[J].科学时代,2013(14):103-105.

张蕊.大数据时代思想品德微课的开发研究[D].石家庄:河北师范大学,2016.

张士军.创造与发明[M].沈阳:东北大学出版社,2000.

张屿.创造力测量及其影响[J].财讯,2017(12):7-10.

张知远.创造力问题的心理学研究[J].辽宁教育研究,2002(6):40-44.

张指南.如何用创客文化思维重建历史教学——让学生玩出历史个性[J].读写算:

教育教学研究,2015(38):277.

张志勇.创客教育让中学历史课堂创意无限[J].重庆与世界(学术版),2017(6):78-81.

赵如雪.论创造力及其培养[J].中外交流,2016(17):51.

赵锐,胡炳仙.研究性学习与创造性思维的培养[J].教育探索,2004(4):21-23.

赵汀阳.论可能生活:一种关于幸福和公正的理论[M].北京:中国人民大学出版社,2004.

中国社科研究生院,中国科学研究生院.知识经济与国家创新体系[M].北京:经济管理出版社,1998.

周赟.小学英语教学中SPOC模式的应用效果研究[D].苏州:苏州大学,2016.

祝智庭.智慧教育:教育信息化的新境界[J].电化教育研究,2012(12):5-9.

第六章　学习评价理论与技术

未来的时代将不是IT时代，而是DT的时代。

——马云

数据科学家=统计学家+程序员+讲故事的人+艺术家。

——Shlomo Aragmon

根据历史考证，“学力”可以追溯到我国南宋时期，指的是个体的学习深度。南宋以后，随着程、朱思想交流，其在日本得到了更深的诠释和应用，特指学习和理解四经和儒家经典的能力与由此获得的品质。如明治维新时期，日本对成人学习的质量进行了学力调查，使“学力”开始成为日本教育界的热门话题之一，并逐渐引起了一种学派争论。此后，“学力”越来越清晰，人们从不同维度对其进行了界定。如日本《广辞苑》对“学力”有两种解释：一是知识学问的力量，二是通过学习而获得的能力。

一、学习评价理论

（一）学力观视角下“互联网+”时代的学习评价

20世纪四五十年代，实用主义的概念成为主流，尤其以杜威的实用主义教育思想为指导，强调以生命体验为基础的独立自主的教育生成。教育的基本目的是提高学习者对生活的理解和感悟能力及素质（耿富云，2015），强调学习中的“读”“写”“算”技能（王铁军，2000）。随后，有人提出了不同的见解，如广冈亮藏认为，“新教育”是狭隘的经验主义不利于客观知识的系统学习，教育必须把科学知识和生活教育结合起来。在此基础上，他提出了“三层四域理论”学力模型（如图6-1-1所示）。模型中下层反映了“基础学力”，最上层是由“基础学力”拓展、衍生而来的生存力（钟启泉，1989）。

上层	积极行为的态度	问题解决学力
中层	总括能力	基础学力
下层	个别能力	

图6-1-1　“三层四域理论”学力模型

1948年，日本实施了基于正态分布曲线来划定成绩等级的五级相对评价制度，并辅以各种学力测验、智力测验和人格测验。通过测验，人们发现“新教育”过分关注生活中的知识，面临着阅读、写作、计算和科学文化等基础不扎实的问题。一些学者提出，基础学力任何时候都应该保证。因此，日本1958年修订的学习指导要领又开始重视“基础学力”部分。可以看出，这一时期学力评价的争论焦点是教育和学习应偏重于常规生活服务能力培养还是偏重于系统的知识学习问题（徐征，2006）。

20世纪60年代，科学主义学力观流行一时，受美国教育现代化的启发，以及回应家长对新教育提出质疑的需要，科学主义学力观的出现及其评价机制有着更现实的依据。如胜田守一重新定义了“学力”：学生在学完依据可测原则组织的教学内容之后所达到的能力（如图6-1-2所示）。在该模型中，与其他三种能力相比，认识能力占主导地位，语言能力和运动能力起到辅助作用。在他看来，态度是知识背后的支撑力量，导致知识获取和知识学习。事实上，这也是学习主体在学术能力结构中的个人感受，以及从学习内容到学习者的学力的开始。一般来说，这一时期的学力评价属于知识积累型，强调“力”的作用（齐宇歆，2017）。

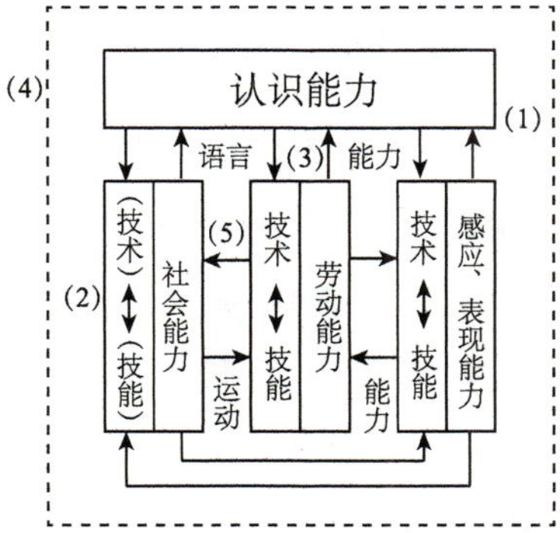

图6-1-2　胜田守一的学力模型（徐征，2008）

20世纪70年代，现代人本主义教育理念注重自我成长。人们发现，修订后的学习指导要领内容偏深，严重脱离了学习者的实际需要，挫伤了学习者的积极性，导致了一些人厌学，如普遍性的学习困难，甚至出现校园暴力和逃课的普遍现象。此时，人们开始反思"教育现代化"的妥当性，提出了重视人的兴趣、态度和动机的"新学力观"。例如，中内敏夫1971年提出的"阶段理论"继承了广冈氏"生存发展的学力"的观点，进一步把"学力"划分为两个部分：一是基础性的"理解与判断"，二是发展性的"熟练性应用"，它被称为"阶段理论"（徐征，2011）。

"阶段理论"的核心是：学习媒介是教材，帮助学习主体发展是其根本要义。这种发展既有认知方面的，也有情感方面的，二者是相交的（曹宇晖，2015）。这一学说在日本影响很大，并被一再修改。然而，这种学力模型是以学科学习为基础的，不包括综合学习的学力。在此基础上，有专家根据布卢姆的教育目标分类学思想提出了学力"冰山模型"（如图6-1-3所示）。他认为，"学力"由显性学力和隐性学力两部分组成（韩彩虹，2009）。下层的隐性学力支撑上层的显性学力。隐性学力不仅包括传统意义上的思考力、判断力，还包括行动力、表现力，以及学习者的兴趣、动机和态度等动力因素，而显性学力则是"知识的理解"和在实践中可以执行的"技能"，仅仅为漂浮在水面上的"冰山一角"，比例仅为10%～20%。

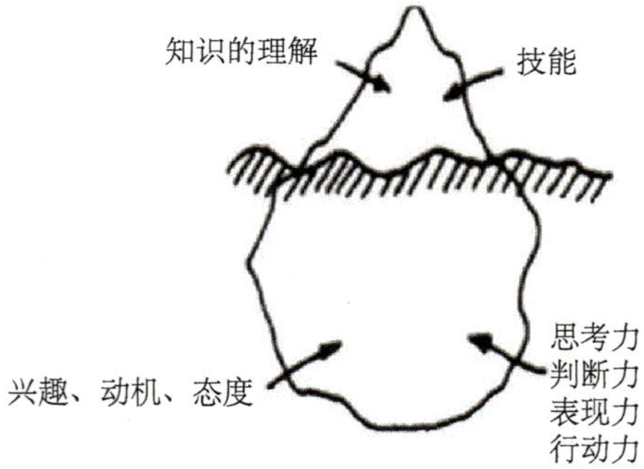

图6-1-3　学力"冰山模型"

与此相似，这一时期还有学者提出了"树木模型"。该模型将"学力"与树进行比较。这种特殊的"树"包含树根、树干和树叶，大致与我国素质教育中的"知识与技能""过程与方法""情感态度与价值观"三维目标相一致。受这些新思想的影响，日本1977年重新修订学习指导要领，开始实施"宽松教育"，强调培养学生丰富的人性，给学生营造宽松、自由的学校生活，重视作为国民必备的"双基"，与此同时也顺应学生的个性。这一时期，受到美国教育评价理论的影响，基于达成度的绝对评价与形成性评价同时受到关注，注重学习评价促进学生发展的功能（樊秀丽，2016），如图6–1–4所示。

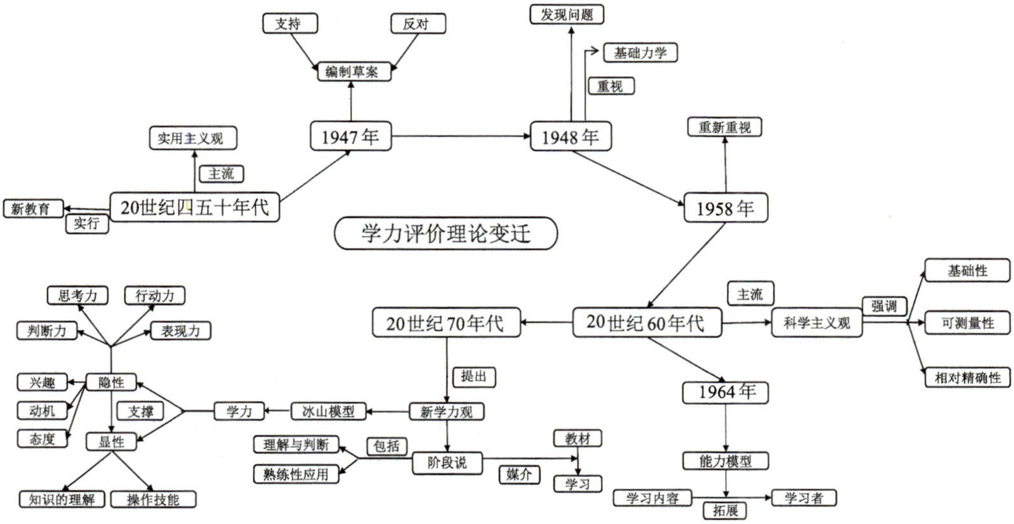

图6–1–4 学力评价理论变迁

20世纪八九十年代，“新学力观”强调学习者的自我建构。如1989年，日本提出自主学习的积极性和知识的使用能力应成为学力结构的核心内容；1991年新修订的学习指导要领指出，“新学习观”必须注重学生的生存能力和素质的培养，学习积极性、态度、思维能力、判断能力和表达能力是学力的基础，在教材和评价中实施新的学力观。在此基础上，稻叶宏雄于1994年提出了“发展性学力”的概念，认为发展性学力是基本学力的横向延伸，学力应该是认知因素、技术技能和情感因素的综合，熟练是创新的基础和契机。

到90年代末，建构主义的影响越来越广泛，形成性评价与自我评价相结合，进入了一个新的发展阶段。其观点延续了“宽松教育”的精神，“生存能力”的观点再次成为基本理念（汤飞燕，2014）。“生存能力”包括“发现问题、独立思考、独立解决问题的能力”“丰富的人性”“健康和体力”三个方面，而学力的核心部分是丰富的人性，包括温和、公正、尊重、关爱、奉献、爱美之心等。

在实践中，教学内容和课时都大大减少了（李琳，2011）。21世纪，知识与实践的统一在社会文化语境中走向“素养”一词。面对各种批评和学力衰落窘境，学力评价理论变得更加全面和多样化，但强调的关键点都是学习者的“生存能力”。其中，学力有三种代表性的理论：一是日本文部省的“扎实学力”说，在鼓励学生充分利用学习时间，强调活用能力的基础上，重视学生的基础学力。同时，“扎实学力”属于思考力、判断力、表达力和知识技能的融合，主要涉及学习者掌握“双基”并加以灵活运用的能力。二是佐贯浩的“三层结构模型”。在该模型中，第一层到第三层分别是学力基础、能动化的习熟、生存意义上的学力。第一层是对双基的理解，第二层主要考察体现思维和表现力的创造性学习，第三层则是实践共同体中的参与学习和自我实现，包括热情、关注、态度等人格因素（王晓芳，2014）。第三是田中博之的“平衡综合学习模型”（如图6-1-5所示）。在这个模型中，他将知识、技能、态度等整合为“学科学力”“活的能力”（生存力）和“学习的基础能力”三个相互关联的领域。“自我学习能力”“自律学习能力”“自我成长力”“社会实践力”“关心”“丰富的心灵”等新内容在此模型中首次出现，标志着学力观念的进一步泛化（徐征，2006）。在他看来，“术”仅仅是底层，对应于具体的“技能”；“学”是中间层，反映了知识体系的学科逻辑；“观”在顶端，集合了世界观、人生观、社会观、劳动观、职业观五个为一体。总之，这一系列的模型建构和理论概括反映了日本教育界对“学力”命题的空前而广泛的思考（綦晓斐，2008）。

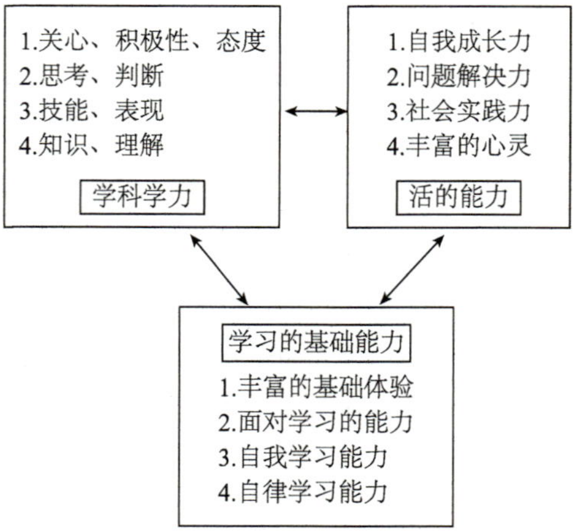

图6-1-5 “平衡综合学习模型”

（二）“互联网+”时代如何有效实施学力评价

“互联网+”时代，移动互联网、云计算、人工智能和大数据分析技术在社会、经济和生活的各个领域传播和应用，多媒体学习资源已成为日常消费品。与此同时，学习方式也发生了很大变化，如一个网页、移动终端、成千上万的学生、学校和老师，让你可以自由选择“互联网+”的教育模式已经出现；使用慕课、微课程、翻转课堂、手机课堂等新的教学方法已经出现；拿着平板电脑或手机上课，随时将疑难问题通过网络发送并显示在“互联网+”的教师课件上，弹幕式的教学评价不再遥不可及；丰富优质的教学资源形成共享，课程的学习与考试逐步网络化。“互联网+”将直观、生动的学习状态和学习过程展现在教师和教学管理者面前。

学力评价是指通过量化的指标对学习者在学习过程中所表现的行为、态度、情感和心理等特征进行价值判断，从而反馈学习者个人学习信息、衡量教学过程中教学绩效的高低、评价学习环境是否对学习效果具有促进作用等，是一种基于学习者视角的教学评价和反馈行为。当前学术界有关学力评价的方法使用较为普遍的是英国“有效终身学习项目（ELLI：Effevtive Lifelong Learning Inventory）”，ELLI项目的“蜘蛛网”学习力动态评估方法（郭亚婷，2015）。该方法将学力评价分为学习方法、学习效率、学习创造等维度，以其归属来划分，也可按照情感力、方法力、转化力和探索力来归属。首先，学力中的情感力维度主要包含学习动力和学习毅力两个方面，其中学习动力指向学习发生的原因，是整个学习活动能够开始的原始情感诱因；学习毅力则在学习动机产生之后，使得整个学习活动能够持续发生，不被中断。其次，方法力主要包含鉴别能力和整理能力两个具体内容，传统教学环境中的鉴别能力和整理能力是相伴而生的，鉴别能力主要体现在学习活动发生之前，用于学习者对学习材料的选择和应用，整理能力则主要体现在学习过程中，二者的发生以学习者自身属性为依托。再次，转化力是指学习者在所学基础上将知识吸收内化的能力，是一种将静态学习转化为动态吸收的过程。传统教学环境中学习者的转化力主要以考试的方式进行测评，它是一种基于第三方的评价过程，学习者在整个学习过程中缺乏持续而及时的评价反馈。最后，关于探索力，美国教育研究专家Frank Williams将其分为认知类的探索性思考和个性类的探索性倾向。其中探索性倾向从意识层面对学习者的探索力起到诱发作用（刘和海等，2015）。

关于学力评价，要特别注意更新评价理念，突出当代教育的质量，就是以尊重学生的人格为前提，充分挖掘学生的潜能为途径，最终达到个人的全面发展和社会的和谐进步。教育作为一个系统工程，测试标准不是简单的考试成绩，或者是能力的一个方面，而是一组相互依存的能力，这一点最终表现为个人的实践能力和开拓精神（吕澄，2017）。回顾学力评价的发展历程，可以很容易地发现，评价的焦点一直在“科目”“生活”和“学习者”这三个主题之间摇摆。归根结底，学力评价的第一选择是一个观念问题，即如何看待学习的形成机制和价值。如果说“科目”是基于客观性、系统性和抽象性的知识体系的代词，带有主体性和现实具体性的“生活”的目的是解决自己的问题，那么面对未来的不确定性，“学习者”不仅是学习的主体，是学习价值的体现，也是连接“科目”和“生活”的基本枢纽（曾文光，2005)。个体的深层学习和个体与情境之间的有效互动，在反复练习后达到内化、内省和习得，它是对知识、能力和情感的总结，是作为一种文化熏陶，被内化于学习者本身，成为学习者相对稳定的素质。

教育的根本改革在于从依靠教转向依靠学。学力评价强调基础，强调传统的阅读、写作和计算，而用于情感交流的符号和数学符号是学习过程的中介，而不是目的本身。即知识只能通过个人的内部转化成为内在的素质，真正的学习必定是发生在那些对相关主题已经有了一定了解并希望对这个主题有进一步了解的学习者身上，他们利用概念分析、比较、综合、泛化和推理等主观因素，使对象与需求、兴趣、意志等主要因素发生冲突，最后通过一定程度的兼容性和集成从而保证记忆的持久和准确，以及使用知识时的“直觉化、自动化、智能化”。总之，在教学中，有必要突出学习的核心地位，要研究学习，首先要充分考虑学习者的原始经验、教育背景和思维特点，并做出合理的指导。在学习过程中，要强调学习者在学习中获得精神放松的乐趣，挑战困难的意志，在相互帮助过程中达到情感的成长。以“得高分者为王”的思维来教学，很难让学习者进行长期、系统、深刻的思考和探索，学习者难以达到一定程度的认知，难以获得某一领域和主体的洞察力（曹继东，2015)。

一系列以“互联网+”发展学习者学习行为的实时评估 / 诊断系统包括学习主体、学习对象、学习工具、学习环境等要素。其核心是学习主体与学习对象之间的交互作用，反馈越及时，调节效果越明显。诊断作为一种基本的反馈形式，属于动态即时评价，在学习活动中起着正向的作用。在“互联网+”环境下，网络、人工智能技术将学习过程与行为数据实时采集并上传到数据库服务器，以便使用决策树对数据进行分布式挖掘、特征提取、转换、模型处理和分析等，从而做出预测与推荐。

二、大数据思维与学习分析

大数据（Big Data）指的是在一定时间范围内不能用常规软件工具捕获、

管理和处理的数据集合。它是一种大规模、高增长率、多样性的信息资产，需要一种新的处理模式才能具有更强的决策力、洞察力和流程优化性（李志刚等，2012）。

（一）大数据内涵与特征

大数据是指不用随机分析（抽样调查）的捷径，而采用对所有数据进行分析处理的方法得出的数据。大数据的5V特性分别是：Volume（大量）、Velocity（高速）、Variety（多样）、Value（低价值密度）、Veracity（真实性）。研究机构加特纳强调，为了适应大规模、高增长率和多样化的信息资产，使“大数据”具有更强的决策力、洞察力和流程优化性，需要创造出新的处理模式（相海泉，2013）。

大数据技术的战略意义不是要掌握海量的数据信息，而是要处理包含行为的数据。换句话说，如果将大数据比作一个行业，那么在这个行业中获利的关键是提高数据的“处理能力”，并通过“处理”使数据“增值”（佰读，2016）。从技术的角度看，大数据与云计算之间的关系就像硬币的正反两面，密切相关。一方面，大数据不能由单个计算机处理，必须采用分布式体系结构，其特点是对海量数据进行分布式数据挖掘；另一方面，大数据又必须依赖于云计算分布式处理、分布式数据库和云存储虚拟化技术（张放，2015）。

随着云时代的到来，大量的数据引起了越来越多的关注。分析师团队认为，大数据通常用来描述由公司创建的大量非结构化和半结构化数据，这些数据在下载到关系型数据库用于分析时，将花费太多的时间和金钱。大数据分析常与云计算联系在一起，因为实时大数据集分析需要分布到几十个、数百个甚至数千个计算机。

首先，大数据需要特殊的技术来处理大量的容忍经过时间内的数据。适用于大数据的技术，包括大规模并行处理数据库（MPP：Massively Parallel Processor）、数据挖掘、分布式文件系统、分布式数据库、云计算平台、因特网和可扩展存储系统。

其次，大数据包括结构化数据、半结构化和非结构化数据，非结构化数据正日益成为数据的主要部分。据统计分析，80%的企业数据是非结构化数据，这些数据每年增长60%，大数据是互联网发展到今天的一种表现形式或特征。

再次，技术是大数据价值的手段和基石（王劲，2013）。大数据从采集、处理、存储到结果形成的整个过程，都需要借助于更先进的技术才能实现。

当今社会是一个快速发展的社会，科学技术发展迅速，信息流通更顺畅，人与人之间的交流越来越紧密，生活越来越方便，大数据是这个高科技时代的产物。阿里巴巴创始人马云在讲话中提到，未来的时代将不是信息技术时代（IT时代），而是数据时代（DT时代），DT就是数据，这在某种程度上来说，大数据是未来时代的重要内容。当然，这里的大数据不是"大"，而是更"有用"，价值和挖掘成本比数据更重要。即对于许多行业来说，如何利用海量数据是赢得竞争的关键（杨现民等，2017）。然而，"大数据"在经济发展中的重要意义并不意味着它可以取代一切对社会问题的理性思考。科学发展的逻辑不可能在海量数据中被湮没。著名经济学家路德维希·冯·米塞斯曾警告说："在今天的话语中，许多人忙于信息的非有益积累，从而对问题的解释和解决失去了机会，对特殊经济意义的理解也就丧失了。"

1. 大数据的趋势：从数据到系统的突破（佚名，2018）

趋势一，数据资源化。这意味着大数据已经成为企业和学校的重要战略资源，成为一个争夺的新焦点。因此，学校必须提前制定大数据分析战略，抓住教育变革的时机实现学校发展。

趋势二，与云计算深度结合。云计算为大数据提供灵活和可扩展的基础设施，是大数据产生的平台之一。自2013年以来，大数据技术已开始与云计算技术紧密结合，同时，新的计算形态，如物联网和移动互联网，也将有助于推动大数据革命，并使大数据营销更强大。

趋势三，科学理论突破。随着大数据的快速发展，大数据很可能是新一轮的技术革命，就像计算机和互联网一样。数据挖掘、机器学习和人工智能等技术可以改变数据世界中的许多算法和基本理论，实现科技突破。

趋势四，数据科学和数据联盟成立。未来，数据科学将成为一门专门的学科，被越来越多的人所认知。各大高校将设立专门的数据科学类专业，将产生一些新的就业机会。同时，在数据库平台的基础上，将建立跨领域的数据共享平台。之后，数据共享将延伸到企业层面，成为未来产业的核心。

趋势五，数据泄露泛滥。在未来几年中，除非数据能够在其源头上得到保护，否则数据泄漏的增长率可能达到100%。可以说，未来的公司都将面临数据攻击，无论他们是否做好了安全防范工作。所有的企业，无论其规模如何，都需要重新审视今天的安全定义，需要从新的角度来保证自己和客户的数据，而所有的数据都需要确保安全。

趋势六，数据管理成为核心竞争力。数据管理成为核心竞争力，直接影响财务业绩。当"数据资产是企业的核心资产"的概念深入人心，企业对数据管理便有了更清晰的定义。将数据管理作为企业的核心竞争力，不断开发、战略性地规划和使用数据资产，成为企业数据管理的核心。

趋势七，数据质量是商业智能成功的关键。采用自助商业智能工具处理大数据的企业将脱颖而出。在大量低质量数据面前，为了成功，企业需要了解原始数据和数据分析之间的差距，从而消除低质量数据，并通过商业智能获得更好的决策（佚名，2015）。

趋势八，数据生态系统复合化程度加强。大数据的世界不仅仅是一个巨大的计算机网络，而是由大量活跃组件和多个参与者元素组成的生态系统，如终端设备提供商、基础设施等。而今，这样一套数据生态系统的基本雏形已然形成，接下来的发展将趋向于系统内部角色的细分，即市场细分、系统机制的调整、商业模式的创新等。事实上，竞争环境的调整、数据分析技术的提高，使得数据生态系统复合化（如图6-2-1所示）。

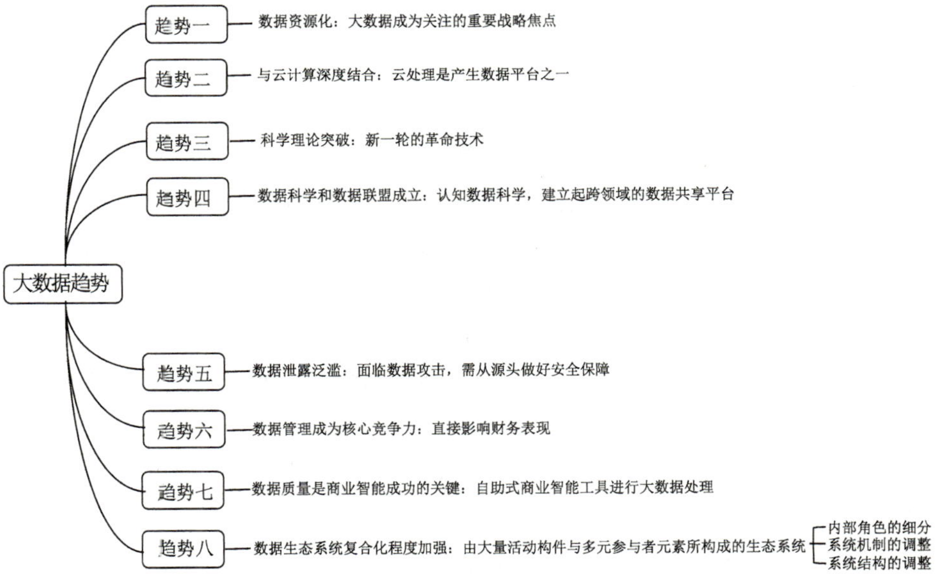

图6-2-1　大数据八大趋势

2.大数据分析技术：释放数据能量

大数据分析，一般来说，是指大数据分析技术。大数据分析技术具体是什么？到目前为止，还没有权威人士给出明确的答案。但人们认识到两个主要问题：一是文本分析，二是机器学习。文本分析是重要的，因为文本数据在大数据中占很大比例，可以以文本形式呈现电子邮件、因特网页面、电子医疗病例、各种系统的运行日志；而机器学习在分析科学中也起着重要的作用，一个典型的例子是物联网应用。物联网可以通过传感器获取大量的数据，如何从这些数据中找到有用的东西值得关注。同时，流媒体和经济数据越来越大，如何才能确定这些数据在海量和复杂数据中的反映价值，这些都需要机器学习来帮助。

大数据时代的到来带来新的挑战，也带来新的机会。数据不会被它激发的想法和创新所消耗，相反，它可以为创新提供无尽的燃料。一段信息可以在创新上迈出一大步，一组数据可能会从数据收集器获得不可想象的应用，也可能被用于另一个看似不相关的领域，因为这些创新的应用，数据的能量将被放大。

3. 大数据时代：用数据的思维看数据

在数据处理技术发生巨大变化的情况下，我们需要的是所有的数据，即样本=总数（黄欣荣，2014）。

"大数据"在于发现和理解信息内容及信息与信息之间的关系，然而直到最近，我们似乎对此仍难以把握。IBM的"大数据"专家乔纳斯提出要让数据"说话"。在一定程度上，这听起来平常，人们使用数据已经很长一段时间，无论是日常进行的大量非正式观察，还是过去几个世纪在专业层面上用高级算法进行的量化研究，它们都与数据有关。在数字化时代，数据处理变得越来越快，人们可以在一瞬间处理成千上万的数据。但是当我们谈论能"说话"的数据时，我们指的远远不止这些。

实际上，大数据有三个重大的思维转变，这三个转变是相互联系和相互作用的（黄欣荣，2014）。首先，分析与某事物相关的所有数据，而不是依赖于分析少量数据样本；其次，愿意接受数据的复杂性，而不是追求准确性；再次，人们的思维发生了变化，不再探索不可预测的因果关系，而是关注事物的关联性。

以前，对生产出来的每个产品都进行检查是全面质量监管的必然要求，而现在只需要检查一批商品里随机抽取的小部分样品即可。本质上而言，想让大数据问题变得切实可行，可以采取随机采样的方式。采样的目的是用最少的数据获得更多的信息，当人们能得到大量的数据时，它就没什么意义了（张渝江，2013）。

采样一直被广泛认可，但总是有不可避免的缺陷。现在，这个缺陷越来越难以忽视。采样忽略了细节，但人们别无选择，只能使用抽样分析进行调查。但是在许多领域，从收集部分数据到收集尽可能多的数据的转变已经发生。若是可能的话，我们会收集一切数据，即"样本=总数"。

长期以来，随机抽样是最佳的捷径，它使得在数字时代之前的大量数据分析变得可能。但是像数码照片或数字歌曲被截取成许多小文件一样，当取样分析时会丢失很多信息，只有获取所有或几乎所有的数据，才可以以不同的方式查看和研究数据的所有方面。当然有些时候，还可以使用样本分析法，毕竟现在仍然是在一个资源有限的时代，但更多时候，利用手中掌握的数据成为更好也是最可行的选择。

4. 大数据是数据、技术，还是应用

一般认为，大数据是一个复杂且庞大的数据集，其定义是大数据集、大数据技术和为决策提供服务的大数据应用的总称。数据、技术和应用是大数据的三大基本要素。其中，大数据集是指在决策问题中使用的所有可能的数据，而不是一个字段中的所有数据；大数据技术就是大数据收集、分析与处理技术；大数据的主要价值就是为决策服务，让决策依赖于数据分析而非直觉，是“大数据改变人类生产和生活方式，并发生巨大变化”的科学范式（付佳美，2016）。

大数据的5V特性涵盖了所有的技术定义，并且是最有影响力的。然而面对具体的认识和具体的问题，却引起了很大的争议。例如，人们经常争论数据集是否足够大。显然，这只是问题的表面，问题的核心是数据集是否有价值，是否值得开发，是否能挖掘价值，是否能在希望的时候挖掘价值。因此，价值和时效性是大数据的核心内容。

关于价值，如果一个数据集没有价值，就不需要关注；如果一个数据集的价值密度高，也就是说，大部分数据是有价值的，直接读取数据集就能获得价值，可以成功应用，没有技术困难。然而通常情况是价值巨大但价值密度低，就像大海捞针一样，因此大数据是一个非常困难的技术挑战（韩晶等，2013）。

关于时效，所有大数据的处理和分析都应该在所需的时间内完成，如果太迟，那就毫无意义。这也是一个挑战，如图6-2-2所示（刘荣坤，2011）。

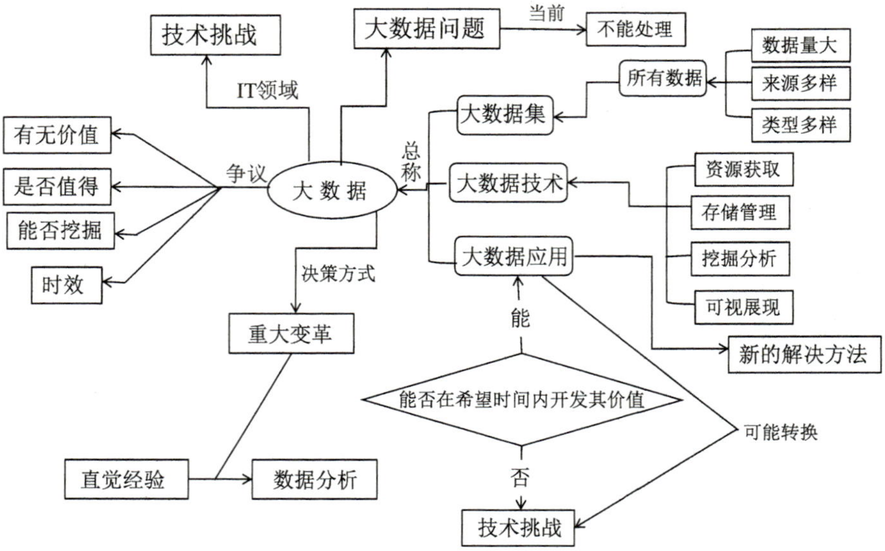

图6-2-2　大数据内涵概念图

5.信息化与大数据：决策依靠数据

大数据中存在更多的不精确性，具有混杂性。执迷于准确性是信息缺乏和模拟时代的产物。只有5%的数据被框架化，并且可以应用于传统数据库。如果我们不接受混乱，剩下的95%的非框架数据就不能使用（维克托·迈尔·舍恩伯格，2012）。所以只有接受不精确，才能打开一扇从未涉足的世界之窗。数据量的巨大增加将导致不准确的结果，而一些错误的数据也会被混合到数据库中。

对于小数据，最基本和最重要的要求是减少误差并保证质量。因为所收集的信息量相对较小，所以必须准确记录所有数据。采样时，对精度的要求越来越高，因为信息的有限收集意味着小错误可以被放大，甚至会影响整个结果的准确性。

"大数据"通常是以概率表示的，整个社会要适应这种思维需要很长时间，也会出现一些问题。但现在，重要的是，当人们试图扩大数据的规模时，应该学会拥抱混乱，形成更有价值的大数据洞察力（吕乃基，2014）。

谷歌公司的人工智能专家彼得·诺维格和他的同事在一篇题为《数据的非理性效应》的文章中写道："基于大数据的简单算法比基于小数据的复杂算法更有效。"他们指出，混杂是关键。

传统的样本分析者很难容忍错误数据的存在，他们一直在研究如何防止和避免错误。在收集样本时，统计学家将使用一套策略来减少错误的概率。

在测试结果发布之前，他们将测试样本中是否存在潜在的系统偏差。然而，即使只有少量的数据，这些规避策略仍然是昂贵的。特别是当我们收集所有数据时，这就行不通了。不仅是因为它耗费巨大，还因为在大规模的基础上保持数据收集标准的一致性不太现实（陈泓茹等，2015）。

大数据时代要求我们重新审视准确性的优点和局限性。21世纪，如果将传统的思维方式应用于数字化和网络化，将错过重要的信息。执迷于准确性是信息缺乏和模拟时代的产物。在信息贫乏的时代，任何数据点的测量对结果都至关重要。因此，需要确保每个数据的精度不会导致分析结果发生偏差。有时候，当掌握了大量新型数据时，准确性不是那么重要。因为大数据不仅使人们不再期望准确，而且也使人们无法达到精确性，在某种程度上来说，数据的不准确和不完善，才能更好地预测和理解世界。值得注意的是，错误性并不是大数据本身固有的。它只是我们用来测量、记录和交流数据的工具的一个缺陷。

相关性关系是大数据另一个核心观点。相关性关系有助于人们通过识别有用的关联来分析现象，而不是揭示其内在的运行机制。当然，即使是很强的相关性也不一定能解释每一种情况，例如，两件事情看起来很相似，很有可能只是巧合。但通过发现良好的相关性，可以帮助预测未来。如果A和B经常一起发生，我们只需注意到B发生，就可以预测A也在发生。这有助于捕捉到可能和A一起发生的事情，即使不能直接测量或观察A。

（二）数据化：一切皆可“量化”

大数据发展的核心动力来自人类对世界的测量、记录和分析的渴望。信息技术的变化随处可见，但现在信息技术变化的焦点是“T”（技术）而不是“I”（信息）。而大数据时代，人们关注的焦点是“I”（信息）而不是“T”（技术），开始关注信息本身了。

大数据的核心是挖掘巨大数据库的独特价值，在日常无序的相关信息中，提取和绘制出更多的有用信息，让信息产生更多与更大的价值。如“数字化”和“数据化”是两个概念，对这两个概念的区分就可以帮助我们理解数据其实可以从看上去最不可能的东西中提取出来。

“数据”是“已知的”，可以理解为“事实”。这是欧几里得经典著作的标题，它用已知的或衍生的知识解释几何学。现在，数据代表了对某事物的描述，数据可以被记录、分析和重组。即数据化是一种把现象转变为可制表分析的量化形式的过程。相反，数字化与数据化是完全不同的概念，是指将模拟数据转换成由0和1表示的二进制代码，以便计算机能够处理这些数据。所以，数字化是计算机时代处理信息的一种方式，是变换文字、图像、视频和音乐的形式。

量化一切是数据化的核心。记录信息的能力是原始社会和先进社会的分界线之一。测量和记录一起促成了数据的诞生，是最早的数据基础。计算机的出现带来了数字测量和存储设备，极大地提高了数据转换的效率。计算机也使得通过数学分析挖掘数据成为可能。简而言之，数字化将模拟数据转换成计算机可读数据，这与数据变换本质上不同，数字化带来数据，但数字化不能取代数据。

所以，数据就像神奇的钻石矿，当它的首要价值被发现时，它仍然可以连续地给予。它的真正价值就像一座漂浮在海洋中的冰山，第一眼只能看到冰山的一角，大部分都隐藏在表面之下。

三、刻画学习：学习分析技术

现代汉语词典对分析的解释是：把一件事物、一种现象、一个概念分成较简单的组成部分，找出这些部分的本质属性和彼此之间的关系。通过认识事物或者现象的不同之处与相关之处，寻找出解决问题的主线，并通过这个主线来解决问题，这就是分析的意义所在。数据驱动的社会存在着大量以数据为依据的"分析"，可根据不同的数据，进行更深层次的处理与分析，形成不同的预测与建议。

有学者认为"分析"术语的形成主要关注四点：在哪使用、谁来执行、需要的技巧和涉及的技术。从这种角度出发，在教育领域中使用该术语，由教育者、学习者、管理者等利益相关者执行，运用分析技术对与学习相关的数据进行收集、处理和分析的过程就可以称为"学习分析"（王良周，2015）。

（一）学习分析技术定义

最早给"学习分析"下定义的是美国高等教育信息化协会，他们将学习分析定义为：使用数据和模型预测学生的收获行为（Siemens等，2011）。随后，在2011年首届学习分析与知识国际会议上，"学习分析"又被定义为：测量、收集、分析和报告有关学生及其学习环境的数据，并且将这些数据用以理解和优化学习及其产生的环境的技术，通过对不同情境下学生学习创造的大量数据的收集和推断来评价学习进步并及时发现潜在的问题（吴永和等，2013）。

新媒体联盟认为，“学习分析技术”就是通过对松散耦合的数据收集工具和分析技术的利用，对分析学习者的学习参与、学习表现及学习过程的相关数据进行分析，进而实时修正课程教学和评价（Johnson等，2011）。从中可以看出，学习分析技术作为一种工具，既能从教育领域的海量数据中提取隐含的、未知的及有潜在应用价值的信息或模式，又能起到决策辅助作用。

（二）学习分析过程与特征

概括起来，学习分析技术通过数据挖掘工具，对学生在正式和非正式学习过程中的有用信息和数据进行测量、收集、深度分析、统计和运算，并以可视化方式解读数据结果，具有复合化的数据采集、多重角度的分析技术、可视化的分析结果、微观化的服务层次、多元化的理论基础等特征（钟诚等，2015）。

学习分析的过程包括：首先，进行数据收集，它是大数据支撑教学的入口。由于数据来源于单一或者多个学习技术系统，收集过程可产生极大的数据量，所以要使用程序、脚本和其他方法来处理成结构化或非结构化的数据形式。其次，进行数据分析，呈现具体的可视化数据统计。在正式分析之前，一般把非结构化数据设定为某种格式，接着再经过定量分析，结合定性，最终在分析报告中以可视化、表格、图表和其他类型的形式把这些数据呈现出来。再次，进行学习分析，分析学习者正在做的事、学习者主要花时间在何处、学习者正在访问的内容等，与此同时，学习分析得出的结果可告知学生、教师以及管理者。最后，根据结果进行干预，并适当提出建议与对策。学习分析实施干预的层面具有多样性（何晓东，2016），如个体、课程、教学和管理等层面，使学生个性化定制学习成为可能。

关于教学和学习，教育工作者一般使用数据进行考核、分析和评估，以便更有效地支持学习。学习分析技术的核心已经在计算机管理教学（CMI：Computer Managed Instruction）、人机交互和网络科学等领域存在了几十年。从发展的时间的角度来看，学习分析技术可被看作是CMI和数据驱动的决策（DDDM：Data Driven Decision Making）的继承和发展，如图6-3-1所示。

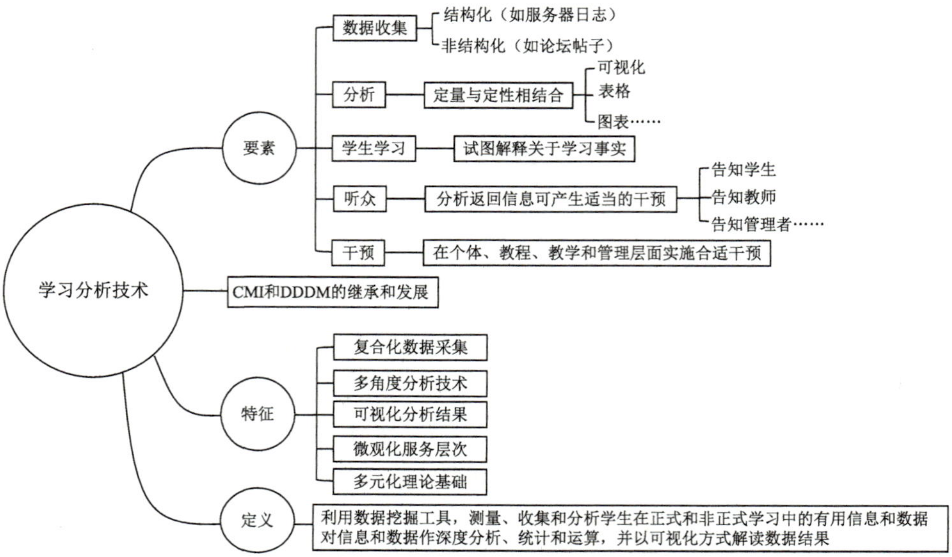

图6-3-1　学习分析技术要素、特征及定义

总而言之，数据挖掘和数据分析工具能导出数据之间的关系，让数据能支持不同决策者（如学生、教师、教育管理者、教育行政管理者等）的决策，是决策的思想引擎。同时，数据挖掘既可以以数据来支持宏观层面（如国家教育方针政策）的教育决策，又能为微观层面（如日常的教与学活动）的决策提供支持（顾小清等，2012）。

（三）学习分析技术应用与价值

学习者数据来自学生使用的移动终端、社交媒体软件、网上学习网站等，表示通过技术处理的源自课程、学期的数据以及其他数据。另一类数据是与学习者的学习过程间接相关的智能化数据，是一种能通过语义分析并且通过连接技术处理的学习者数据。学习分析技术首先对这两类数据进行收集，接着对学生在学习中的相关表现情况进行分析，并结合前面分析的结论以及学生的某些明显的倾向性特征，对其最终学习结果进行预测。最后，可以向学生提供预测结果并及时向教育工作者提供针对性的干预策略，来降低学生的课程学习失败概率。准确定位是对学习结果影响最大的那个因素进行分析，并且据此建立一个模型，然后通过该模型来预测和评估学生是否面临课程"挂科"的风险。这个预测的结果意义重大，能提示教师主动对高风险学生进行学习上的干预并且提供相应额外资源，从而确保更多学生顺利完成学业（曹文卓，2016）。

分析学作为一种学科门类的总称，本质上是以获得对某些复杂问题的见解及应对方法为最终目标的一类学科。为了达成最终目标，可以利用数据进行进一步的统计分析，与此同时，对分析结果进行相应的解释并且建立出预测模型。学习分析技术是分析学大类之下的一个分支，该技术应用的真正意义在于充分使用新型的技术（如数据挖掘工具等）并让它们发挥出在学习服务中的重要作用，从而帮助人们更深入地理解那些源自动态学习环境的复杂性、多元性及信息的丰富性。应用这一技术的根本目的是利用对学习数据的分析和预测结论，来指导包括教师、学生在内的过程参与者，对学习进程必要的干预，同时为课程设计者提供实时改进课程、教学以及评价的依据，最终实现学生学习环境的个性化，以提高学生的学习效果。

关于学习分析的核心分析工具（引擎）主要有：学习分析引擎、自适应内容引擎、干预引擎（推荐、自动化支持）、仪表盘、报告和可视化系统等（李华等，2016）。其分析引擎是核心，整合多种分析模块的分析框架，应用社交网络分析、话语分析等多种技术辨识和处理数据，并对学习内容进行适应性和个性化定制和推送。学习分析系统包括以下几个主要特征：首先，功能模块化。单一的学习分析工具已无法满足智慧学习环境建构中对学习分析的多样化要求。学习分析系统要满足利益相关者的各种需求，就需要强调对于多种工具、引擎等的模块化聚合。不同功能和特征的模块集成为一个学习分析系统，针对不同结构的数据采用不同模块进行处理和分析。其次，报告可视化。学习分析结果面向学习者和教学者，这就强调学习分析结果要更客观与易于理解，这就催生了“仪表盘（Dashboard）”这一概念。它以可视化方式呈现不同的学习分析结果。再次，数据多源化。学习分析系统的数据来源已不再局限于各类数据学习环境，它不仅可以是正式学习环境下的各种学习效果与过程数据、机构管理系统数据（学生档案、学生基本信息等），也可以是非正式学习环境下的各种学习行为痕迹采集。

学习分析技术覆盖了教育过程绝大多数的领域，尤其是在教学、管理、研究方面。目前，高举教育信息化大旗，用技术来促进教育的改革是大势所趋，将信息技术融合于课程和教学是教育信息化的必由之路，是精准教学的前提与基础（李青等，2012）。

四、技术环境下的评价方式

教育评价方法论对理论研究起着异常独特的作用，对教育评价理论体系的构成产生了极大的影响。它与评价实践之间有着本质上的联系，指导着教育评价实践。

所谓方法论，是指在某一门学科中采用的研究方式或方法的综合（荀振芳，2005）。而所谓方法，是指解决思想或行动等方面的问题的步骤、程序等。关于教育评价方法论和教育评价方法，前者本质上属理论研究范畴，解决的是对教育评价这门科学进行研究的原则、途径及方式问题；后者本质上具有应用性质，主要是指在具体评价过程中具有可操作性的手段和程序。同时，这两者又存在着密切的联系，前者是后者的上位概念，对后者具有指导意义；后者则是对前者的具体实施。教育评价方法论在教育理论界主要是用"二分法"来进行划分，如瑞典的胡森把它分为科学的实证范式和人本主义范式；美国的古巴和林肯以理性主义范式和自然主义范式来对教育研究方法论进行划分。这种分类方法体现了两种对教育迥然相异的观点及由此产生的两种不同的认识教育的原则、途径和方式，追根究底是因为这两种观点是建立在不同价值观和认识论的基础之上的（贾文雅，2017）。同时，在我国，教育评价方法论曾被分为"控制—量化"模式和"观察—理解"模式。

（一）两类方法论的特性认识

教育评价方法一般可分为实证化评价与人文化评价。在实证化评价过程中，其一，体现出准确性、高效性。数量评价是实证化评价方式的主要表现形式，它可以用准确的数学方法精确地分析评价资料，用极少的人力和时间就可以对评价对象进行精确的描述，特别是计算机技术使这一特点显得更为突出。其二，有广泛的适应性。实证化评价方式都具有固定的评价流程和步骤，并且每一步都有很强的操作性，组织者只需要对评价人员稍加培训，评价者就可以依流程进行评价（樊茹婷，2007）。其三，可移植性强。由于实证化评价方法如观察、调查、数学处理等在不同的评价目的、对象和条件下都具有较强的通用性，评价人员可以根据不同的需要使用不同的实证化方法进行实证化评价。同时，根据客观事实和数据得出结论，相对于人文化评价的推理结论，实证化评价更加简单易懂，更有说服力。

相对于实证化评价，首先，人文化评价方式更注重过程评价。人文化评价不仅对结果进行评价，而且对教育过程中产生的变化及其产生的原因也给予较大的关注，通过对教育过程的评价来解释和验证导致结果的原因，并且能够有时效性地解决过程中出现的问题。其次，强调评价过程中的人与人交流。人文化评价关注所有评价者的看法在评价中所产生的作用，并以小组讨论的形式来消除大家对评价结果的分歧，最终得出一致结论。同时，评价者需要亲自进入评价现场，参加到评价对象的评价过程之中，这样能够很好地取得评价对象的信任，并与他们建立良好的关系，利用亲自参与评价对象评价过程的方法收集信息资料。再次，方法灵活，针对性强。人文化评价没有预定的目标，需要在评价过程中不断地发现问题，并且基于这些问题进行收集、分析资料，最终解决问题。在具体评价中，该方法有较强的灵活性，评价者比较自由，问题也有较强的针对性，有利于发挥评价功能的作用（何孔潮，2007）。最后，重视评价中多种因素的交互作用。人文化评价方式把教育作为一个研究整体，关注评价对象内外部多种因素的交互而产生的影响。在评价中，评价对象不只是一个个孤立的实体，而是把评价对象放在教育这一整体中来理解、诠释，同时，其不只研究评价对象的表面现象，还试图理解现象内在的意义，重视问题内在的原因分析（如图6-4-1所示）。

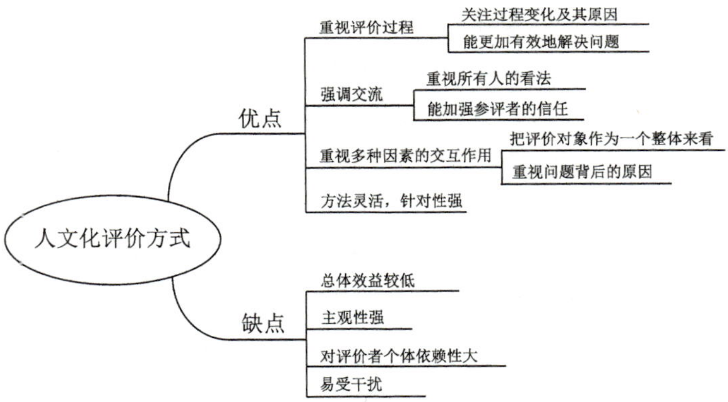

图6-4-1 人文化评价方式的优缺点

从教育评价方法论的特点来看，实证化评价与人文化评价都不是完美的，都有各自的优越性和局限性，也都有各自不同的适用范围（张其志，2008）。从实证化评价方式与人文化评价方式的关系来看，虽然表面上二者存在着对立的方面，但从辩证的角度看，二者实际上是一种优势互补的关系。所以应恰当地处理好两者的关系，充分发挥二者的长处，弥补二者的缺陷，将它们打造成为一种实用、高效的教育评价方法论体系。

如何恰当地处理好二者的关系？首先，应认识到在教育评价中两种方法论优点的发挥都需要依赖一定的背景条件，都有自己的适用范围。在具体评价中应该根据这两种教育评价方法的特点，依据不同背景和环境条件，合理选用评价方法，避免它们的短处，充分发挥它们的优越性。其次，应把握好两种教育评价方法论的结合点（汪杰锋，2006）。

（二）定性与定量：两类方法论相辅相成

在教育评价过程中，首先，要正确认识教育现象，在指导思想上将两种教育评价方法并重。如果评价对象的教育活动有客观性、可测性的一面，在评价中就可以利用实证化评价方式进行客观、准确的评价，进而提高工作效率。同时教育科学作为一门社会科学课程，在教育活动中存在着大量的人文因素，充满了主观性，单靠实证化、数量化方法无法准确评价评价对象的本质特征，这就需要人文化评价方式对评价对象作深层次的理解和解释，以便有针对性地解决问题。

其次，注重评价主体素质的结合。无论是实证化评价方式还是人文化评价方式，在评价过程中都必须由评价人员具体操作，评价人员具备什么样的素质常常影响着评价人员选择评价方法的倾向性，因此，两种评价方法论在主体素质中的结合情况，会对两种评价方法论在评价过程中能否结合及其结合的程度产生重要的影响。当然，评价主体素质的结合一方面需要实证精神与人文精神的结合。实证精神是对客观性、准确性的不懈追求；人文精神则坚持整体性、综合性，追求对理性分析和主体意义的把握。这两种精神结合在评价主体素质中，就可以在评价中有效地避免两种方法论之间无谓的争论，也不至于出现两种方法论结合过程中的"两张皮"现象。另一方面要求评价主体应同时具备数学和教育理论两方面的知识修养。实证化评价方式的主体是数量化评价，如果没有扎实的数学功底，就很难建立正确的数量化评价指标，也可能会出现误操作。同样，如果没有丰厚的教育理论的支撑，就难以根据评价对象的不同，得出不同的分析结果，也无法对实证化的结果做出深入的解释（罗尧成等，2004）。

再次，注重评价方法与评价技术的结合。两种评价方法论的结合最终的落脚点应该在评价方法和评价技术的结合上。要实现评价方法论更加具体的结合，首先应将现有的评价方法与评价技术相结合，让这两类评价方法和技术在具体评价中相互补充、相互促进。如在评价中，可以先通过人文评价方法找出应该解决的问题，在这些问题的基础上进行实证化的分析与处理，然后对实证分析的结果进行理解和解释，从而最终达到有针对性地提出并且解决问题的目的。评价方法与评价技术相结合的最高境界是在吸取两类评价方法优点的基础上，开发出同时包含两类评价方法优点的新的评价方法，这是国际众多教育评价研究人员共同的愿景（沈小碚，2001）。

总之，在教育评价过程中，应尽可能地吸收两种方法的长处，使每一类方法都逐步完善起来。人文化评价方式可以吸收实证化评价方式客观性的优点，在收集、处理资料及得出评价结论的过程中，尽可能减少融入个人偏见，使结果尽可能客观；而实证化评价方式则可采纳人文化评价方式重视多种因素交互作用的特点，在分析处理资料时，充分考虑评价对象内外部因素的相互影响，从而有效地消除结果误差，做出切合实际的结论。

参考文献

JOHNSON L, ADAMS S, WITCHEY H. The NMC Horizon Report: 2011 Museum Edition[M].Austin Texas: The New Media Consortium, 2011

SIEMENS G, Long P.Penetrating the Fog: Analytics in Learning and Education[J].Educause Review, 2011, 46(5): 30-32.

佰读."大智移云"介绍(一):大数据与"大智移云"[C].对接京津——同城规划廊坊发展会,2016:94-100.

曹继东.互联网+科技自媒体创新与盈利模式[J].科技传播,2015(22):50-52.

曹文卓.基于云课堂学习平台的学习分析应用研究[D].武汉:华中师范大学,2016.

曹宇晖.布卢姆认知目标分类及结构特点述评[J].北方文学(下旬刊),2015(5):199-200.

陈泓茹,赵宁,汪伟.大数据融入人文社科研究的基本问题[J].学术论坛,2015,38(12):106-110.

樊茹婷.现象学方法在中学化学教学评价中的应用[D].乌鲁木齐:新疆师范大学,2007.

樊秀丽.从"宽松教育"到"去宽松教育"——日本教育改革之一的历史进程[J].首都师范大学学报(社会科学版),2016(4):128-136.

付佳美.大数据研究特征分析[D].哈尔滨:哈尔滨工业大学,2016.

耿富云.本科生学力发展与课程对策研究[D].重庆:西南大学,2015.

顾小清,张进良,蔡慧英.学习分析:正在浮现中的数据技术[J].远程教育杂志,2012,30(1):18-25.

郭亚婷.英国ELLI项目学习力理论要素提升策略及启示[D].北京:首都师范大学,2015.

韩彩虹.课堂情境中的学力生成研究[D].大连:辽宁师范大学,2009.

韩晶,宋美娜.大数据(2)[J].中兴通讯技术,2013(2):58-62.

何孔潮.中学教师课堂教学行为评价研究[D].重庆:西南大学,2007.

何晓冬.教育资源库学习与分析研究[J].信息系统工程,2016(9):147-148,154.

黄欣荣.大数据时代的思维变革[J].重庆理工大学学报(社会科学),2014,28(5):

13-18.

贾文雅.高职教学质量评价系统的设计与开发[J].办公自动化,2017,22(5):31-33.

李华,纪娟,余朔望.基于网络数据分析工具的在线教育学习分析技术研究[J].当代职业教育,2016(10):80-85.

李琳.论冰心儿童文学中的育人功能[D].大连:辽宁师范大学,2011.

李青,王涛.学习分析技术研究与应用现状述评[J].中国电化教育,2012(8):129-133.

李志刚,朱志军,余丛国,等.大数据:大价值、大机遇、大变革[M].北京:电子工业出版社,2012.

刘和海,李起斌.视频公开课对大学生学习力发展的促进研究[D].芜湖:安徽师范大学,2015.

刘荣坤.基于认知的企业信息化绩效评价模型研究[D].济南:山东大学,2011.

罗尧成,杨湘清.大学素质教育的特性及其评价方法的转型[J].现代教育科学:高教研究,2004(1):13-16.

吕澄."互联网+数学教育"现状的研究[J].中文信息,2017(4).

吕乃基.大数据与认识论[J].中国软科学,2014(9):34-45.

齐宇歆.从学力观的历史变迁审视"互联网+"时代的学习评价[J].远程教育杂志,2017,35(2):43-55.

綦晓斐.马克思主义视域下的人生目的和人生价值——马克思主义人生观思想研究[D].青岛:中国石油大学(华东),2008.

沈小碚.教育教学评价研究的发展与问题[J].西南大学学报(社会科学版),2001,27(4):98-103.

汤飞燕.中日现行小学数学课程标准比较研究[D].扬州:扬州大学,2014.

汪杰锋.普通中学发展性课堂教学评价研究[D].烟台:鲁东大学,2006.

王劲.大数据时代的管理变革[J].中国商论,2013(2):189-190.

王良周,于卫红.大数据视角下的学习分析综述[J].中国远程教育,2015(3):31-37.

王铁军.现代教育思潮[M].南京:南京大学出版社,2000.

王晓芳.探究、专业学习与实践:西方中小学教师科研共同体的概念框架之研究述评[J].外国中小学教育,2014(12):40-47.

维克托·迈尔·舍恩伯格.大数据时代[M].浙江人民出版社,2012.

吴永和,陈丹,马晓玲,等.学习分析:教育信息化的新浪潮[J].远程教育杂志,2013(4):11-19.

相海泉.迎接大数据时代[J].中国信息界(e医疗),2013(5):36-37.

徐征.从概念到模型研究的日本学力论[J].黑龙江高教研究,2008(11):57-61.

徐征.在摇摆中寻求超越——二战后日本学力论争史研究[D].南京:南京师范大

学,2006.

荀振芳.大学教学评价的价值反思[D].武汉:华中科技大学,2005.

杨现民,陈世超,唐斯斯.大数据时代区域教育数据网络建设及关键问题探讨[J].电化教育研究,2017(1):37-46.

佚名.大数据的必然趋势[EB/OL].(2018-03-16)[2018-04-12].http://blog.csdn.net/ELOHIM979/article/details/79368388.

佚名.大数据未来将呈现的八大发展趋势[EB/OL].(2015-10-29)[2018-05-12].http:/www.evget.com/article/2015/10/29/22846.html.

曾文光.学习主体分析[M].北京:中国文史出版社,2005.

张放.大数据应用实践给我们的启示(上)[J].钟表,2015(2):12.

张其志.我国教育评价的科学观及其方法论的演变[J].黑龙江高教研究,2008(1):26-29.

张艳.大数据时代的隐忧[J].新闻研究导刊,2016,7(19):135.

张渝江.迎接大数据给教育带来的挑战[J].中小学信息技术教育,2013(10):26-29.

钟诚,何秋燕,杨珍.大数据时代的学习分析概述[J].新校园(上旬),2015(9):96.

钟启泉.学力论与课程结构[J].全球教育展望,1989(1):14-19.

后　记

21世纪以来，信息化浪潮席卷全球，信息技术的发展极大地影响着人们生活、学习和工作的方式，是当今社会发展强有力的动力之一。互联网、大数据、云计算、物联网、虚拟仿真技术、人工智能迅猛发展，不断颠覆着各行业，我们的学习也经历着前所未有的变革，让任何人在任何时间、任何地点进行任何学习成为可能。

“互联网+”时代，教育发展的关键在于创新，创新的核心在于人力资本，而这些变革越来越离不开互联网的支持。在美国，“互联网+教育”已经成为一个时尚。据调查，2014年有超过三分之一的美国大学生参与基于互联网的课程。大多数美国大学的校长预测，在未来十年，他们学校的所有学生都将参与基于互联网的课程。在我国，随着教育信息化建设步伐日益加快，以慕课、创客、翻转课堂、学习空间等为代表的“互联网+教育”已经初步形成。党的十九大开启了加快教育现代化、建设教育强国的新征程，教育信息化也进入了新的发展阶段。教育部发布的《教育信息化2.0行动计划》，要求学习应用覆盖全体适龄学生，提高学生信息素养。这些无疑对新时代的学习提出了新的要求。

随着我国“三通两平台”的推进，随时随地随需的移动学习变得更加便利，泛在学习、非正式学习、项目学习、混合学习等正逐步成为主流。学习者需要对这一潮流做出迅速反应，变革学习体系，建立知识共享文化，关注学习技术，注重学习体验，实现个性化、智能化学习。而作为从小玩电脑和手机长大的“数字原住民”，本身就有变革学习的优势，他们更习惯于通过网络和社交平台获取新的知识与技能，对新观念、新科技的接受能力也较强，在当前快速网络化和扁平化的时代，这正成为一种常态。

新时代，新变化，这些变化迫切需要人们重新审视学习的本质和规律。那么在“互联网+”时代，学习呈现了哪些新的特征？究竟该如何有效地学习？学习者的学习思维产生哪些变迁？我们应如何发挥互联网的技术优势为学习者提供源源不断和随时随地的学习机会，让学习者学会协作，相互分享自己的知识和经验，建立一种全新的学习文化？系统地回答这些问题是本书的目的所在。

本书最大的特点在于凸显人性，强调以学习者为中心，逻辑起点和落脚点均为实现学习者个性化和有价值的学习。本书立足于技术，但并不局限于技术，也不盲目崇拜技术，而是尝试用新技术为学习者提供更好的服务，更好地满足学习者个性化的需求，促进学习者的发展。

“互联网+”时代，学习的核心定位与归宿在于“人”，是人与人的互动关系在互联网支持下，实现不同时空、不同学科领域、不同种族文化的连接、共享、包容和创新。尊重人性是互联网最本质的文化，互联网给教育带来的不仅是技术上的革新，更重要的是让教育有了“人的维度”。“互联网+”具有开放生态、连接一切的特征，为学习者提供了海量的资源，给他们更多的选择，教师不再是权威的，不再是知识的唯一来源，从而在根本上消除了人们对统一性和整体性的信仰。互联网重塑了师生之间、学习者之间平等的关系，他们交往的空间是一个充满自由、民主和活力的虚拟空间，学习者不再被动地接受知识而是积极地参与学习，学习者的思想不再被局限，而是多元和发散的，学习者进行的是独立判断和选择。

好的教育应该尊重教育规律和学生身心发展规律，为每一位学生提供适合的教育。相对于面对面的教育，“互联网+”时代的学习可以满足学习者对学习适应性和灵活性的要求，是最符合教育本质特征的一种学习方式。学习者可以利用各种工具，采用灵活的学习方式，在自己喜欢的时间和场地，按照自己偏爱的学习风格进行学习，并根据实时的学习记录和反馈，不断调整学习过程、反思学习结果。

知识无处不在，任何交互都是智能的，互联网拓展了学习的时空界限，突破了传统课堂教学的局限，学习者在学习上越来越能够自己做主，能够知道更多，做到更多，体验到更多。借助于互联网，学习活动可以走向更加广阔的天地。

正如习近平总书记所说：“现在人类已经进入互联网时代这样一个历史阶段，这是一个世界潮流，而且这个互联网时代对人类的生活、生产、生产力的发展都具有很大的进步推动作用。”以信息技术为核心的新一代科技革命正在孕育兴起，互联网日益成为创新驱动发展的先导力量，深刻改变着人们的生产、生活，有力推动着社会发展。技术已经改变了历史，正在重塑现在，必然变革未来。作为教育工作者，我们有幸见证了中国教育信息化的兴起与发展，也成为教育信息化发展的践行者和创新者。未来我们将积极探索，重视新技术与教育的融合创新，努力为变革学习提供必要的实践资源数据和研究成果。

本书尝试综合运用教育学、心理学、脑科学、认知科学、教育技术学等多学科的研究成果，从人的角度系统回答"学习的本质""技术如何支持学习"以及"如何学习更有效"等核心问题，能够帮助学习者科学认识学习过程，正确把握学习规律，在一定程度上改善学习。本书不仅关注学习者的知识学习，也在探讨学习者由被动接受知识转变为主动探究知识，由知识消费者转变为知识创造者的学习过程，更注重提出问题、合作交流、问题解决及创造性思维等一系列核心素养和能力的智慧成长。

上述是编写本书的初衷所在，期望能够给大家带来一些启发，引起一些共鸣。在完成书稿过程中，本团队付出了大量的时间与精力，进行了一系列资料整理与校对、交流讨论与撰写工作。在资料整理阶段分工如下：第一章由李子梦整理，第二章由王琪整理，第三、四章由吴雪整理，第五、六章由苗艳侠整理。全书由刘和海、宋灵青两位老师设计、编稿与撰写。本书编著过程中，参考了大量相关研究成果，未能于文中全部一一注明，谨此致谢。由于时间仓促，水平有限，本书难免存在一些疏漏，敬请读者批评指正！

编著者

2019年2月